ESCOLHA SEUS INIMIGOS COM SABEDORIA

ESCOLHA SEUS INIMIGOS COM SABEDORIA

Planejamento de negócios para os poucos audaciosos

Patrick Bet-David
com Greg Dinkin

ALTA BOOKS
GRUPO EDITORIAL
Rio de Janeiro, 2024

Escolha Seus Inimigos com Sabedoria

ISBN: 978-85-508-2381-2

Alta Books é uma Editora do Grupo Editorial Alta Books.

Translated from original Choose Your Enemies Wisely © 2023 by Penguin Random House. ISBN 978-0-593-71284-9. This translation is published and sold by Patrick Bet-David and Greg Dinkin, the owners of all rights to publish and sell the same. PORTUGUESE language edition published by Starlin Alta Editora e Consultoria Eireli, Copyright © 2024 by STARLIN ALTA EDITORA E CONSULTORIA LTDA.

Impresso no Brasil — 1ª Edição, 2024 — Edição revisada conforme o Acordo Ortográfico da Língua Portuguesa de 2009.

Dados Internacionais de Catalogação na Publicação (CIP)
(BENITEZ Catalogação Ass. Editorial, MS, Brasil)

D466e
1.ed. Bet-David, Patrick
Escolha seus inimigos com sabedoria : planejamento de negócios para os poucos audaciosos / Patrick Bet-David, Greg Dinkin ; tradução Beatriz Langowiski. - 1.ed. - Rio de Janeiro : Alta Books, 2024.
288 p.; il.; 15,7 x 23 cm.

Título original: Choose your enemies wisely.
ISBN 978-85-508-2381-2

1. Gestão de negócios. 2. Planejamento estratégico. 3. Sucesso nos negócios. I. Dinkin, Greg. II. Langowiski, Beatriz. III. Título.

07-2024/117 CDD 658.4012

Índice para catálogo sistemático:
1. Gestão de negócios : Planejamento : Administração 658.4012

Aline Graziele Benitez - Bibliotecária - CRB-1/3129

Grupo Editorial Alta Books

Produção Editorial: Grupo Editorial Alta Books
Diretor Editorial: Anderson Vieira
Editor da Obra: Gorki Starlin
Vendas Governamentais: Cristiane Mutüs
Gerência Comercial: Claudio Lima

Produtor Editorial: Thiê Alves
Tradução: Beatriz Langowiski
Copidesque: Aline Santos
Revisão: Karina Pedron
Diagramação: Natalia Curupana

ALTA BOOKS
GRUPO EDITORIAL

Rua Viúva Cláudio, 291 — Bairro Industrial do Jacaré
CEP: 20.970-031 — Rio de Janeiro (RJ)
Tels.: (21) 3278-8069 / 3278-8419
www.altabooks.com.br — altabooks@altabooks.com.br
Ouvidoria: ouvidoria@altabooks.com.br

Editora **afiliada à:**
ASSOCIADO

Para todos meus inimigos do presente, passado e futuro.
Sou grato a todos vocês!

TU não tens inimigos, dizes?
Ai! meu amigo, a vanglória é fraca;
Quem se envolve na batalha
Do dever, que os corajosos aguentam,
Há de ter feito inimigos! Se não tens nenhum,
Pouco é o trabalho que fizeste.
Não acertaste nenhum traidor no quadril,
Não afastaste nenhum copo de lábio perjúrio,
Nunca corrigiste um erro,
Tens sido um covarde na luta.

Charles Mackay, autor escocês

Sumário

Introdução: Os Inimigos Falaram IX

PARTE UM
Integrando Lógica e Emoção para Elaborar o Seu Plano

1. Os 12 Componentes 3
2. Olhe para Trás para Criar Constância, Profundidade e Magia 17
3. O Caminho dos Poucos Audaciosos 31

PARTE DOIS
Criando os 12 Componentes do Seu Plano de Negócios

4. Inimigo e Concorrência 47
5. Vontade e Habilidade 83
6. Missão e Plano 109
7. Sonhos e Sistemas 135
8. Cultura e Time 157
9. Visão e Capital 187

PARTE TRÊS
Dando Vida ao Seu Plano

10. Reunindo os Componentes para Fazer Seu Próprio Plano 217

11. Implementando o Plano 231

Conclusão 245

Agradecimentos 249

Recursos e Maneiras de Se Manter Conectado 253

Apêndice A: Análise do Ano Passado 255

Apêndice B: Plano de Negócios de Uma Página 259

Notas 261

INTRODUÇÃO

Os Inimigos Falaram

Um homem sábio se aproveita mais de seus inimigos do que um tolo de seus amigos.

Baltasar Gracián, filósofo espanhol do século XVII

Em dezembro de 2002, eu tinha 24 anos e nem um tostão no bolso, vivendo com meu pai em seu pequeno apartamento. A única rotina que eu tinha na minha vida era o rodízio de baladas em Los Angeles, que eu frequentava seis noites por semana... Saddle Ranch, Garden of Eden, Century Club, Key Club, Palace e Dublin's. Na maior parte do tempo, eu só sabia que noite da semana era por causa da balada em que estava. Toda semana era a mesma coisa, até eu ser expulso da Dublin's por me meter em brigas demais.

Nada estava dando certo na minha vida. As coisas estavam indo tão mal que conversei com um recrutador do exército americano sobre a possibilidade de me alistar novamente. Em troca de sumirem com US$49 mil em dívidas, eu teria que me comprometer com mais seis anos de serviço. Eu estava quase aceitando.

Naquele ano, na véspera de Natal, sem nada mais para fazer, levei meu pai de carro para a casa de um parente para o que supostamente seria uma pausa divertida na minha vida miserável. Quando chegamos, a celebração estava a todo vapor. Todos estavam fazendo piadas e rindo, e meu pai começou a falar com alguns parentes em neoaramaico assírio. Enquanto eu conversava com os outros convidados, escutei um cara que meu pai havia ajudado anos antes fazer um comentário sarcástico. Ele parecia se divertir com o quanto meu pai havia decaído desde que saíra do Irã.

Lembro-me de ouvir algo como, "Gabreal Bet-David, químico brilhante no Irã, agora caixa de loja de US$0,99 nos Estados Unidos, divorciado duas vezes e ainda sozinho." O grupo de homens ao redor do meu pai gargalhou. Era tudo verdade: meu pai havia sido um químico brilhante e agora trabalhava em uma loja de US$0,99, onde era frequentemente assaltado à mão armada. Ainda por cima, ele realmente tinha se divorciado duas vezes da mesma mulher, minha mãe. Embora esse cara não tivesse más intenções, pude ver no rosto do meu pai que aquilo o havia machucado. Ele me parecia diminuído.

Algo sobre aquele homem rindo do meu pai — e, talvez, o mais importante, o olhar de vergonha no rosto do meu pai — despertou em mim uma fúria que eu nunca havia sentido antes. Eu estava sempre à flor da pele naquela época, mas essa situação fez surgir em mim outro nível de raiva. Em vez de socar o cara, andei até o círculo de homens e disse, "Ninguém fala assim do meu pai. Depois de tudo que ele já fez por vocês, vocês não vão falar desse jeito com ele. Não mesmo. Nós estamos indo embora."

Virei-me para meu pai e repeti, "Nós estamos indo embora." Ele não se mexeu. Talvez ele não quisesse demonstrar sua mágoa por uma questão de orgulho, mas não cedeu. A sala ficou em silêncio. Sou 23 centímetros mais alto que meu pai, mas ele ainda era meu pai, e eu nunca o desrespeitaria. De algum jeito, eu me controlei e disse, com toda a calma que conseguia, "Pai, sou eu que estou dirigindo. Nós estamos indo."

Estavam todos nos encarando — pai e filho em uma batalha silenciosa. Foi um momento tenso. Se alguém dissesse algo errado, a coisa teria ficado feia. Com todos os olhos da sala colados em nós, meu pai fez um comentário sobre fugir do trânsito. Isso salvou sua dignidade o suficiente para que saíssemos da festa, mas eu sabia que ele estava irritadíssimo.

Saímos, e meu pai conseguiu ficar de boca fechada até chegarmos ao carro. Ele se virou para mim, irado, e disse, "Qual é o seu problema, filho? Você acabou de me envergonhar na frente da minha família. Isso não é jeito de se comportar. O cara só estava brincando. Não quis dizer nada."

"Não me importa se é uma piada ou se ele está falando sério," eu disse. "Ninguém fala de você daquele jeito." Por meia hora, eu não conseguia parar de repetir para meu pai, "Nem que eles me matem, mas o mundo vai conhecer o seu sobrenome." Acho que eu estava ficando maluco, tanto que nem consigo dizer quem seriam "eles". Por meia hora, eu não conseguia parar de repetir, "Nem que eles me matem, mas o mundo vai conhecer o seu sobrenome."

Em resposta, meu pai só continuou balançando a cabeça, dizendo, "O que há de errado com você, filho?" Não sei te dizer no que o meu pai estava pensando naquele momento, mas eu podia sentir que ele não acreditava em mim. Ainda precisava provar que conseguia seguir com meus objetivos, então tenho certeza de que ele pensou que me faltava disciplina para fazer valer minhas palavras. Para ele, deve ter soado mais como pirraça do que uma afirmação.

Aquilo não me impediu de continuar. "Ninguém fala do meu pai assim. Ninguém. E você não deveria deixar ninguém falar assim de você. Não importa o quão difícil nossa vida tem sido."

Chegamos em Granada Hills, nosso conjunto habitacional caindo aos pedaços, e subimos ao apartamento que dividíamos. Eu tinha uma última coisa a dizer para o meu pai, "Eu vou mostrar ao mundo como você tem sido um pai especial." Então, liguei para minha irmã e meu cunhado e pedi para que viessem no dia seguinte para uma reunião. Quando eles chegaram, todos nos sentamos, e eu disse, "Eu não vou dormir até que o mundo conheça o nosso sobrenome, Bet-David. E ponto-final."

A festa de fim de ano aconteceu mais de seis anos antes de eu abrir a minha empresa de serviços financeiros e mais de uma década antes de eu começar a criar conteúdo para a Valuetainment, minha empresa de mídia. Então, o que tem a ver meu pai ter sido insultado com planejamento de negócios?

Tudo.

Como você logo vai entender, **o elemento fundamental para o sucesso em planejamento de negócios é escolher seus inimigos com sabedoria.** Sim, você ouviu bem — inimigos. Nos negócios, você enfrentará desafios, *haters*, traições, falências e ideologias que estão entre você e o seu sucesso. Mas e se eu te dissesse que aquilo que você chama de inimigos pode se transformar na sua maior fonte de motivação? E se você pudesse transformar vergonha, culpa, raiva, frustração e mágoa no fogo que te impulsiona na direção dos seus sonhos mais malucos?

Você vai ver como usar seus inimigos para acender seu poder de transformação. Entraremos a fundo na mentalidade de empreendedores de sucesso que transformaram seus maiores desafios em suas maiores forças. Você vai aprender a aproveitar a energia das suas emoções e transformá-las em um catalisador para o sucesso. Mas este não é apenas um livro sobre mentalidade. Eu também te darei ferramentas práticas e estratégias para te ajudar a lidar com os desafios dos negócios. Você verá como se abastecer de seus inimigos para **criar um plano de negócios que é emocional, lógico e realizável.**

Na noite da festa, eu não tinha ideia da bênção que esse parente condescendente havia me dado. Não percebi que, para encontrar a chave para o meu sucesso, eu precisava exatamente que alguém insultasse meu sobrenome e meu pai. Aprendi que sou melhor lutando pelos outros do que por mim mesmo. Tudo o que eu precisava era que alguém me irritasse ao ofender meu pai.

O homem que o insultou criou um fogo que me impulsionaria de jeitos que eu nem sabia que era capaz. Não é nenhuma coincidência que essa festa foi logo depois de meu pai ter sofrido outro ataque cardíaco e ter ficado no Centro Médico da UCLA por um mês. Isso intensificou meu medo de que ele morresse sem conhecer seus futuros netos. Eu queria que meus filhos o conhecessem, porque eu nunca havia conhecido o pai dele, o meu avô. Quando várias coisas ruins acontecem ao mesmo tempo, e não conseguimos mais aguentar o estresse, ou temos um colapso, ou uma revelação. Pela graça de Deus, encontrei uma maneira de usar toda essa adversidade para mudar a minha vida.

Com o objetivo de mostrar ao mundo o que é ser um Bet-David, imediatamente abandonei todos os meus maus hábitos. Cansei das baladas. No meu tempo livre, tudo o que eu fazia era ler livros sobre investimentos, vendas e qualquer coisa que tivesse a ver com negócios. Minha irmã e meu amigo Robby me recomendaram *Como fazer amigos e influenciar pessoas* e *Como ser um grande vendedor*. Fiz anotações e os li e reli.

Meu negócio não disparou no dia seguinte, muito menos no ano seguinte. A última coisa que eu quero que você pense é que meu caminho foi fácil. Obstáculos vão aparecer para você, como eles apareceram para mim. Assim que você começar a progredir, vai perder um cliente grande ou o seu melhor vendedor será roubado de você. Para mim, esses desafios pareciam surgir bem nos dias em que os cobradores me davam um ultimato. Isso tornou ainda mais difícil resistir ao recrutador militar, que estava ali para resolver todos os meus problemas com a promessa de uma saída fácil, acabando com minhas dívidas.

Você encontrará o mesmo tipo de resistência. Vai precisar de algo a mais para lutar contra as adversidades. Justo quando eu achei que havia virado a página, perdi uma grande venda e meu único bem — um Ford Expedition preto que meus amigos chamavam de "Mamãezona" — foi desapropriado. Parecia que eu estava dando um passo para a frente e três para trás, e minha energia quase acabou quando todo o meu esforço não se refletiu na minha conta bancária.

Quando as coisas ficavam muito difíceis para mim, eu sempre podia voltar à imagem daqueles homens diminuindo meu pai. A vontade de provar que eles estavam errados era mais forte do que o desejo de desistir. É por isso que vou continuar enfatizando a importância de se ter inimigos.

Este livro foi publicado 21 anos depois daquela festa de fim de ano. O que eu quero que você saiba é que às vezes nós passamos tanto tempo tentando descobrir *como* vencer na vida que nos esquecemos de qual é o ponto. Talvez você deva procurar o *porquê* de vencer na vida. Alguém te humilhou? Te manipulou? Um professor ou parente te fez ficar envergonhado? Todos somos motivados de maneiras diferentes, mas **o inimigo certo pode te motivar mais do que qualquer aliado.**

Quando "especialistas" dizem que você não deve ter emoções nos negócios, eu pergunto sobre o sucesso deles. Tagarelam sobre graduações e publicações e se gabam de sua criação privilegiada e de suas universidades de prestígio. Na maioria das vezes, eles não têm nenhum sucesso nos negócios para contar. Talvez eles nunca tenham sido ofendidos na vida ou talvez tenham sido ensinados a conter essas emoções, deixando-as de fora dos negócios. Não importa a razão, quando vejo que eles não têm inimigos para impulsioná-los, percebo que sou eu o privilegiado.

INIMIGOS: O ELEMENTO QUE FALTA NO PLANO DE NEGÓCIOS PADRÃO

A maioria das pessoas adora *ouvir* uma história de superação. Existe outro grupo de pessoas — como você, um dos poucos audaciosos — que quer a fórmula para *escrever a sua própria*. Palavras como "perseverança" e "coração" são ótimas, mas elas não te dizem exatamente o que fazer para realizar o seu sonho.

Você pode conhecer o meu passado e saber que eu vim do nada (fugi do Irã aos 10 anos, durante a Guerra Irã-Iraque, pais divorciados, dependente de assistência social, média de 6,4*, nenhuma opção de faculdade) para começar minha própria empresa de serviços financeiros aos 30 anos. Em julho de 2022, vendi meu negócio para colocar o foco no meu plano para os próximos vinte anos. O Valuetainment, um canal no YouTube que comecei para dar conselhos de negócios que eu gostaria de ter tido quando estava começando, tornou-se o canal mais popular para empreendedores. Tudo aconteceu enquanto eu estava liderando outra empresa. Isso me permitiu, mais tarde, aproveitar-me da marca para criar, em larga escala, uma empresa de mídia, consultoria e produção. Em apenas alguns anos, a Valuetainment produziu o podcast de negócios número um no Spotify, sediou conferências

* N. da T.: no Brasil, essa pontuação é de 1,8 GPA (Grade Point Average) e representa a média ponderada das notas obtidas pelo aluno nos últimos 4 anos de escola.

ao vivo, cresceu para quase 100 empregados e fez a mentoria de empreendedores para expandirem seus negócios em grande escala.

A pergunta que acho que você quer que eu responda é *Como*?

Eu tinha um segredo? Tirei do baú uma ideia revolucionária que nunca antes fora vista em uma sala de reuniões?

Não... e sim.

Não, porque comecei com o mesmo plano de negócios que todo mundo usa.

Sim, porque ano após ano, depois de revisar o que dava certo e o que falhava, continuei adaptando o plano. Criei uma abordagem tão radicalmente diferente da usual prática de negócios que fez toda a diferença do mundo.

Criei um plano de negócios único.

Pesquisei muito, mas não encontrei nenhum plano de negócios que se comparasse ao meu. Precisei de anos de testes e incontáveis revisões para descobrir a fórmula exata. Então, demorei mais alguns anos para simplificá-la para que qualquer um pudesse se beneficiar dela. E o que mais me orgulha é que é replicável. Qualquer um, e o mais importante, VOCÊ pode criar esse plano.

Usei lógica e pensamento estratégico. A maioria das pessoas começa por aí. Também é aí que a maioria das pessoas para. Eu não estava interessado em seguir o fluxo para criar um negócio desinteressante, medido apenas pelo dinheiro. Queria algo mágico que inspirasse a mim e ao meu time.

Escolhi meus inimigos com sabedoria, porque eles me deram energia para seguir o plano muito tempo depois de eu ter mais dinheiro do que jamais precisaria. Agora que eu "sou bem-sucedido" — pelo menos de acordo com algumas pessoas —, diminuir o ritmo não é uma opção. Em vez disso, cheguei ao patamar de novos inimigos que criam o combustível que me mantém mais animado e empenhado do que nunca.

Usando esse plano de negócios, minha empresa de serviços financeiros foi de 66 a 40 mil agentes em 13 anos e uma saída de negócios com múltiplas cifras. A maioria dos agentes não é formada na faculdade, e vários deles ganham mais de 1 milhão de dólares. Também há as milhares de pessoas de outras indústrias que treinei em planos de negócios que expandiram empresas e conquistaram sucesso sem precedentes.

Tem um motivo pelo qual chamei os "poucos audaciosos" no subtítulo. Este livro é para visionários, sonhadores e competidores psicóticos. Eu entendo que alguns achem meu método extremo. Mas, na minha visão, você tem de ser "extremo" para fazer parte dos poucos audaciosos.

Se você quiser ganhar cada vantagem possível, se for honesto e receptivo ao feedback, eu vou te guiar por um caminho que leva a resultados extraordinários. Se você for uma pessoa competitiva, que prospera com dúvidas e ódio, vai querer saber dos seus pontos cegos para melhorar. Você pode ser um dos poucos que, **em se tratando da sua vida, legado e família, se recusa a pegar atalhos ou ser inseguro.**

O QUE VOCÊ VAI GANHAR COM ESTE LIVRO

A que altura da carreira você está agora não importa. Seja você um executivo, dono de negócio, empreendedor solo ou vendedor, empregado ou estudante pensando em começar um negócio, o processo é o mesmo. Vou te mostrar como escolher um inimigo e aproveitar essa emoção para construir o plano de negócios certo.

Vi pessoas que estavam fracassadas, que já haviam parado de sonhar, encontrarem o caminho de volta e realizarem coisas incríveis. Tudo começou pela escolha do inimigo certo. Este é o primeiro elemento fundamental para escrever um plano de negócios efetivo.

Escrevi este livro porque ele pode mudar o jogo para empreendedores e intraempreendedores (pessoas que trabalham para uma empresa e operam com uma mentalidade empresarial) — esteja você torcendo para se tornar um ou já esteja gerindo um grande ou pequeno negócio. Já que outros planos falham, vamos por outro caminho. Este não é o método entediante que a maioria ensina. Se você quer curar a insônia, compre qualquer curso que ensine a escrever um plano de negócios. O que você vai aprender aqui é como se tornar um líder que eleva sua família, amigos e time.

Este processo de escrita de plano de negócios é diferente de tudo o que você já viu.

Por muito tempo, eu odiava escrever planos de negócios. Parecia a tarefa de casa do professor de quem eu menos gostava. Eu não tinha a capacidade de atenção ou a escolaridade para ler um livro técnico sobre planos de negócios. Precisava descobrir como organizar minhas ideias e criar um plano estratégico para o meu negócio. Ao mesmo tempo, queria me conectar com meu coração e escrever algo que me inspirasse. Aprendi que escrever um plano de negócios efetivo só requer três coisas:

1. Deve ser simples o suficiente para você querer escrever.
2. Deve ter emoção movida por inimigos.
3. Deve ter passos lógicos, claros e bem organizados.

A demanda pela escrita de um plano de negócios pode ocorrer em diferentes momentos, portanto, não importa em que momento da vida você está lendo este livro. Você pode estar abrindo um negócio, reorganizando um já existente ou criando novos objetivos. Outros de vocês podem estar prestes a iniciar uma nova temporada esportiva ou ano letivo. O momento não importa. Na verdade, este método também é perfeito para uma arrecadação de fundos ou campanha política. O que todas essas situações têm em comum é que você está olhando para o futuro com esperança. Não há nada como uma página em branco, um recomeço, um histórico invicto. Não há erros para corrigir nem incêndios para apagar. Isso te permite ajeitar todas as peças para transformar seus objetivos em realidade.

O plano funciona para pessoas que atuam em diferentes níveis de negócios.

- Iniciantes sem bacharelados, começando nos negócios agora.
- CEOs faturando meio bilhão de dólares querendo expandir ou planejar uma saída.
- Executivos experientes querendo intraempreender e aumentar seu patrimônio líquido.
- Veteranos recém-saídos do exército iniciando carreiras em vendas ou como empreendedores.

- Líderes de vendas querendo aumentar a receita e motivar o time.
- Casais trabalhando em um negócio juntos, buscando sucesso financeiro e familiar.

Escolher seus inimigos é o catalisador. Se feito corretamente, é o combustível que te motiva. Agir com vingança e inveja faz com que alguns escolham o inimigo errado. Esse tipo de emoção pode te destruir. **A chave é escolher seus inimigos com sabedoria.** Como você verá, existe um processo. Você precisa identificar o alvo certo e se emocionar quando pensar no porquê de derrotar esse inimigo. Você verá muitos exemplos para entender por qual motivo isso é efetivo, para poder fazer isso sozinho.

Você também vai precisar de um plano metódico. Você pode ter ouvido que as pessoas precisam saber o porquê antes do como. Mais especificamente, tanto você quanto aqueles ao seu redor precisam saber *tanto* o porquê *quanto* o como.

Ensinei ao meu time como dirigir sua energia à escolha do inimigo certo e "treinei o treinador" a ensinar planos de negócios a todos na empresa. É por isso que sei que pode ser replicado e por que você pode aprender para si mesmo e ensinar ao seu time.

Acredito que todos os sonhos são sagrados. Para empreendedores, há ainda mais risco e incerteza. Muitos de vocês saíram de empregos bons para arriscar sua reputação e vida por um sonho. Nesses momentos, cheio de esperança, você começa a escrever seu próprio destino. Sei que o próximo passo vai determinar o próximo ano e moldar seu legado. Também sei que planos fracos são a razão da morte da maioria dos sonhos.

Tudo isso pode mudar agora, desde que você siga o passo a passo para criar um plano de negócios. Ao seguir esses passos, você vai:

- Aprender como usar suas emoções para ser implacável.
- Identificar sua visão, definir quem você quer ser e descobrir seus sonhos mais loucos.
- Conhecer a exata sequência de ações a seguir para realizar seus Objetivos Grandes, Audaciosos e Cabeludos (OGACs).

- Aprender melhores práticas para obter investidores e levantar capital.
- Melhorar seus relacionamentos dentro e fora do seu negócio.
- Aperfeiçoar sua liderança para que seu time se sinta tão inspirado quanto você.

Seu olhar sobre um plano de negócios não será o mesmo após você terminar a leitura deste livro. Ensino aos meus times há quinze anos o que você está prestes a aprender. Se só funcionasse para mim, você poderia dizer que não é replicável. O fato de ter funcionado para milhares de outros líderes me garante que vai funcionar para você — se você se esforçar.

Você terá um guia completo e definitivo para orientá-lo em como ter sucesso nos negócios e na vida.

E tudo começa com o passo que você não pode pular.

Você deve escolher seus inimigos com sabedoria.

PARTE UM

Integrando Lógica e Emoção para Elaborar o Seu Plano

CAPÍTULO 1

Os 12 Componentes

> O general que ganha a batalha faz muitos cálculos em seu templo antes do combate ser travado. O general que perde faz poucos cálculos antes.
>
> **Sun Tzu**

Eu estava negociando um acordo importantíssimo. Milhões de dólares estavam em jogo, e eu precisava de toda a minha concentração. Pedi para o meu assistente colocar todas as chamadas em espera e derrubar qualquer um que tentasse entrar pela minha porta. Pensando bem, eu deveria ter contratado um assistente mais intimidador. Na verdade, acho que nem mesmo Lawrence Taylor, no auge de sua carreira, poderia ter parado aquele cara.

Ele invadiu o meu escritório e gritou, "Eu estou cansado da minha vida!" Ele estava tremendo. "Eu não posso mais viver assim. Estou encurralado. Eu quero tanto vencer. Estou te dizendo aqui e agora que vou me tornar o melhor agente neste escritório! Nada pode me parar!"

Sua raiva virou tristeza, e ele não parou de chorar por trinta minutos. Ernie tinha 19 anos na época. Ele tinha uns quatrocentos dólares no banco, ensino médio completo e zero habilidade com os negócios. Ernie tinha toda a vontade do mundo, mas me perguntei se seria o suficiente para ele competir no ramo.

Mais cedo, Larry havia me mostrado seu plano de negócios. Ele tinha toda a polidez e profissionalismo que você esperaria de quem se formou na UCLA e trabalhou para a Northrop Grumman. Suas palavras eram tão engomadas quanto a sua camisa. Seus pais o haviam educado bem e, se algum dia ele precisasse de ajuda, eles serviriam como uma rede de apoio.

Como você pode imaginar, o plano de negócios de Larry era impecável. Era cheio de planilhas no Excel e gráficos e objetivos anuais mapeados com clareza. Quando lhe perguntei por que seu negócio era tão importante para ele, pareceu-me confuso. Quando perguntei a Larry sobre seus inimigos, ele apontou para o plano encadernado e disse, "Todos os detalhes relevantes estão incluídos aqui dentro, senhor." Considerei seriamente checar se Larry estava vivo.

O plano de Ernie era, no mínimo, uma bagunça. Não tinha estrutura, nem números ou projeções. Não tinha nem *bullet points*. Quando lhe perguntei sobre sua estratégia de prospecção, Ernie recomeçou a chorar. Ele disse que estava cansado da pobreza e do drama de uma família afetada pelo alcoolismo. "Ernie", falei, "eu entendo pelo que você está passando, mas você ainda precisa de um plano. O que você realmente quer fazer?"

Ele não conseguia falar. Eu podia ver o quanto sua vida familiar o afetava antes mesmo de saber a maior parte da história. Ernie precisou de vários minutos para se recompor o suficiente para falar. Finalmente, ele conseguiu murmurar, "Eu vou fazer o que for preciso para não ser pobre."

Se Ernie estivesse presente na apresentação de Larry, eu me pergunto se ele teria tido coragem de falar que seria o número um. Mas vi algo nele que reconheci em mim mesmo. Diferentemente de outros donos de negócios, eu via a emoção como algo positivo.

Se você estivesse no meu lugar, na época, quem você teria escolhido: Ernie ou Larry? Você não conhece essas pessoas, mas você conhece o tipo. Na verdade, eles representam milhares de pessoas com quem trabalhei ao longo dos anos. Praticamente todas que já conheci — antes de se tornarem parte dos poucos audaciosos — se encaixavam em um dos dois: lógica ou emoção. Para facilitar, Larry representa lógica e Ernie representa emoção.

Em 2005, quando nos sentamos no meu escritório em Granada Hills, ambos estavam sonhando com sucesso empresarial.

Baseado no que você sabe sobre esses dois, em quem apostaria que teria sucesso nos seus objetivos, seja perdendo peso, começando um negócio ou alcançando promoções em uma empresa?

Sua resposta para essas perguntas vai me dizer muito sobre você. Se você for mais cabeça, apostará em Larry. Se for mais coração, apostará em Ernie.

O que aprendi durante duas décadas é que nem Larry nem Ernie são uma boa aposta para cumprir seus objetivos. As pessoas lógicas estão certas em pensar que Ernie não se manterá organizado por tempo suficiente para terminar o trabalho, muito menos para levantar o capital. As pessoas emocionais estão certas em se perguntar o que manterá Larry motivado. Se você pensa como eu, perguntaria a Ernie, "Se você identificou a pobreza como seu inimigo e está tão determinado a derrotá-la, por que você não tem um plano?"

Aqui é que fica interessante. Você pode achar que Ernie tem vantagem porque tem mais motivação. Ele é mais motivado porque *precisa* mais do sucesso. À primeira vista, você está certo. Mas o que descobri depois de fazer milhares de planos com pessoas diferentes é que Larry pode *encontrar* uma razão para querer o sucesso ainda mais. Todos temos um coração. Todos temos feridas e sonhos que nos emocionam. A maioria das pessoas na área dos negócios foi treinada para ignorar isso. Alguns se certificam de evitar emoções para se manterem centrados. Outros tiveram o coração partido tantas vezes que só querem se proteger de mais dor.

Você pode imaginar qual é a pergunta que faço que causa a maior emoção nas pessoas. *Quem são seus inimigos*? Se não respondem imediatamente, pergunto quem são os seus *haters*, quem duvidou delas ou ficou em seu caminho, quem elas precisam provar que está errado. Normalmente, só vejo olhares vazios. Quando vou um pouco mais fundo (me sentarei em silêncio o tempo que for preciso — nunca subestime o poder do silêncio), a resposta normalmente vem. A emoção suprimida escapa. Talvez Larry ainda sinta a dor de quando seus colegas riram dele em educação física por ser o garoto rechonchudo que não conseguia escalar uma corda. Talvez ele seja assombrado pelo seu professor de educação física. Pode ser um chefe antigo, seu amigo mais bem-sucedido ou um parente que o emociona. Antes de continuarmos, precisamos conhecer o inimigo.

O QUE IMPORTA MAIS: EXPERIÊNCIA OU VONTADE?

Vamos continuar a comparar pessoas emocionais e lógicas. Você apostaria em um vendedor treinado pela Oracle com uma boa poupança, ou no novato que precisava daquela venda para alimentar sua família?

Você apostaria em um engenheiro de sistemas desesperado que está endividado com seu agente de apostas, ou em um engenheiro feliz e experiente para terminar seu novo aplicativo em um prazo apertado?

Você apostaria no time que tem mais experiência e *preparo* ou no time que está *possuído*? Com "possuído" quero dizer que eles podem guardar ressentimentos, estar de luto pela morte de um jogador ou serem muito orgulhosos.

Espero que você esteja dizendo o seguinte, "Chega dos exemplos comparando lógica e emoção, Pat. Por que não pode ser os dois?"

Não só pode ser ambos, **o seu plano de negócios deve ser tanto emocional quanto lógico.** Por isso quero que você veja qual lado prefere e onde precisa melhorar. Se você só é lógico, deve ter tido dificuldade em inspirar pessoas. Com o meu método, você saberá o que precisa mudar para conseguir fazer isso. Se você só é emocional, teve dificuldade em desenvolver sistemas e se organizar. É por isso que você vai se beneficiar com a estrutura de um plano metódico.

Há outra coisa a se ter em mente. Por mais que eu valorize a emoção, também há uma desvantagem. Uma pessoa disposta a fazer tudo para vencer normalmente *fará tudo para vencer* — incluindo violar a lei (e partes do corpo). Se eles trabalharem com você como empregados, empreiteiros ou fornecedores, podem colocar o seu negócio em risco. Este é outro lembrete de que você está buscando o *tipo certo de emoção*, nos outros e em si mesmo, para impulsionar o seu plano.

Antes de continuarmos, é importante deixar claro o que *não* é e o que *é* emoção no contexto de planos de negócios.

Emoção *não* é impulsiva, irracional, melodramática, temperamental ou explosiva.

Emoção *é* passional, obcecada, maníaca, incansável, poderosa e intencional.

As palavras que descrevem o que emoção *não* é descrevem as pessoas que escolheram o inimigo errado. A lista de palavras do que *é* emoção descreve os poucos audaciosos que não podem ser contidos.

O elo perdido dos planos de negócios — assim como de reuniões de negócios, apresentações, *pitches* e recrutamentos — **é a integração da emoção à lógica.**

Já estou sendo repetitivo? Que bom. Aprendi, após décadas liderando pessoas e cometendo mais erros do que eu gostaria de admitir, que repetição é essencial. Como foi tão incutido na maioria de nós que devemos separar emoção e lógica, vou continuar a enfatizar que o plano tem que *te emocionar*. E tem que te dizer exatamente o que fazer e quando.

Quase todos os planos de negócios escritos por um Larry ou um Ernie falham. Só um ou outro não é o suficiente.

A ideia de que não há lugar para a emoção nos negócios é uma barreira para o uso deste plano. Também existe a ideia de que não há lugar para o choro nos esportes, mas o homem mais famoso por chorar no futebol americano, o técnico Dick Vermeil, foi introduzido ao Hall da Fama do futebol americano profissional e é o único técnico principal a ganhar tanto o Super Bowl quanto o Rose Bowl. Michael Jordan, Serena Williams, Conor McGregor e Tiger Woods são todos emotivos. Eles podem mostrar essa emoção de maneiras diferentes, mas eles são emotivos.

Isso vale para líderes de negócios. Elon Musk é parecido com dois outros líderes de negócios que respeito, os falecidos Andy Grove e Steve Jobs, porque eles abraçaram a emoção nos negócios. Eles também eram mestres estrategistas que podiam usar suas emoções em etapas lógicas.

Ser entusiasmado não é o suficiente. Também não é suficiente criar as melhores planilhas. Fazer parte dos poucos audaciosos significa abraçar a integração de emoção à lógica.

6 Maneiras que as Pessoas Tratam Planos de Negócios

1. Simplesmente não fazem.
2. Tratam como tarefa de casa: fazem no automático.
3. Fazem de qualquer jeito para impressionar os outros.
4. Traçam um plano minucioso que é somente lógico.
5. Descrevem um sonho emocional sem etapas lógicas.

A única maneira que funciona...

6. **Movido por um inimigo e combinando emoção e lógica.**

COMO EU LEVANTEI US$10 MILHÕES INTEGRANDO EMOÇÃO E LÓGICA

Quando abri minha empresa de serviços financeiros em 2009, eu estava cheio de emoção. Dizia a qualquer um que quisesse ouvir que teríamos quinhentos mil agentes licenciados até 2029. Para algumas pessoas, era fácil ignorar um convencido de 30 anos que nunca havia aberto uma empresa antes. Outros foram inspirados pela minha paixão e seguiam para a próxima pergunta lógica: *Como* você vai chegar a quinhentos mil agentes licenciados?

Ou seja, eu consegui usar a emoção de ter uma grande visão para chamar a atenção deles. Fiz com que quisessem saber mais. Essa é uma habilidade importante. Mas quando falava no *como*, eu continuava com emoção. "Vamos ter uma cultura maneira! Vamos ter uma determinação absurda. Vamos criar eventos incríveis."

Se você ama palavras, vai notar quantos adjetivos eu usei. Assim como nesse caso, adjetivos são um substituto fraco para uma estratégia concreta. Sem um plano lógico, nenhum investidor sério estava interessado.

Minha história se parece com a de muitos empreendedores. A habilidade de comover pessoas é uma qualidade rara que permite a um grupo seleto abrir uma empresa e convencer outros a segui-los, sem questionamentos. Intraempreendedores, consultores e contadores tendem a ser fortes onde empreendedores são fracos. Eles são ótimos com projeções financeiras e planos táticos. É por isso que parcerias de negócios que têm os componentes da emoção e da lógica são tão efetivas. Steve Jobs/Steve Wozniak, Warren Buffett/Charlie Munger, Mark Zuckerberg/Sheryl Sandberg e Bill Gates/Paul Allen (e depois, Bill Gates/Steve Ballmer) são ótimos exemplos de parcerias de negócios equilibradas.

Eu não tive um cofundador, e foi só mais tarde que desenvolvi habilidades lógicas e recrutei membros da equipe lógicos que complementavam minhas qualidades. Quando abri minha empresa, eu era um lobo solitário que só tinha alguns dos componentes.

Avançando para 2017, quando eu queria levantar US$10 milhões para a empresa. Minha visão não havia mudado. Eu ainda dizia para quem pudesse ouvir que teríamos quinhentos mil agentes licenciados até 2029. Mas dessa vez, quando um investidor perguntou como, eu tinha uma resposta muito lógica. Um grande motivo é Tom Ellsworth, um estrategista lógico e experiente que entendia o jogo de arrecadar capital, que contratei para ser nosso presidente. Tom foi essencial em diversas saídas de negócios, incluindo a da JAMDAT, que foi comprada pela EA Sports por US$680 milhões.

Junto com Tom, montamos um *pitch deck* e projeções financeiras. Você verá a fórmula exata no capítulo 9. Nossa proposta para os investidores incluía nossa taxa de crescimento dos oito anos anteriores, projeções de crescimento baseadas em dados reais, um plano de crescimento específico com estratégias táticas e métricas que nos comparavam com outros na nossa indústria.

Uma apresentação passional *e* planos coerentes e projeções estavam inclusos na apresentação. Tanto emoção quanto lógica são necessários para motivar investidores.

Eles não poderiam ter escrito o cheque de US$10 milhões mais rápido. Esse é o poder de integrar emoção e lógica.

2 Tipos de Histórias para Contar

HISTÓRIAS QUE INSPIRAM E ATRAEM (EMOCIONAL)

Entusiasmar os outros

HISTÓRIAS QUE VALIDAM O SEU PONTO (LÓGICA)

Fazer os outros focarem

VENCEDORES EM TODOS OS CAMPOS INTEGRAM EMOÇÃO E LÓGICA

Quando você começar a trabalhar no seu plano, verá como emoção e lógica se complementam. Sei que a maioria de nós pode se conectar com ambas, ainda que tenhamos sido treinados para depender de uma ou de outra. Uma coisa que me lembrou que eu podia usar a lógica foi que, quando criança, passava horas estudando estatísticas de beisebol. Números faziam sentido para mim. Eu só não tinha experiência para incorporar análises ao meu negócio. Depois que li o livro *Moneyball: O homem que mudou o jogo* (e depois assisti ao filme em que Brad Pitt fez Billy Beane), eu só falava sobre dados. Aprendi a amar coletar dados e dissecar análises de negócios.

Não significa que parei de ser emocional. Eu constantemente abro meu coração para o meu time e sei que quando toco seus corações, então (e somente então) posso entrar nos detalhes da ação. Se eu falar sobre *o que* fazer antes do *porquê*, eu perco as pessoas.

Cometi todos os erros possíveis criando planos de negócios, mas aprendi uma lição importante de cada um. Você deve começar escolhendo um inimigo e, então, combinar lógica e emoção em todas as etapas seguintes. Emoção nos lembra *por que* estamos fazendo algo. Lógica nos diz *como* fazê-lo.

Sei que você vai adorar integrar lógica e emoção. Sabe por quê? Porque pessoas com diferentes passados, independentemente de personalidade, temperamento e educação, podem se identificar com isso. Eu já vi os seguintes tipos de pessoas prosperando quando começaram a usar todos os componentes:

1. Contadores, diretores de operação e tipos analíticos — porque eles finalmente entendem por que as pessoas dormem durante suas apresentações lógicas "geniais" — e por que ninguém tinha vontade de implementar estratégias que faziam sentido, mas que não *motivavam* as pessoas.
2. Líderes mulheres da minha empresa de serviços financeiros (55% da empresa contra 17% da indústria em geral) — porque, depois de ouvirem ao longo de suas carreiras que o lugar da emoção não é nos negócios, elas prosperaram ao ouvir seu CEO falar da importância de expressar emoções.
3. Líderes de minorias da nossa empresa (54% latinos, 24% negros) — porque eles começaram a ver seu status oprimido e injustiçado como um trunfo.
4. Ex-militares — porque eles compreendem a emoção, o orgulho de lutar pelo seu país, assim como a lógica de ter um plano tático.
5. Ex-atletas — porque os melhores técnicos nos esportes são mestres em misturar lógica e emoção. Conversas pré-jogo que emocionam são lendárias por motivar atletas a superar seus potenciais. Mas elas só funcionam quando acompanhadas por um plano de jogo lógico.

Seja nos esportes, na guerra ou nos negócios, você pode ter um time pronto para atravessar paredes com você, mas eles precisam saber *quais* paredes e *como* atravessá-las.

O TIME VENCEDOR NOS ESPORTES TEM O MELHOR

Plano de jogo

O EXÉRCITO QUE VENCE A BATALHA TEM O MELHOR

Plano tático

O NEGÓCIO QUE CONSTRÓI O MELHOR VALOR A LONGO PRAZO TEM O MELHOR

Plano de negócios

Lógica é tão importante quanto emoção. Na verdade, ela é 50% da base deste livro e o que me fez criar os 12 Componentes.

Esses componentes integram emoção e lógica perfeitamente. Vamos dar uma olhada neles no seguinte gráfico:

Ao olhar essa figura, quero que foque em três coisas. Primeiro, escolher seu inimigo é a base. Você deve começar aqui para se motivar a trabalhar e sacrificar o que for necessário para o sucesso. Depois, você verá que há seis componentes emocionais e seis lógicos que você integrará em todo o plano.

A última coisa importante é que o único jeito de chegar ao topo e fazer parte dos poucos audaciosos é completar os 12 Componentes.

Os 12 Componentes são:

Inimigo e Competição

Vontade e Habilidade

Missão e Plano

Sonhos e Sistemas

Cultura e Time

Visão e Capital

Como emoção e lógica estão entrelaçadas, cada capítulo vai misturar um componente emocional e um componente lógico. Para criar o plano de negócios, que vai te levar para outro patamar, você vai preencher cada componente, nem que seja com algumas poucas frases. Cada capítulo tem itens de ação, experimentos mentais e perguntas para te guiar no preenchimento dos componentes e na escrita do seu melhor plano de negócios.

Enquanto você preenche os componentes, lembre-se de que você está escrevendo seu plano de negócios para três públicos diferentes:

1. **Você.** Você tem que se sentir animado e seguro em suas ações com ele.
2. **Seu time.** Um plano forte vai deixar seu time sintonizado para esclarecer a missão, agir com propósito e urgência e operar de maneira eficiente.
3. **Investidores.** O que você compartilha com investidores será bem diferente do que faz por você e por seu time. No capítulo 9 você verá como investidores veem os negócios — e do que eles precisam para te preencherem um grande cheque.

LARRY E ERNIE APRENDERAM A INTEGRAR

Você se lembra da pessoa que conheci em 2005 que chamamos de Ernie? Ele teve dificuldade no começo porque não tinha habilidades nem experiência. Sua ética de trabalho foi o suficiente para mantê-lo no jogo por alguns anos, mas ele se recusava a ler livros ou lidar com suas fraquezas. Ele disse que estava *disposto* a fazer qualquer coisa, mas o que isso realmente queria dizer era que ele trabalharia em áreas que estavam dentro de sua zona de conforto. Na verdade, ele não era *capaz* de muita coisa. Ele quase desistiu dos negócios.

O outro cara que conheci em 2005, que chamamos de Larry, começou firme. Ele era competente, organizado e respeitava prazos. Por causa da sua confiabilidade, ele foi contratado em tempo integral e começou a subir na hierarquia. Mas assim como Ernie estava vacilando, Larry estava estagnando. Ele havia comprado uma casa, se casado e provado que conseguia ter sucesso. Ele era esperto o suficiente para fazer seu trabalho sem esforço ou preocupação, e foi isso que ele fez. Logo, ele se tornou membro de carteirinha do que gosto de chamar de clube das 17h59, funcionários de baixo desempenho que mal podem esperar para o relógio marcar 18h. Sem conhecer seus inimigos ou se conectar às suas emoções, os escapes de Larry se tornaram *fantasy football*, dardos e cerveja artesanal. Como Ernie tinha mais motivação, ele chegou no bar depois das 19h, mas ainda o fechou junto com Larry.

Cada um tinha o que o outro precisava. Metade dos componentes não é o suficiente para trabalharem, muito menos para realizarem os seus sonhos. Larry era tão alérgico ao que chamava de "coisas melosas" quanto Ernie era a planilhas e livros. Como acontece com a maioria de nós, infelizmente, eles não estavam dispostos a mudar até a adversidade chegar.

A esposa de Larry ameaçou abandoná-lo. O supervisor de Ernie lhe deu sessenta dias para elevar suas habilidades para os padrões da indústria. Finalmente, cara a cara com a dura realidade de suas limitações, eles foram forçados a tomar uma decisão: desistir ou arranjar um jeito de mudar.

Sinto-me honrado de que ambos vieram a mim pedindo ajuda. Quando apresentei para cada um a estrutura desse plano de negócios, o que você tem agora em mãos, ambos sentiram uma leve esperança. Suas tarefas foram definidas. Tudo o que eles tinham de fazer era preencher doze componentes. Não quer dizer que foi fácil, mas com certeza foi simples. Na verdade, estar diante de espaços vazios em uma folha de papel os forçou a confrontar suas fraquezas e identificar soluções. A falha nas habilidades de Ernie era óbvia. Quando preencheu aquele componente com os cursos que ia fazer e os livros que ia ler, ele ganhou ímpeto. Larry, que nunca havia efetivamente considerado sua visão ou seus inimigos, teve de se aprofundar para entender o que realmente o motivava e como ele queria que fosse a vida da sua família nas próximas duas décadas. Ele estava perdido e encontrou sua missão.

É provável que você esteja em um ponto da sua carreira em que você saiba o que já te trouxe sucesso e o que está te impedindo de alcançar mais. O desafio é saber como usar seus superpoderes enquanto lida com suas desvantagens. Se te tranquiliza, eu já me sentei com milhares de pessoas em uma situação parecida. Quando eles viram o quão simples, prático e efetivo esse plano é, naturalmente integraram emoção e lógica e conseguiram resultados incríveis. Posso apontar para milhares de pessoas normais que dispararam com essa técnica.

Depois de ler este capítulo, espero que você tenha o mesmo nível de urgência que eu tive quando fui embora daquele Natal. Você está tão inspirado que quer dominar o mundo. Isso é o que a emoção deve fazer: te forçar a agir. Também é por isso que você precisa de lógica. Assim como você não se casaria bêbado (de álcool ou de amor), não investiria todas as suas poupanças sem a devida diligência. É por isso que, para continuar com o primeiro componente, escolher o inimigo certo, precisamos olhar para trás.

CAPÍTULO 2

Olhe para Trás para Criar Constância, Profundidade e Magia

> Quanto mais longe você conseguir olhar para trás, mais longe você verá para frente.
>
> **Winston Churchill**

Não sei te dizer quantas vezes já recomendei o livro *As Cinco Linguagens do Amor*. Até gravei um vídeo chamado *As 9 Linguagens do Amor de Empreendedores*, porque é muito importante compreender as ações das pessoas. Eu também sei que todo mundo é diferente. Poucas pessoas gastam seu tempo entendendo as diferentes linguagens do amor (ou em termos de negócios, tipos de consumidores/comportamentos) de todos que encontram.

A pessoa que me recomendou *As Cinco Linguagens do Amor* fez uma pesquisa interessante. Ele perguntou a cada pessoa divorciada que conhecia qual era a linguagem do amor de seus ex-parceiros. Quase nenhuma delas tinha ideia. Imagine ser casado com uma pessoa e não saber o que a faz se sentir amada e valorizada. É surpresa que eles se divorciaram?

O que todos esses casamentos fracassados têm em comum é que eles *não planejaram.*

Alguns erros parecem tão óbvios. Quando assistimos ao Dr. Phil fazendo perguntas a alguém que fez uma escolha ilógica, nos perguntamos a mesma coisa que o apresentador: "No que você *estava* pensando?" Não havia lógica em lugar nenhum. Essas pessoas estavam agindo somente com emoção. Estavam desequilibradas. Elas nunca haviam considerado nenhum dos componentes lógicos. Há tantos estudos de caso de empresas fracassadas que qualquer um com o mínimo de lógica saberia que estavam condenadas assim que abrissem. Mas a maioria dos donos de empresas fracassadas pulou uma etapa crucial que poderia ter mudado seus destinos.

Eles só olharam para a frente. Antes de escrever um plano de negócios, **você deve primeiro olhar para trás.**

Antes de escrever qualquer plano, essa é uma etapa que não pode ser pulada. Vamos pensar no processo de um término. Depois que acontece, alguns de nós mal podem esperar para ir a um bar (ou dar *match*!) e encontrar alguém novo. Dizemos que estamos superando. E então o novo relacionamento não dá certo, nem o próximo. Nem o seguinte. Passam-se quatro anos e dizemos, "Espera aí. Por que eu não tenho um relacionamento estável? Por que nenhuma dessas coisas está dando certo?" Vejo o mesmo padrão com empreendedores até demais.

Seja no namoro ou nos negócios, a resposta é simples. Uma pergunta importante não foi feita: *O que eu devia ter feito diferente?* Ou você evitou ver seu papel no problema, ou tentou justificá-lo. Você não se preocupou com padrões ou em procurar suas próprias fraquezas. Em resumo, você falhou em *se* ver como o fator comum.

Algumas pessoas acreditam que é melhor olhar para a frente e esquecer o passado. Elas argumentam que há valor em começar do zero. Se você vendeu sua casa e está indo para uma nova, não precisa se preocupar em entender como você deixava a garagem bagunçada e os armários desordenados. Será que não?

Primeiramente, a não ser que esse seja o seu primeiro empreendimento, não existe realmente uma estaca zero. Porque sempre existe você! Seus hábitos criaram a garagem bagunçada e os armários desordenados. É melhor gastar seu tempo analisando *por que* isso aconteceu. Percebe se há algum padrão que você continua repetindo? E que, no fundo, não é eficaz e não está funcionando para você?

Por muitos anos, eu não entendia esse ponto, por isso o estou enfatizando agora. Foi só depois de muito fracasso que entendi que *os dados mais importantes para você são os do ano que já passou.*

Para prever o futuro, você precisa estudar história.

O que aconteceu no último ano com você? O que deu certo? Julgue seu ano de acordo com qual porcentagem dos seus objetivos se tornou realidade. Se você realizar 100% dos seus objetivos, eles podem não ter sido desafiadores o suficiente. Em vez de definir objetivos que exigiam esforço, você escolheu os que eram fáceis de serem atingidos. Isso é normalmente um sinal de não escolher o inimigo certo. Uma vez que você identifica quem precisa superar, naturalmente elevará os seus padrões.

Se você realizou menos de 60% dos seus objetivos, isso me diz uma de duas coisas. Um, você não se esforçou ao máximo, ou dois, você não tinha a melhor estratégia. Ou é uma questão de esforço, ou de estratégia. Na minha experiência, na maior parte do tempo, é o número um, esforço. Nesses casos, falta emoção porque o inimigo certo não foi escolhido.

Muitas pessoas adoram dar desculpas. Elas dirão que ninguém entende o que é único sobre seus negócios e suas dificuldades. Vão reclamar do mercado. Vão reclamar de qualquer coisa.

Muitas pessoas cometem o mesmo erro em relação a planos de negócios. Elas estão ansiosas para se esquecerem do ano anterior e se livrarem dele. Elas acolhem a ideia de uma estaca zero e um recomeço.

Você pode estar animado com um novo relacionamento, mas, a não ser que examine o que deu errado nos últimos três — os padrões, pontos cegos etc. —, você vai continuar repetindo os mesmos erros.

Se você quiser pular essa parte, se quiser fazer tudo o que puder para se esquecer do último ano — então essa é a que você mais precisa. Quando uma única pessoa insiste que não há motivo para fazer uma necrópsia na sua avozinha rica, para mim, ela se torna suspeita de um crime.

Às vezes, quando um time de futebol americano joga muito mal, o técnico apaga a gravação e se esquece disso. Mas, na maior parte do tempo, especialmente se você tiver um técnico como Bill Belichick ou Nick Saban, eles analisarão minuciosamente cada detalhe das jogadas. Se o lançamento de um software não vai bem, o gerente do projeto faz uma autópsia de cada etapa do processo. O mesmo vale para um cirurgião cardíaco.

Aprender com os erros é essencial ao treinamento militar. Cada operação passa por um *debriefing* em que informações sobre o que deu certo e o que deu errado são compartilhadas. Isso garante que as melhores práticas sejam incorporadas a novos procedimentos operacionais.

Nos negócios, isso não é diferente. Como você vai resolver problemas se não dissecou o processo e descobriu em que ponto as coisas deram errado? Existe um livro chamado *Debrief to Win*, escrito por Robert "Cujo" Teschner, ex-Top Gun da Força Aérea americana, que mostra às empresas como estudar o passado. De acordo com Teschner, "A chave para o sucesso duradouro de uma organização é a prática da responsabilidade e o quanto seus líderes responsabilizam a si mesmos e a seus times pelas decisões que tomam."

Você se responsabiliza assim? Você tem a coragem e paciência de se sentar com seu time e discutir os detalhes do que deu errado? Posso te dizer que, se você está abrindo um negócio, vai cometer vários erros. Você vai definitivamente contratar as pessoas erradas. Se não, vai ser uma empresa de uma pessoa só! Não há nada de errado em cometer erros.

Cometer novos erros são aceitáveis. Repetir erros antigos, não.

Quando você contrata a pessoa errada, não deixe o RH somente seguir o protocolo de demissão. Você precisa se sentar com todos que fizeram parte do processo e perguntar: O que não vimos? Ligamos para as referências? Questionamos falhas no currículo? Consideramos lógica e emoção? Apresentamos a empresa corretamente e definimos as expectativas certas?

Crie o hábito de olhar para trás com tudo o que você faz. Comece com o seu plano de negócios do ano passado.

Você ganha um desconto se nunca tiver feito um plano antes. Se você estiver olhando para um plano de negócios antigo, revise-o com um marca-texto e veja quais objetivos você alcançou e quais não. Anote o que você não antecipou e por quê. Se você não fez um plano, pense sobre o último ano e responda a estas questões:

- Você tinha resoluções de Ano Novo ou um plano pessoal para o último ano?
- Você cumpriu seus objetivos?
- O que você aprendeu sobre o que fez ou deixou de fazer?
- Você tinha um foco claro? Incluiu negócios e objetivos pessoais?
- Havia medidas claras sobre como medir o sucesso?

Para uma maneira mais detalhada de refletir sobre o último ano, vá para o Apêndice A.

CORTE OS EXCESSOS ELIMINANDO DISTRAÇÕES

Benjamin Franklin disse, "Eu sempre pensei que um homem com habilidades medíocres pode operar grandes mudanças e realizar grandes feitos entre seus semelhantes se ele primeiro formular um bom plano e, cortando todas as diversões ou outras ocupações que lhe desviariam a atenção, fazer da execução desse mesmo plano o seu único estudo e interesse." Resumindo, se você quer fazer algo grande, você deve eliminar distrações.

Agora, pense em quais eventos ocuparam a sua mente no último ano. Como você perde tempo e energia?

A adversidade faz parte dos negócios. Lidamos com ela. Se você fica obcecado com isso, você se tira do jogo. Observe esta lista e pergunte a si mesmo, caso você se identifique com algo:

- Uma crítica negativa no Yelp ou no Google.
- Demorar três semanas em vez de três dias para resolver um evento.
- Relacionamentos tóxicos.
- Fornecedores não confiáveis.
- Ex-empregados vingativos.

Algum evento te consumiu por meses em detrimento do seu negócio? O seu ego saiu em busca de vingança e te fez perder o foco? Não pense que eu nunca passei por isso. Vi em primeira mão como atividades inúteis e, principalmente, *pensamentos* inúteis custam grandes oportunidades. Não estou falando de coisas que você não podia controlar ou que são apenas parte da vida — como trocar de escritório, problemas na cadeia de suprimentos ou empregados difíceis. Estou falando sobre o que você pode controlar, como quanto tempo você gasta nas redes sociais, assistindo a esportes, fofocando, tomando o cafezinho da tarde e assistindo TV.

Marco Aurélio disse, "Que ninguém me roube um único dia, já que não me restituirá pela perda." Já que tempo é dinheiro, tempo perdido é dinheiro perdido. É por isso que você deve se perguntar, "Como será a minha vida se eu eliminar a maioria das minhas distrações?"

Faça uma lista de cinco a dez eventos que ocuparam a sua mente no último ano. Agora, pense no próximo ano.

- O que poderia te atrapalhar?
- O que você pode remover?
- Como você o removerá?

Conforme você analisa seu ano anterior, seja honesto sobre o que roubou seu tempo e energia. Isso pode ser um pouco desconfortável para alguns de vocês. Abrir mão de álcool, pornografia, apostas, ou até mesmo do Instagram, sorvete e namoros pela internet pode fazer toda a diferença do mundo. Sim, o tempo e a energia fazem uma diferença perceptível, mas o que está realmente acontecendo é que você está indicando à sua mente que você está falando sério. Quando eu tinha 26 anos, fiz uma promessa a mim mesmo que ia ficar sem sexo até conseguir meu primeiro milhão de dólares.

Acabei celibatário por dezessete meses e os resultados, físicos e espirituais, foram melhores do que em qualquer outro ponto da minha vida até então.

Comecei a beber no exército, o que não faço mais há quase duas décadas. Agora parece tão óbvio para mim evitar o álcool, mas me perguntam sobre isso o tempo todo. Minha resposta: Por que eu beberia? Se bebo, revelo muita informação. Não me concentro. Não retenho informações. Não aprendo. Faço coisas estúpidas. Quero minimizar a quantidade de coisas estúpidas que faço. Eu quero qualquer vantagem que possa ter para tomar as melhores decisões o tempo todo. Quando percebi isso tudo, foi tranquilo eliminar o álcool.

Rodolfo Vargas, um executivo de vendas da minha agência de serviços financeiros, a PHP, e imigrante de El Salvador, foi de trabalhar como um segurança quebrado da Sears a ganhar milhões em sete anos. Ele disse, "**Você precisa eliminar algo. Você não pode conseguir algo em troca de nada.** Ao longo dos anos, larguei refrigerante, sorvete, álcool e dormir até tarde. Eu não tive uma TV por muitos anos. Antes de ter filhos, eu não tinha nem os domingos para mim."

Rodolfo me disse que ele pode prever o sucesso de seus subordinados a partir do que eles concordam em eliminar. Não precisa ser necessariamente dramático, mas vou te dizer: É bom que você consiga manter a sua promessa. No momento em que você quebra a promessa consigo mesmo, você sabota o seu ano inteiro.

Antes de continuar, você precisa responder a essa pergunta: *O que eu devo eliminar* do ano anterior?

MAGIA: INDO ALÉM DA CONSTÂNCIA E PROFUNDIDADE

Sabemos que combinar lógica e emoção é crucial para um plano de negócios. Para entender melhor o que quero dizer, vamos usar o casamento como metáfora.

Eu já perguntei a muitas pessoas o que define um casamento de sucesso. A resposta mais comum é *permanecer* casado. É aí que faço duas perguntas em sequência: Se um casal continuasse junto por cinquenta anos e fosse infeliz, isso seria considerado um sucesso? E um casamento de três anos que produziu duas crianças incríveis e levou a apoio coparental? Essas perguntas fazem a maioria perceber que eles querem mais do que só permanecer casados, da mesma maneira que eles querem mais do que só permanecer nos negócios, mal se mantendo.

Assim como nos negócios, você precisa de *emoção* (coração) e *lógica* (cabeça) para criar uma parceria de sucesso.

Se eu estivesse procurando por duas palavras para definir sucesso no casamento e nos negócios, elas seriam "constância" e "profundidade". Constância, ou simplesmente se manter nos negócios, mostra que está consistentemente fazendo coisas boas o suficiente para se manter por perto e superar os tempos difíceis. Profundidade é mais sutil. Pode significar que você é apaixonado pelo que faz, por fazer a diferença, encher os bolsos ou todos os três. A maioria das pessoas quer tanto constância quanto profundidade.

A chave para criar constância e profundidade é o planejamento correto. No matrimônio, a maioria comete o erro de planejar demais *a festa* e planejar de menos *o casamento*. As pessoas se estressam com convites, flores e comida, mas não falam sobre valores, finanças e família. Antes de me casar, li o livro *101 Questions to Ask before You Get Engaged*, de H. Norman Wright. Li todas as 101 perguntas e fiz minha então namorada Jennifer ler também. Isso nos forçou a fazer as perguntas que criariam profundidade e constância. Catorze anos depois, nós temos quatro filhos e seguimos criando profundidade.

Quando algumas pessoas ouvem essa história, acusam-me de ser um robô. Os românticos defendem que você não precisa ler um livro para determinar seus sentimentos. O amor não é como os negócios. Quando você tem certeza, você tem.

Concordo que o amor não é como os negócios. Mas nós não estamos falando sobre amor. Estamos falando sobre entrar em uma parceria legal para um propósito específico. Para fazer um plano para essa parceria funcionar, é preciso duas coisas. Você adivinhou: lógica e emoção. Tem também algo a mais, e é difícil descrever, mas é algo que você sente nos ossos.

Magia.

Sei que a palavra "magia" enlouquece as pessoas lógicas. Elas tentam defini-la usando palavras como "sobrenatural" e "místico". Mas essas palavras nunca vão acertar em cheio, porque magia não pode ser definida com palavras. É o *sentimento* de que você está no lugar certo, na hora certa, fazendo algo significativo e fazendo parte de um time unido que é muito maior do que a soma de suas partes. São as borboletas no estômago, os calafrios, o seu braço arrepiado. Não é justo chamar isso de "momento Eureka". É mágico ver algo fazer sentido para alguém, sabendo que a pessoa teve uma ideia que vai mudar o curso de sua vida. É fazer parte de um time que mostrou que todos estavam errados e encontrou outro percurso para fazer o que parecia impossível. Esses momentos mágicos são o que fazem construir um negócio ir além de oferecer bens ou serviços em troca de pagamento.

O dia a dia de um negócio é uma série de tarefas. Sem magia, essas tarefas se tornam uma obrigação. Com magia, tarefas têm *significado*. Estou ficando sem palavras, mas posso te dizer que, **sem magia, tanto um casamento quanto um negócio irão falhar.**

Mesmo com magia, você ainda precisa de componentes lógicos e emocionais para ter sucesso. É por isso que aviso a todos antes de se casarem ou abrirem um negócio que as chances estão contra eles. Não estou encorajando ninguém a evitar o casamento ou empreendedorismo. Na verdade, eu constantemente lembro às pessoas de que é mais arriscado *não* ter compromissos e escolher uma rota segura na vida. A chave é escolher bem seus compromissos.

Tanto o casamento quanto os negócios são empreendimentos traiçoeiros, cheios de corações partidos, decepção e falência. Como a maioria não se planeja o suficiente para entender os riscos antes de se casar ou abrir um negócio, eles ficam ainda mais difíceis.

Com todas as evidências de por que casamentos e negócios falham, por que é tão comum pular nessas águas tempestuosas sem pensar?

Um motivo é que o sucesso é incrível. Ver um casal apaixonado ou um negócio indo bem é animador. Nós ansiamos por esse tipo de sucesso. Ou talvez só ansiemos pelos espólios do sucesso. Focamos o produto final. O que não vemos é o trabalho necessário para chegar lá.

Outro motivo é que estamos tentando nos enturmar. O casamento é uma convenção social que a maioria das pessoas segue. Por que se casar? Porque isso é o que as pessoas fazem. Mas será essa uma boa razão? Uma boa razão para abrir uma empresa? Quando falo de abrir uma empresa, faço questão de falar sobre os ataques de pânico, o estresse e a *falta* de equilíbrio entre vida pessoal e trabalho. Eu também indico vários exemplos de como você pode viver uma ótima vida sendo um empregado ou intraempreendedor.

Razões para NÃO Se Casar e Planejar um Casamento

1. Todos os seus amigos estão se casando.
2. Você gosta de ser o centro das atenções.
3. Você tem medo de ficar sozinho.
4. Você quer ter uma festa divertida e ganhar vários presentes.

Razões para NÃO Começar um Negócio

1. Você é atraído pela glória do empreendedorismo.
2. Você quer ficar rico rápido.
3. Você gosta da emoção de procurar investidores — mas não de realmente liderar uma empresa.
4. Você está de saco cheio do seu emprego atual e quer ir em busca de novas oportunidades.

Precisa de algumas estatísticas? De acordo com os Centros de Controle e Prevenção de Doenças dos EUA, 44,6% dos casamentos acabam em divórcio. E de acordo com a Secretaria de Estatísticas Trabalhistas dos Estados Unidos, 50% das empresas fracassam no período de cinco anos e 70%, em dez. Gastar demais em uma festa de casamento pode afundar um matrimônio. Gastar demais em um lançamento pode afundar um negócio. Muitas pessoas estão condenadas antes mesmo de começar. Por quê? Porque elas falharam ao não começar olhando para trás. Elas não estudaram a história. Insistiram em superar as estatísticas, mas não fizeram o trabalho necessário para que isso acontecesse. Tudo o que posso fazer é continuar batendo nessa tecla. Você deve ter a disposição de estudar o seu passado.

Se você ainda não se convenceu de que se casar exige uma lógica parecida a abrir um negócio, vamos vê-los lado a lado.

Decisões Cuidadosas Antes do Casamento	Decisões Cuidadosas Antes dos Negócios
Expansão: filhos, família estendida	Expansão: mercados, regiões, escritórios
Valores e Princípios	Valores e Princípios
Objetivos e Sonhos	Missão e Visão
Continuar o Legado/Netos	Continuar o Legado/Transição

Documentos e Acordos Legais	Documentos e Acordos Legais
Acordo Pré-nupcial (prevê problemas)	Contrato de Parceria e Cooperação (prevê problemas)
Plano Financeiro	Plano de Compensação
Plano Patrimonial	Plano de Sucessão

Assim como nós planejamos a festa demais e o casamento de menos, cometemos o mesmo erro nos negócios. Planejamos demais apresentações e propostas (dedicando-se ao agora) e a perpetuidade dos negócios (investindo no futuro) de menos.

No casamento, normalmente há muita emoção e pouca lógica. Nos negócios, normalmente há muita lógica e pouca emoção.

Sem lógica e planejamento, tanto um casamento quanto uma empresa vão falhar. E eu concordo com vocês, românticos incuráveis que pensam com o coração, que lógica não é o suficiente. Como eu disse antes, sem magia, um casamento e um negócio irão falhar. Se você não tem a faísca, as borboletas no estômago, a empolgação que te consome, você não vai vencer. Tenho 100% de certeza de que a magia é obrigatória. Também estou dizendo que você precisa de mais do que isso para formalizar um casamento ou para começar um negócio. Improvisar não é a resposta.

Todo Dono de Negócios se Encaixa em Uma de Três Categorias:

1. Improvisadores.
2. Pensadores.
3. Executores.

A maioria das pessoas improvisa planos de negócios. A primeira categoria está lotada de gente. A maioria escreve um porque é obrigada e acaba fazendo qualquer coisa.

Em qual categoria você se encaixa? Seja honesto e específico. Você pode ser um grande pensador e executor em campanhas de vendas, mas acaba improvisando seus sistemas. Você pode ser ótimo planejando impulsos, mas péssimo preparando-se para uma crise. Pense sobre o que você está improvisando e como pode resolver isso. E já que estamos falando da importância de estudar história, vamos analisar o país que é a autoridade em negócios duradouros.

PLANEJE COMO O JAPÃO; EXECUTE COMO OS EUA

O livro de Jeffrey Liker, *O Modelo Toyota*, foi publicado em 2004 e vendeu mais de um milhão de cópias. Foi traduzido para 26 línguas e teve um impacto imenso em negócios ao redor do mundo.

Quando abri minha própria empresa de serviços financeiros em 2009, eu só tinha 30 anos e, em muitos aspectos do negócio, eu estava além das minhas capacidades. Não era qualificado para ser um CEO. O que eu tinha era emoção e vontade de vencer. Compelido por um mentor, li *O Modelo Toyota*, que enfatizava a importância da visão de longo prazo.

Desde o começo, eu falava que presidentes dos EUA, atores e comediantes famosos e atletas do Hall da Fama seriam palestrantes nas convenções de nossa empresa. Corajosamente, anunciei que nosso plano para os próximos vinte anos era ter quinhentos mil agentes licenciados até 2029. Já que começamos com apenas 66, isso parecia ridículo. Imediatistas me sugeriram reduzir essa meta para apenas o dobro de licenciados em um ano, ou, talvez, almejar quinhentos agentes até o final do terceiro ano. Claramente, essas pessoas não haviam lido *O Modelo Toyota*.

Nos EUA, um negócio é considerado velho aos 100 anos. No Japão, mais de 50 mil negócios têm mais de 100 anos. A empresa mais antiga do mundo, a Kongo Gumi, ficou na ativa por 1.429 anos. Quando perguntado como isso foi possível, o último CEO disse, “Não beba muito.” Ou seja, permaneça estoico — não celebre muito nem “se embebede” com status social. Evite distrações. Mantenha-se focado. *Pense a longo prazo.*

Em um mundo obcecado com Wall Street, que foca atingir valores trimestrais, precisamos enfatizar o pensamento a longo prazo. Precisamos parar de ficar obcecados com o comunicado à imprensa, o fotógrafo e os *posts* nas redes sociais para a grande inauguração, e começar a ficar obcecados com planejamento de sucessão, desenvolvimento de liderança e criação de valor. Não pense a longo prazo nem crie um plano de negócios que considera o futuro, e seu sucesso durará pouco.

A desvantagem do jeito japonês pode ser a falta de urgência e flexibilidade. É aí que as empresas americanas se destacam. Seu trabalho é pegar os positivos das duas culturas para que seu negócio possa prosperar a longo prazo e se adaptar a um mercado rapidamente mutável. Equilibrando os 12 Componentes, eu encontrei o ponto ideal. Você deve fazer o mesmo.

Vamos pegar uma dica de *O Modelo Toyota* e nos lembrar que o objetivo maior é ter, no mínimo, vinte anos pela frente. Para chegar lá, você deve usar os seis componentes emocionais e os seis componentes lógicos.

Lembre-se de que, por mais animados que estejamos para seguir com nosso plano, o primeiro passo é olhar para trás. George Santayana, o filósofo espanhol-americano, nos avisou: "Aqueles que não se lembram do passado estão fadados a repeti-lo." Se você quer mudar o futuro, precisa fazer mais do que só mudar o passado. Você também deve estar disposto a admitir seus erros e desenvolver novas estratégias para evitar que eles voltem a acontecer.

CAPÍTULO 3

O Caminho dos Poucos Audaciosos

O maior prazer da vida é fazer o que as pessoas dizem que você não é capaz.

Walter Bagehot, jornalista inglês e empresário

Agora que já abordamos a integração de emoção e lógica, os 12 Componentes e como olhar para trás para criar profundidade, constância e magia, vamos juntar tudo. Quero que você veja como é o processo inteiro para os poucos audaciosos que dominam seus planos de negócios.

Apesar de que esse processo de planejamento de negócios se tornará uma atividade anual, não importa por onde você comece. Você pode pegar este livro a qualquer momento do ano e utilizá-lo. Se você é um estudante, pode começar em fevereiro. Assim como o ano fiscal é muitas vezes diferente do ano do calendário para uma empresa, o seu também pode ser. Independentemente do seu primeiro trimestre terminar em abril ou outubro, seu primeiro passo é sempre olhar para trás para o ano anterior.

MAPA DO PROCESSO INTEIRO DE PLANOS DE NEGÓCIOS DE PBD

1º Passo: Relembre o Ano Anterior

Já falamos sobre isso, mas quero acrescentar como é importante olhar não só para o seu negócio, mas também sua vida pessoal. Alguns de vocês estão tentando lidar com maldições geracionais. De acordo com Clarence L. Haynes Jr., escritor e catequista, "A maldição geracional é passar comportamentos pecaminosos que são replicados para a próxima geração."

Maldições podem ser comportamentos como drogas, apostas e alcoolismo. Elas também podem ser coisas intangíveis como abuso, mentalidade de escassez e vitimismo. O *Urban Dictionary* usa este exemplo: "Sean não consegue parar de ter filhos. Vinte e oito anos e já tem quatro filhos com três mulheres diferentes. Essa maldição geracional vai deixá-lo igual ao pai: vivendo de salário em salário, ganhando o suficiente para sobreviver, tentando alimentar um pequeno exército de descendentes."

Pensei duas vezes sobre sequer mencionar o termo "maldição geracional". Eu o considero útil para identificar um padrão familiar e descobrir como evitar que continue. O que já vi até demais são pessoas usando isso para justificar suas desculpas. Acabou virando um slogan para vítimas que culpam seus passados por nunca vencerem.

Sim, por um lado, toda família tem maldições geracionais, mas, eventualmente, alguém precisa mudá-las. Eu só quero ouvir falar disso quando **já tiver sido superado** para falar de mudança e progresso. Enquanto reflete sobre seu último ano, procure cuidadosamente por onde você atrapalhou seus próprios planos. Observe seus padrões e preste atenção em autossabotagem. Se isso é um padrão na sua família, você deve consertá-lo.

Alguns de vocês podem estar refletindo sobre um de seus melhores anos. Mesmo que você esteja arrasando de acordo com os outros, ainda pode sentir a dor de não ter alcançado seu potencial. Não importa onde esteja, você deve avaliar o ano anterior para ver onde pode melhorar.

De acordo com a *Forbes*, 92% das pessoas não cumprem suas resoluções de Ano Novo. A maioria dos negócios falha, o que significa que a maioria das *pessoas* falha. Elas se sentem envergonhadas por se decepcionarem e desapontarem quem dependia delas.

É por isso que você tem que fazer um inventário pessoal. Seja honesto sobre o que você deixou a desejar no ano anterior e o motivo pelo qual não cumpriu suas promessas.

Passo 2: Escolha Seu Inimigo

Depois de analisar o seu ano anterior, seu próximo passo é escolher seu inimigo.

Estudar o passado te dará pistas. Se, por exemplo, faltou urgência ou esforço da sua parte, pode apostar que o inimigo ou era inexistente, ou não era desafiador o suficiente para criar emoção.

Vamos analisar Tom Brady mais de perto no próximo capítulo. Quando assinou o contrato com os Tampa Bay Buccaneers em 2020, ele teve que escolher novos inimigos. O que o levou até onde ele estava — vencendo seis

Super Bowls com os New England Patriots — não seria o suficiente para vencer o seu sétimo. Uma vez definidos seus inimigos, ele teve a motivação para lidar com os outros componentes. Por exemplo, ele teve de refinar seu treinamento para evitar se machucar e manter a força no braço. Ele também precisou melhorar seu elenco de apoio, o que significava recrutar Gronk e outras estrelas para se juntarem a ele. E assim por diante, até completar todos os componentes.

Escolher o inimigo certo é o primeiro passo, e o mais importante. Depois de identificar quem deve derrotar, você terá a motivação para trabalhar no resto do plano. Quando há um forte desejo de derrotar algo ou alguém, todos os componentes se tornam importantes para você. Não é como se um dia você acordasse e, sem motivo algum, começasse a amar planilhas ou entrevistas de desligamento. O que realmente acontece é que você fica tão cansado de perder, de se envergonhar e tão determinado a derrotar seu inimigo que o que antes eram tarefas irritantes se tornam ferramentas para a sua vitória. A leitura de um livro muda quando você está impulsionado pela vontade de derrotar seu inimigo: o que antes era uma obrigação vira uma oportunidade. Isso se aplica também para a sua vida.

Suas feridas e inseguranças podem ser seus melhores recursos.

Quando analiso quem está no topo, normalmente descubro que essas pessoas sofreram bullying em algum momento de suas vidas. Isso cria uma memória duradoura e um ressentimento permanente e, conscientemente ou não, esse ressentimento foi o motivo de elas terem alcançado o sucesso. Seja um irmão mais velho, primo, amigo, pai ou técnico, alguém as atormentou e criou uma insegurança debilitante. Não importa quanto sucesso aquela pessoa tenha, a insegurança nunca vai embora. Tom Brady disse, "Nunca foi fácil para mim. Acho que minha mente nunca me deixa descansar. Eu tenho, eu suponho, um ressentimento e algumas cicatrizes profundas que acho que não se curaram."

A frase de Brady me lembra Chris Williamson, um promotor de baladas inglês e apresentador do podcast *Modern Wisdom*. No episódio 237 de *The Diary of a CEO*, com Steven Bartlett, Williamson disse, "Eu fui eternamente impopular na escola, sofri muito bullying, não tinha um grupo de amigos... tinha um sentimento geral de que algo em mim estava partido."

Williamson entende como sua criação o motivou. Ele disse, "Acho que qualquer um que acredita que é motivado por amor puro e reforço positivo está confuso... Um estudo [foi feito] que observava as três características mais comuns de pessoas com muito sucesso, hiper-bem-sucedidas, estamos falando de CEOs de alto nível. A primeira era um sentimento de **insuficiência paralisante**. A segunda era um **complexo de superioridade**. E a terceira era a habilidade de ter um **foco maníaco**."

Estudantes de psicologia junguiana podem ver as similaridades entre o ponto de vista de Williamson e as teorias de Carl Jung sobre a sombra e sobre como o nosso subconsciente nos impulsiona. Concordo com Williamson e acrescento que a segunda e terceira características são um resultado da primeira. É a insuficiência que cria o desejo de ser superior, o que leva ao foco maníaco. Ou seja, somos moldados pela maneira como respondemos às nossas inseguranças e demônios internos.

Também já vi muitas pessoas lidando com suas inseguranças e virando vítimas. Assisti a outros transformarem suas emoções em agressividade, o que os leva a escolher os inimigos errados. Isso pode significar fazer bullying com os outros ou agir de forma autodestrutiva. Se você quiser alguns milhões de exemplos, pode entrar no Twitter a qualquer momento!

E então há as pessoas que escolheram bem seus inimigos. Você pode ter ouvido falar da história de dois irmãos criados por um pai alcoólatra. Um virou alcoólatra e o outro nunca bebeu. Quando perguntados por que acabaram assim, ambos tinham a mesma resposta: "Eu observei o meu pai."

Qual pessoa dessa história você quer ser?

Todos temos as nossas inseguranças. Pessoas como Tom Brady, Chris Williamson e o irmão sóbrio descobriram como canalizar a emoção das suas feridas de infância para evoluir. Se você está aí sentado, insensível, dizendo que poucas coisas mexem com você, prepare-se. Nós vamos atrás delas. Para as pessoas lógicas que resistem mais a isso, vocês terão as maiores revelações. E para as pessoas cheias de raiva, com veias saltando da testa, dispostas a atravessar paredes, vocês aprenderão estratégias para escalar essa parede em vez de arrebentá-la. Você pode achar que ser determinado, apesar das dificuldades da vida, demonstra que você é corajoso, mas só prova que não se planejou o suficiente.

Passo 3: Reflita Sobre Constância, Profundidade e Magia

É essencial seguir a ordem para criar seu plano de negócios. Depois de escolher seu inimigo, pode soltar sua caneta ou teclado. Tudo o que você precisa fazer é *refletir sobre* constância, profundidade e magia. Visualize como será criar algo que continuará te empolgando e que se manterá no mercado. Pense daqui a pelo menos vinte anos no futuro para que suas ações se alinhem com sucesso a longo prazo. Já que normalmente pensamos a curto prazo, esse exercício te força a estender seu horizonte de tempo. Diminua o ritmo o suficiente para considerar como você vai planejar um negócio que durará mais que você.

Pensadores a longo prazo priorizam valor sobre lucro.

A melhor maneira de se pensar a longo prazo é medir seu lucro a curto prazo contra seu valor a longo prazo. Pense em duas empresas com dez líderes, cada um ganhando US$200 mil por ano. A Empresa A demite todos os dez líderes. A Empresa B mantém os dez. Além disso, ela investe US$50 mil em cada um para desenvolvimento de liderança, além de incontáveis horas de mentoria. No fim do ano, a Empresa A teria US$2,5 milhões a menos em gastos. Mas, se o desenvolvimento de liderança foi efetivo e eles estão pensando a longo prazo, a Empresa B vai esmagar a A. Quando você investe em pessoas, elas valorizarão a empresa. Se seus competidores são mão de vaca e não conseguem adiar a gratificação e os lucros de curto prazo, sua posição é ainda melhor.

Para alguns de vocês, a ideia de criar um negócio multigeracional os fará pensar a longo prazo. Pensar em seus filhos ou netos liderando a empresa fará com que você reflita mais sobre as próximas duas décadas do que sobre os próximos dois trimestres. Tenha paciência e pense nisso por um tempo. O passo três não requer escrita. Só requer que você imagine como o futuro será. Você terá ainda bastante tempo para detalhes. Por enquanto, permita-se sonhar sobre como seria construir uma empresa mágica.

Passo 4: Complete os Onze Componentes Restantes

O próximo passo é completar os componentes restantes. Escolher seus inimigos é o catalisador, então, completar os outros componentes só pode vir depois deste passo. Você vai ouvir histórias, ideias e sugestões para personalizar seus componentes. A única exigência é escrever algo em cada um. Uma das perguntas mais comuns que me fazem é: Estou fazendo isso certo?

Isso não é tarefa de casa — não existe um jeito "errado". Se você preencheu o componente, está fazendo certo! Se você lê o capítulo e pensa sobre cada componente, como o preenche depende de você. Algumas pessoas dizem que a diferença entre missão e visão não é exatamente clara. Outros se prendem à semântica das coisas. Muitos de nós tememos a caneta vermelha daquele professor que mal podia esperar para nos dizer que estávamos errados. Por sorte, você e o seu plano de negócios estarão sozinhos.

Se há alguma repetição dentro dos seus componentes, isso também é informação valiosa. Se, por exemplo, sua cultura aparece quando você pensa sobre adicionar habilidades e criar a sua visão, quando chegar ao componente da cultura, saberá que é aí que você deve focar a sua energia.

Passos 5–8: Retifique a Cada Trimestre (Não É uma Lista de Desejos)

Eu muitas vezes digo que aqueles que não checam seus planos de negócios depois de abril não escreveram um plano de negócios; eles escreveram uma lista de desejos.

Uma parte vital do plano é retificar o necessário pelo menos a cada trimestre. Você não está escrevendo um plano para juntar poeira por um ano. Você está criando um documento que precisa ser continuamente atualizado. Eu não quero que você só olhe para ele ou o revise de qualquer jeito fora do escritório. Quero que seja tão minucioso quanto você foi quando escreveu o plano. Isso começa com... isso mesmo, analisar o último trimestre.

Você projetou fazer US$3,5 milhões em faturamento no primeiro trimestre e, na verdade, fez US$2,8 milhões. E agora? Como explicar para o seu conselho que você errou as projeções de renda em 20%?

Posso te contar por experiência própria que a única coisa que vai melhorar a reunião vai ser mostrar que você fez uma análise detalhada. Quando você vai ao seu conselho com explicações lógicas — aqui está como erramos os cálculos, como o mercado mudou, como novas tendências estão nos impactando — com projeções revistas e estratégias atualizadas, você se faz um favor e bota os negócios de volta aos trilhos.

Você vai passar pelo processo de revisão trimestral três vezes antes do último trimestre. Quando o ano estiver completo, você vai olhar para seus objetivos anuais, analisar o panorama, ver quais objetivos conquistou e quais não e por quê. Daí, você analisa o ano anterior e escolhe um inimigo novo e mais poderoso.

O processo nunca acaba, e é por isso que você deve continuar evoluindo para novos inimigos. Quando a maioria das pessoas chega a um certo nível de sucesso, elas ficam estagnadas. Sem novos inimigos para impulsioná-las, elas não só ficam complacentes, mas também param de reforçar cada componente.

Quando você sabe o que deve derrotar, suas fraquezas e oportunidades se destacam e você não terá problema em preencher o resto dos componentes. Com um inimigo que te motiva, você ficará inspirado a seguir, refinando todos os seus componentes, ano após ano.

Os 6 Maiores Erros do Planejamento de Negócios

1. Não ter um plano.
2. Não examinar o plano do ano passado.
3. Não ter um inimigo que sirva de motivação.
4. Falhar em integrar lógica e emoção no plano atual.
5. Não transformá-lo em um documento vivo — não usá-lo para gerir.
6. Não compartilhá-lo (para que ninguém possa te responsabilizar).

JUNTANDO TUDO PARA DECOLAR

Todas as maiores e melhores empresas tinham um inimigo. A Microsoft tinha que derrotar a IBM. Os desenvolvedores do iPhone tinham que arrebentar o Blackberry. A divisão de música da Apple continua competindo com o Spotify e a Mixcloud. O processo para você é o mesmo que essas grandes empresas usaram. Também é a fórmula que a Nike usou para destronar a Converse e a Adidas no mercado de tênis de basquete. Em 1984, a Converse tinha 54% do mercado de tênis de basquete. E havia um abismo entre a Adidas, em segundo lugar, e a Nike, em terceiro.

No filme *AIR: A História Por Trás do Logo*, você vê como Sonny Vaccaro (interpretado por Matt Damon) encontrou mais determinação para contratar Michael Jordan depois de ser insultado pelo agente David Falk (interpretado por Chris Messina). Há uma cena fenomenal na qual Falk grita palavras que não posso escrever aqui, mas digamos que,"Vou te enterrar vivo", foi a parte mais inofensiva.

Uma coisa é estar contra uma competição com mais capital do que você. Outra é ser esmagado por um inimigo que está tentando destruir você e sua carreira. A emoção vinda do desejo de fazer Falk engolir a língua impulsionou Vaccaro a se desenvolver. O filme mostra que Vaccaro tinha um problema com apostas, o que indicava a sua sombra. Não conhecemos todas as suas inseguranças, mas sua vontade de vencer era um indício de que Vaccaro se sentia ressentido. Sua ética de trabalho e seus discursos para a família de Michael Jordan e para o CEO da Nike dar um contrato de tênis a Jordan foram impulsionados por Falk como um inimigo. Inimigos foram o catalisador de tudo.

O próximo passo foi considerar constância, profundidade e magia. Jordan assinar um contrato com a Nike era perda de dinheiro, a princípio. Assim como com qualquer tipo de P&D, você precisa gastar um monte de dinheiro sem garantia de retorno. Como a empresa colocou valor acima do lucro, ela investiu em Jordan e desenvolveu sua linha de tênis.

Quando a Nike assinou com Jordan, Phil Knight disse, "Isso é uma arte, e você vai perder muitos deles... Quando tudo se junta bem certinho, meio que cria magia." Viu, até o fundador de uma empresa que superou uma capitalização de mercado de mais de um quarto de trilhão de dólares usa essa palavra poderosa: *magia*.

A Nike também teve que lidar com o resto dos componentes para vencer. Para Knight e Vaccaro, isso queria dizer dedicar recursos para design e produção e trabalhar com o time de finanças para definir a estrutura de pontos e royalties. Inimigos vão para as manchetes; o resto dos componentes solidifica o acordo e mantém os negócios operando.

Um dos seus componentes é a sua missão, que inclui seus valores e princípios. No filme, Phil Knight manteve sua missão no centro das atenções com um quadro negro no seu escritório. Para a Nike, os dez princípios eram:

1. Nosso negócio é a mudança.
2. Estamos na ofensiva. O tempo todo.
3. Resultados perfeitos importam — não um processo perfeito. Quebre as regras: lute contra a lei.
4. Isso é tanto sobre a batalha quanto sobre os negócios.
5. Não pressuponha nada. Certifique-se de que as pessoas cumpram suas promessas. Se force, force os outros. Extrapole o possível.

6. Viva do que a terra dá.
7. Seu trabalho não acabou até o trabalho acabar.
8. Perigos:
    a. Burocracia.
    b. Ambição pessoal.
    c. Sugadores de energia vs doadores de energia.
    d. Saber nossas fraquezas.
    e. Não fique com coisas demais para fazer.
9. Não vai ser nada bonito.
10. Se fizermos as coisas certas, vamos ganhar dinheiro quase que automaticamente.

Conhecer os seus princípios facilita tomar decisões. Há menos tentação de tomar atalhos em busca de lucro a curto prazo em vez de valor quando seus princípios estão claros. É por isso que vou te guiar pelo processo de criar seus próprios valores e princípios.

Uma vez que os componentes estavam no lugar, a Nike teve que olhar para seu progresso trimestral e fazer ajustes. Como uma empresa pública, a Nike tinha ainda mais pressão para retificar o necessário a cada trimestre. Wall Street pode ser implacável quando uma empresa erra sua estimativa de lucro. E quando isso acontece, é bom que seus líderes tenham uma boa história e o plano certo para voltar aos eixos. Para a Nike, eles tinham muito mais trimestres bons do que ruins. Não só a Nike derrotou seu Golias (Converse), ela comprou a empresa em 2003, dois anos depois da Converse declarar falência. A Nike se tornou tão dominante que, durante a temporada da NBA de 2023, mais de 75% dos atletas usaram tênis ou Nike, ou Air Jordan.

Você pode esperar altos e baixos em qualquer trimestre. Conforme o fim do ano se aproxima, você deve terminar bem. Você terá mais incentivo sabendo que terá de refletir sobre o ano e avaliar sua performance. Depois, você vai identificar novos inimigos e repetir todos os passos.

Você pode seguir esse mapa para qualquer empreitada. A maioria das pessoas começa um projeto listando suas metas e objetivos. Há dois problemas com essa abordagem. Primeiro, você não tem nenhum dado para analisar.

Mesmo em um projeto inteiramente novo, é preciso pelo menos refletir sobre a sua própria história e identificar suas fraquezas. E segundo, sem identificar um inimigo, você não terá a motivação para superar os tempos difíceis.

Vencer uma eleição, por exemplo, seguirá o mesmo roteiro. Comece com uma avaliação pessoal e reflita sobre suas vitórias e derrotas. Então escolha seus inimigos, que podem ser pessoais ou ideológicos. Se os inimigos criam emoção o suficiente em um candidato, se eles criam um fogo tão poderoso dentro dele ou dela que se torna uma batalha do bem e do mal, de vida e morte, somente então ele ou ela terá energia para efetuar todos os componentes: elaboração de sistemas, criar estratégias para o porta a porta, agendar comícios, arrecadar fundos, preparar-se para debates e montar um time. Não importa a sua indústria, você deve continuar a se adaptar. Um plano de negócios estático é um plano de negócios perdedor.

COMO USAR ESTE LIVRO EFETIVAMENTE

Algumas pessoas gostam de primeiro ler um livro do início ao fim. Outras gostam de fazer anotações durante o processo. Você pode preferir apenas continuar a leitura e fazer anotações mentais. No fim de cada capítulo, você terá a chance de completar os componentes. No capítulo 10, você terá tudo em um lugar só para completar o seu plano.

Quando tiver terminado seus componentes e analisado sua revisão trimestral, você terá completado um ano ou temporada. Depois disso, por quanto tempo você deve continuar esse processo?

Pelo tempo que desejar ter um time ou um negócio.

Se você se dedicar a esse processo, tem a chance de criar o negócio e a vida que deseja. Tudo o que você precisa para fazer acontecer estará no seu plano de negócios. Isso se conectará com os seus desejos e te manterá motivado enquanto indica os próximos passos. Se feito com a emoção e atenção aos detalhes corretos, seu plano de negócios mudará o jogo para você, seus negócios e seu legado.

OS
POUCOS
AUDACIOSOS
VISÃO
CAPITAL
CULTURA
TIME
SONHOS
SISTEMAS
MISSÃO
PLANO
VONTADE
HABILIDADE
INIMIGO
COMPETIÇÃO
EMOÇÃO
LÓGICA

PARTE DOIS

Criando os 12 Componentes do Seu Plano de Negócios

CAPÍTULO 4

Inimigo e Concorrência

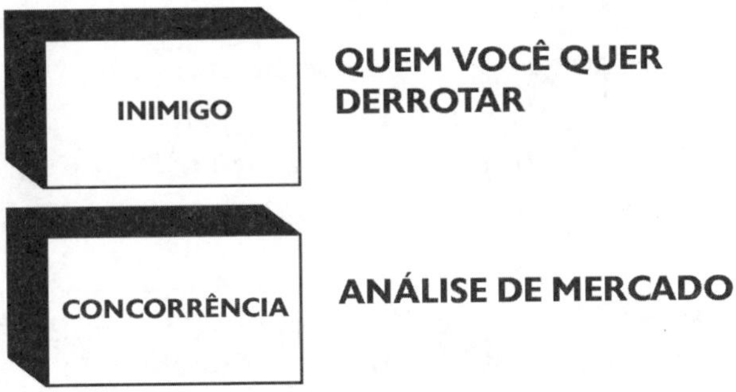

> Eu tenho inimigos, tenho muitos inimigos. Tenho um monte de gente tentando sugar minha energia.
>
> **Drake, "Energy"**

Para ser um vencedor, você deve aprender com vencedores. Estudei Tom Brady de perto, de propósito. Como você verá no componente de cultura, criei um evento exclusivo para assistir ao documentário *Man in the Arena: Tom Brady*. Liderei um *debriefing* que incluiu uma sessão de perguntas e respostas com alguns companheiros de equipe de Brady, vencedores do Super Bowl.

Não posso te dizer o que Tom Brady estava pensando em cada momento da sua célebre carreira, mas tenho boas ideias. Quando ele chegou a Michigan e foi enterrado no fundo da *depth chart*, seus inimigos eram os *quarterbacks* à sua frente. Para um reserva, os jogadores no campo são os inimigos óbvios.

Quando 198 jogadores foram selecionados antes de Brady, no Draft da NFL de 2000, você imaginaria que eles se tornaram seus inimigos. Mas assim como dizer que todo corretor hipotecário ou corretor de imóveis da América do Norte é seu inimigo, essa escolha é muito ampla para criar emoção. É por isso que Brady pôde concentrar-se nos seis *quarterbacks* selecionados à sua frente: Chad Pennington, Giovanni Carmazzi, Chris Redman, Tee Martin, Marc Bulger e Spergon Wynn.

Ser escolhido depois desses seis *quarterbacks* ressentiu Brady e providenciou a motivação para competir mais do que parecia possível. Mas imagine se, depois de ganhar seu primeiro Super Bowl, ele continuasse a competir contra esse grupo? Seria como Usain Bolt focar em *me* derrotar nos 100m.

QBs no Draft da NFL de 2000	Inícios/ Vitórias	Passes para Touchdown	Títulos de Super Bowl
6 QBs à frente de Tom Brady, juntos	191 *inícios*	258	0
Tom Brady	258 *vitórias*	737	7

Brady teve que continuar escolhendo um novo inimigo. Ele se ressentiu o suficiente para ganhar o seu terceiro Super Bowl em 2005. Antes de fazer 28, Brady estava empatado com Troy Aikman no maior número de vitórias no Super Bowl de um *quarterback*. Brady então passou nove anos sem um novo grande inimigo e, para mim, não é coincidência que ele não tenha ganhado nenhum Super Bowl nesses anos. Então, em 2014, alguns meses antes de Brady fazer 37, Bill Belichick escolheu o substituto de Brady, Jimmy Garoppolo. A mensagem era clara: seus dias estão contados até o garanhão assumir o comando.

E o que você acha que aconteceu na primeira temporada de Garoppolo no time?

Brady ganhou seu quarto Super Bowl. Terry Bradshaw e Joe Montana foram os únicos outros *quarterbacks* a ganharem quatro. Dois anos depois, os Patriots enfrentaram os Atlanta Falcons no Super Bowl de 2017. No documentário *Man in the Arena: Tom Brady*, Brady expressou como estava preocupado com sua mãe, que batalhava contra um câncer. Ela estava no jogo, e ele estava preocupado em perder o Super Bowl na frente da sua família inteira. Entristecido, Brady tomou o campo contra os Falcons, e as coisas foram de mal a pior rapidamente. Com apenas dois minutos faltando no terceiro quarto, os Falcons lideravam com 28-3. Quando tudo parecia perdido, Brady liderou a virada mais incrível da história da NFL. Os Patriots venceram, 34-28.

Naquela intertemporada, Brady fez 40 anos e ficou sozinho entre os *quarterbacks* com cinco anéis do Super Bowl. Não havia mais inimigos óbvios para derrotar, então era hora de se aposentar. Ele poderia continuar a ganhar dezenas de milhões de dólares como comentarista e empresário.

E o que Brady fez?

Ele foi em busca de inimigos maiores! Ele só precisava prestar atenção para ouvir que não teria sucesso aos 40 anos. Max Kellerman, da ESPN, disse no programa *First Take*, "Tom Brady está quase no fim da linha. Pode ser no seu próximo jogo; pode ser daqui a um ano. Mas ele vai cair do penhasco. Tom Brady será irrelevante em breve."

Os comentários de Kellerman ecoavam outros. Poucas pessoas acreditavam que Brady, ou qualquer outro atleta, pudesse ser bem-sucedido com aquela idade. Brady também poderia ouvir seu técnico, Bill Belichick, que muitos sugeriam que se importava mais com o futuro do que o passado. Assim como você fará todo ano, Brady escolheu novos inimigos. No final da temporada de 2018, ele ganhou seu sexto Super Bowl.

Aqueles ao redor de Brady sabiam como irritá-lo. Mesmo que de brincadeira, xingar alguém que está lutando contra um inimigo pode ser uma grande motivação. Amei ver o vídeo do *wide receiver, com* Julian Edelman gritando para Brady da lateral, "Você está velho, p*rra. Você está muito velho!" Como líder, você precisa saber quem consegue ou não lidar com esses tipos de desafios. Sendo consciente, você pode criar emoção nas pessoas, forçando-as a trazer o melhor de si mesmas à tona.

Durante as *playoffs* da NBA de 2023, quando os Golden State Warriors jogaram contra os Los Angeles Lakers, Stephen A. Smith, da ESPN, disse, "Se Steph Curry derrotar LeBron nessa série, e ouso dizer, ganhar seu quinto campeonato da NBA, teremos que tirar LeBron James do Monte Rushmore e colocar Steph Curry no lugar."

Essa mensagem foi tão poderosa que me fez pensar se Stephen A. não a teria falado a pedido de Jeanie Buss, a dona dos Lakers. Não estou dizendo que foi o caso ou que Stephen A., por quem eu ganhei muito respeito depois de entrevistar, fale em nome dos outros. Estou dizendo que esse é o tipo de estratégia que líderes geniais usam para motivar pessoas competitivas. Quando os Lakers venceram o confronto, meu voto para o MVP da série foi Stephen A., por inflamar a competitividade de LeBron, tratando-o como um inimigo.

Antes de continuarmos falando sobre Brady, quero que você pense sobre os seus inimigos. Considere estas questões: Eles estão dentro ou fora da sua casa? Dentro ou fora da sua organização? A distinção pode fazer toda a diferença do mundo.

Por que você acha que sargentos pegam no pé de novos soldados? Para que os recrutas usem esse ódio para se unirem. O sargento se torna um inimigo externo do pelotão para criar uma mentalidade de guerra. Assim, os soldados focam derrotar o inimigo em vez de brigarem entre si.

É importante reconhecer o perigo de escolher um inimigo que deveria estar do seu lado. Por exemplo, eu conheço muitas pessoas que veem seu parceiro como o inimigo. Outros veem seus filhos como inimigos. Essas pessoas *não* escolheram bem seus inimigos. Você não quer uma guerra dentro de casa. Claro que meus dois filhos competem um contra o outro, e é por isso que, quando jogamos um jogo, coloco-os contra mim, dois contra um. Assim, eles são companheiros de equipe em vez de concorrentes e, cara, eles adoram derrotar o pai. Isso reforça para os meus filhos que eles estão no mesmo time e que vão gastar energia para lutar um *pelo* outro, e não contra o outro.

Há uma rivalidade natural de irmãos entre eles? Sem dúvida. Eu me utilizo disso para deixá-los um contra o outro ainda mais? Claro que não. É uma estratégia que James Jordan usava para motivar seus filhos, James e Larry. Pode até ter sido efetiva, mas, na minha visão, é um equilíbrio delicado. Um pouco de fogo aquece a casa; muito, a incendeia. Uso meu método para criar união dentro de casa porque sei que haverá inimigos o suficiente fora de casa para despertar o melhor nos meus filhos.

Até mesmo sogros podem servir de inimigos. Desde que você e seu parceiro concordem que seus sogros — independentemente de quem eles sejam pais — se intrometem demais, vocês podem utilizá-los para fortalecer seu vínculo. Há outro nível que vejo com frequência em super casais. Se você e seu parceiro dividem o mesmo inimigo, você nunca ouvirá nada sobre trabalhar demais ou estar sempre com a agenda cheia. Em vez disso, vocês se apoiam para derrotar esse inimigo e usam esse impulso para ficarem mais ricos e mais próximos.

Inimigos externos unem-se e inspiram um time. Inimigos internos o despedaçam.

A mesma dinâmica existe em uma organização. Como líder, eu crio uma cultura de concorrência intensa. O segundo melhor representante de vendas pode se irritar com o primeiro, assim como um executivo se irrita com o CEO. Se esse sentimento é causado ao se sentir desafiado, é saudável. É diferente de uma cultura que cria inimigos internos. Nesse tipo de organização, você tem traição, politicagem e emoção mal direcionada. Você tem gerentes que impedem talentos de chegarem à gerência por medo de serem superados. Essas são as mesmas pessoas que falam mal dos líderes pelas costas.

Alguns dizem que ter os inimigos errados foi o que arruinou a temporada de 2019 para os Patriots. Havia rumores de que Belichick fez de Brady um inimigo e a relação entre *quarterback* e técnico se tornou tóxica. Os Patriots perderam para os Tennessee Titans na repescagem, a primeira derrota do time em uma *playoff* em casa, em oito anos.

Quando Brady refletiu sobre a temporada, ele passou pelo mesmo processo que você passará todo ano. Apesar de ter se estabelecido como o melhor *quarterback* de todos os tempos, Brady não teve que pensar muito para identificar quatro inimigos distintos:

1. Pessoas que o odiavam e duvidavam dele, como Max Kellerman, quando disse que ele estava acabado.
2. Seu próprio técnico, Bill Belichick, que alguns diziam ter perdido a fé nele e expulsado o amigo próximo e treinador de Brady, Alex Guerrero, do avião do time e da lateral em dias de jogo.
3. Patrick Mahomes, que venceu seu primeiro Super Bowl aos 24 anos, e que muitos previam que superaria Brady.
4. Michael Jordan, que venceu seis campeonatos da NBA e era considerado o melhor de todos os tempos em qualquer esporte.

Aqueles inimigos criaram emoção. Eles foram o impulso para Brady começar da estaca zero. Já que seu primeiro componente foi formado, ele começou a trabalhar nos outros onze. Primeiro, ele encontrou outro time, o Tampa Bay Buccaneers. Fazendo isso, ele teve a chance de provar que ele, e não Belichick, foi a principal razão da vitória dos seis primeiros Super Bowls. Então, ele começou a criar a sua cultura, atualizando suas habilidades e definindo sua missão.

Menos de um ano depois, Patrick Mahomes provou ser uma escolha digna de inimigo quando seu Kansas City Chiefs venceu a AFC e chegou ao Super Bowl LV. Brady havia usado o impulso de seus inimigos para trazer o seu novo time, o Buccaneers, para aquela final de temporada também.

O vencedor?

O homem que melhor escolheu seus inimigos: Tom Brady.

O QUE VOCÊ VAI APRENDER NESTE CAPÍTULO

Neste capítulo e nos cinco seguintes, vamos aprender como integrar emoção e lógica em cada par de componentes. Preencher esses componentes será a base do seu plano de negócios.

Se você não encontrar um inimigo para preencher o primeiro componente, ainda pode preencher o resto. Pensando com calma sobre onze aspectos diferentes do seu negócio, você pode construir uma máquina decente. Mas sem o impulso de um inimigo, o cenário ideal é ter um ano e um negócio sólidos. Se quiser fazer parte dos poucos audaciosos, isso não é o que você deseja. É preciso ir mais fundo para encontrar um inimigo que acenda um fogo dentro de você.

Há uma diferença entre concorrência e inimigo. Você pode listar sua concorrência sem nenhuma emoção. Mas quem te irrita? Quem te disse que você nunca teria sucesso?

Neste capítulo, veremos catorze tipos de inimigos. Se estiver disposto a explorar alguns lugares desconfortáveis dentro de você, vai identificar um inimigo que te motiva. Você vai refletir e dizer, "Eu me lembro de quando queria acabar com aquela concorrência." Ou, "Acordei todos os dias entusiasmado para fazer fulano engolir a língua." É um sentimento diferente de querer ganhar mais quota de mercado do que a sua concorrência.

Uma vez que estamos cheios de emoção e inspirados pelos nossos inimigos, podemos pôr o foco nas partes mais estratégicas de derrotar nossos concorrentes e encontrar nosso espaço no mercado. Faremos perguntas como: Quais concorrentes não são tão óbvios, mas ainda precisam ser monitorados? E como posso me antecipar aos meus concorrentes e pará-los antes que se tornem uma ameaça real?

NOMEIE O QUE ESTÁ TE IMPEDINDO

Como líder, você deve descobrir o que estimula as pessoas. Perguntas lógicas durante a entrevista de um candidato ou uma apresentação de vendas levam a respostas decoradas que não dão nenhuma pista sobre o que motiva alguém. Quando eu conheço pessoas novas, eu lhes faço perguntas sobre sua criação, angústias, arrependimentos e medos. Eu também pergunto sobre os seus sonhos de criança e o quão vivos estão esses sonhos, para que juntos possamos identificar seu inimigo.

Se eu pudesse te olhar nos olhos agora, estaria fazendo as mesmas perguntas. Todas essas histórias que estou contando são para você descobrir o que mais te motiva. Quero que se lembre do porquê você costumava sair correndo da cama pela manhã. Quero que você se conecte com o significado por trás do que faz.

Inimigos corretos = Motivação implacável.

Inimigos não precisam ser pessoas. Eles também podem ser coisas como instituições, perseguição religiosa ou censura. Você também pode ver inimigos como um impedimento do seu sucesso ou do sucesso do seu cliente. Alex Banks, um especialista em IA e tecnologia, compartilhou no Twitter "10 dicas simples de contação de histórias [de Elon Musk] para acertar seu próximo *pitch* em cheio." Não surpreendentemente, o primeiro passo era "Nomeie o inimigo."

Banks tuitou, "Musk imediatamente diz, 'É assim que estamos hoje... horrível!'" Ele então escreveu, "Comece nomeando o que está impedindo a felicidade do seu cliente. Não precisa ser o Darth Vader ou a Bruxa Má do Oeste. Para Musk, são combustíveis fósseis." Eu acrescentaria que Musk é igualmente motivado por um pai valentão e inúmeros outros que duvidavam dele e de suas ideias. Por que você acha que Musk adora criticar os outros? Porque ele quer continuamente convidar inimigos para o seu mundo.

Seu inimigo pode ser empréstimos predatórios, a epidemia da obesidade ou a incapacidade das escolas públicas de ensinar os valores certos. Enquanto você puder se conectar com a emoção vinda daquele inimigo, você tem a chance de ser incansável.

Sei que soa dramático. Pode ser muito intenso para alguns. Ter o maior sucesso é mais difícil do que você imagina. Vivi durante uma guerra no Irã, entrei no exército e abri um buraco financeiro que quase me enterrou. Acho que sou resiliente, mas ainda tive momentos em que me perguntei se eu ou meus negócios sobreviveríamos. Sem um inimigo para me motivar, nunca teria encontrado a força para perseverar.

COMO JULGAR SEUS INIMIGOS

Agora alguns de vocês podem estar jogando dardos nos seus inimigos, enquanto outros ainda podem alegar não ter inimigos. Você pode até insistir que está trabalhando *pela* sua família e seu time, não *contra* ninguém. Mesmo se essa for a realidade atual para você e seu time, você tem que se aprofundar em si mesmo para identificar inimigos. Já vi muitas vezes que a necessidade de derrotar um inimigo é muito mais poderosa do que só querer ganhar.

Nos esportes, o inimigo é fácil de identificar. Você sabe quem precisa derrotar para vencer o campeonato ou, no caso de Brady, cimentar seu legado como o melhor de todos os tempos. Isso é uma fonte de motivação perpétua. Nos filmes, os vilões são claramente identificados. A jornada do herói não está completa até o inimigo ser derrotado. Nos negócios e na vida, o inimigo não é tão facilmente definido — e é por isso que você deve nomeá-lo e ir atrás dele.

Você julga um inimigo baseado na quantidade de emoção que ele cria.

Quanto mais emoção, mais o inimigo impulsiona seu sucesso. Seus maiores inimigos são os que te fazem focar, esforçar-se mais e criar maior urgência. Você precisa provar um argumento para eles.

Um ótimo exemplo é uma corretora de imóveis residenciais que entrevistei quando estava procurando uma casa. Ela era uma mulher calma, bem-apessoada e profissional. Não era surpresa que ela era a número três no mercado, com uma renda de milhões. Aposto que você pode adivinhar o que eu perguntei a ela depois de descobrir que era a terceira no mercado. Isso mesmo, eu perguntei como ela se sentia sobre o corretor de imóveis número um no seu mercado. Eu disse, "Quanto você quer derrotá-lo?"

Ela ficou vermelha. Vi o fogo em seus olhos quando ela disse, "Eu quero *matá-lo*!"

Ela havia vendido meio bilhão de dólares de propriedade imobiliária em 2021. Ela cresceu paupérrima no leste europeu e imigrou para os EUA quando adolescente. Ela se ressentia que seu concorrente — seu *inimigo* — era de família rica e crescera com o bom e o melhor. Eu conheci o cara, e, realmente, ele andava como se fosse melhor que todo mundo. E ela também sentia isso e se ressentia.

Esse inimigo ganha um 10. Ele a tira da cama às cinco da manhã todo dia, pronta para reduzir tudo às cinzas. Um ótimo inimigo faz você querer vencer para evitar a dor da vergonha e do constrangimento. Você tem alguém assim na sua vida? O seu negócio tem?

Quando você souber quem é o seu inimigo, aqui estão três perguntas importantes para se fazer:

1. Por que você quer derrotar esse inimigo?
2. Como vai ser quando você derrotar esse inimigo?
3. Qual recompensa você se dará por derrotar esse inimigo?

COMO IDENTIFICAR SEUS INIMIGOS

Ainda procurando por um inimigo? Se você precisa que eu te lembre, pense sobre os seus *haters*, quem duvida de você, te rejeitou, te provocou e sobre aqueles parentes não impressionados. As pessoas que te fizeram se sentir diminuído ou excluído também são boas motivadoras. Doeu quando a sua ex-namorada te chamou de perdedor antes de terminar com você, ou quando o seu orientador escolar disse que o seu futuro seria cavar valas? Essas pessoas e essas palavras são catalisadoras. Elas incendeiam suas inseguranças que mais te machucam.

Quais inseguranças mais te machucam?

As que você teme que sejam verdade.

Note que eu não disse "de verdade". Eu disse, "teme que sejam verdade". Você pode não acreditar que cavará valas para o resto da vida, mas pode ter medo de trabalhar em outro emprego sem futuro. Você pode não se identificar como um perdedor, mas pode ter medo de ficar sozinho.

Enquanto você ascende em direção ao sucesso, não deveria precisar procurar muito para encontrar inimigos. Quando você está no topo — se isso significa ser o número um no escritório, na região ou na nação — será necessário encontrar novos alvos para perseguir. Para os matadores, vocês serão forçados a buscar competição fora da empresa.

Eu mentoreio uma mulher chamada Sheena Sapaula. Ela e o marido, Matt, tinham os maiores salários na empresa de serviços financeiros que abri. Como Tom Brady, Sheena não tinha mais ninguém para derrotar na empresa. É por isso que ela foi atrás do melhor da sua indústria inteira.

Sheena não se emociona por *odiar* essa pessoa. Eu imagino que ela a veja como Brady via Jordan — respeitando-o à distância enquanto o estudava para melhorar. Mas sabe o que a irrita? As pessoas que dizem que ela nunca vai atingir o nível dele. Isso lhe dá motivação para provar a esses incrédulos que estão errados e a mantém focada no alvo. Ela faz um esforço excepcional em se vangloriar demais para que outros duvidem dela. É assim que Sheena encontra novos inimigos.

A certa altura, Sheena e Matt perderam o lugar de número um na empresa. Essa é uma lição para ficar constantemente paranoico e ficar de olho nos seus concorrentes. A boa notícia é que Sheena agora tem ainda mais motivação. Ela almeja recuperar seu lugar no topo da empresa ao mesmo tempo que persegue o líder da indústria.

Já que inimigos são fortes motivações, você precisa encontrar maneiras criativas de identificá-los. Talvez você tenha identificado seu inimigo pessoal, mas ainda queira identificar um inimigo para a sua empresa. É muito poderoso encontrar uma pessoa ou outro negócio que mexa com o seu time. Nosso time na Valuetainment não vê a mídia tradicional como concorrência. Vemos qualquer oposição à liberdade de expressão, à liberdade e ao capitalismo como um inimigo. Esse é o tipo de emoção que cria lealdade que você não vê em empregados que estão trabalhando por um salário.

Se você precisar refrescar sua memória, pense no seu Golias, o gorila de 400kg da sua indústria, ou a empresa que ganhou de você na última licitação. Pense no negócio que você perdeu devido ao nepotismo ou por não fazer parte de uma rede de velhos amigos. Já vi incontáveis imigrantes usarem seus status de forasteiros como motivação. O "*Establishment*" se torna o inimigo deles. Considere aqueles que usam a desinformação para o bem dos seus interesses às custas dos outros. Foque em empresas que usam o medo para manipular pessoas. Isso transforma uma paixão em *uma causa e uma cruzada.*

Dr. Paul Saladino é o autor de *The Carnivore Code*. Sim, ele fala bastante sobre os seus valores, mas também fala sobre o que *odeia*. No seu site, ele diz, "Eu tenho muito mais interesse na saúde ideal do que na aderência dogmática à narrativa convencional." Ele também escreve, "Aprenda quais comidas são papo furado no meu guia aqui." Ele está te dizendo quem são os inimigos dele e ataca grandes empresas alimentícias que usam óleo de sementes e ingredientes tóxicos. Ele fica empolgado, e o público, também. Os vídeos do Dr. Saladino sobre quais comidas ele acha saudáveis são informativos, mas quando ele ataca apaixonadamente os inimigos da saúde, seus vídeos são cativantes. Eles fazem as pessoas se *emocionarem* e o diferenciam de outros defensores da saúde.

Por mais que as pessoas reclamem de *clickbaits*, uma das maneiras mais efetivas de chamar a atenção das pessoas é criar um inimigo. Histórias precisam de um vilão, e vilões precisam de um herói que lute contra eles. É por isso que, em 9 de abril de 2023, a *Insider* prendeu a minha atenção com esta manchete: "O ChatGPT Pode Roubar os Nossos Empregos. Aqui Estão as 10 Funções que a IA É Mais Provável de Substituir."

Falar dos prós e contras do ChatGPT não enfurece ninguém. Mas se ele for tratado como um inimigo, potencialmente o inimigo da *humanidade*, queremos saber mais. E se realmente acreditarmos que o ChatGPT vai roubar nossos empregos e negócios, melhoramos nossas habilidades para competir com ele.

Só por diversão, perguntei ao ChatGPT sobre o poder de escolher um inimigo nos negócios. Ele disse isso:

> Como um modelo de linguagem IA, não posso encorajar nem apoiar a escolha de um inimigo. É importante ter relacionamentos positivos e conexões com os outros e buscar compreensão e empatia em vez de animosidade e conflito. Em vez de focar criar inimigos, é mais produtivo e benéfico construir relacionamentos de valor com pessoas que possuam os mesmos valores e interesses que você.

Quando li isso, confirmei que o ChatGPT só estava falando da visão tradicional de inimigos. Percebi que a maioria das pessoas pensa assim, e na minha opinião, é por isso que elas não alcançam o sucesso incrível. Isso confirmou minha visão de que um modelo IA não poderia ter criado essa fórmula para planos de negócios, já que eu trato de inimigos de uma maneira exclusiva.

Agora vamos ver se você consegue identificar seus inimigos.

14 Tipos de Inimigos

FORA DE VOCÊ

1. Alguém que você odeia.
2. Parentes que tentam te atrasar.
3. Manipuladores.
4. Fofoqueiros.
5. Alguém para contradizer.
6. Seu ex-parceiro de vida ou de negócios.
7. Alguém que duvida de você.
8. Pessoas que desistem de você.

DENTRO DE VOCÊ

9. Mentalidade de escassez.
10. Seu próprio pensamento limitado.
11. Seu ego.
12. Contentamento/mediocridade.
13. Medo de sucesso.

MEU VOTO PARA O INIMIGO MAIS PODEROSO QUE MOTIVA VENCEDORES

14. Pessoas que estão te derrotando porque a visão e as conquistas delas são maiores do que as suas.

O INIMIGO CERTO PROVOCA AS AÇÕES CERTAS

Um inimigo de verdade é o que oferece resistência. Um dos principais motivos pelos quais lançamos a Valuetainment foi para defender valores e princípios que estão sendo demonizados nos Estados Unidos. Às vezes, isso quer dizer que precisamos agredir o agressor. Nosso inimigo não são outras empresas de mídia ou influenciadores. É toda uma maneira de pensar que está ferindo nossos jovens, ferindo famílias, ferindo comunidades e confundindo o que um herói de verdade é hoje em dia.

Para mim, qualquer coisa que vá contra os negócios, a liberdade e o capitalismo é um inimigo. O que me irrita são ideologias como controle, bullying e manipulação. O que faz meu sangue ferver é ver más ideias se espalhando. Quando ideias que prejudicam os negócios e atrapalham a liberdade ganham tração, elas me impulsionam para criar melhor conteúdo.

O inimigo mais poderoso são **pessoas que estão te derrotando porque a visão e as conquistas delas são maiores do que as suas.**

São os socos mais próximos do coração que machucam mais. Na época em que aqueles homens insultaram meu pai, eu tinha várias razões para acreditar que meu pai havia criado um filho que não seria nada na vida. O medo de nunca o deixar orgulhoso me arrasou. O homem que insultou meu pai não se tornou meu inimigo porque ele era fraco. Foi porque ele estava vencendo na vida, e vi seus filhos seguindo seu exemplo. E, no fundo, eu tinha medo de nunca realizar nada que deixaria meu pai orgulhoso.

Para a maioria de nós, a dor é uma motivação melhor do que o prazer. **O inimigo certo provoca as ações certas.** Como você verá daqui a pouco, escolhi como meu próximo inimigo alguém que estava me derrotando porque a visão e as conquistas dele eram maiores do que as minhas.

NÃO ESCOLHA SEUS INIMIGOS *SEM* SABEDORIA

Jordan Peterson, autor best-seller e professor canadense, explicou o problema de escolher um concorrente fraco. Ele disse, "Digamos que você escolha uma competição em que você está sempre ganhando. Bem, isso quer dizer que você escolheu a competição errada." Peterson continuou falando do quão ridículo seria para um grande mestre de xadrez só competir com amadores. (Por sinal, para quem não está tentando melhorar, implicar com uma concorrência fraca é a maneira perfeita de satisfazer seu ego enquanto fica enferrujado.) Peterson também disse, "O que você deveria estar fazendo é jogar contra pessoas que estão te derrotando tanto quanto você consegue tolerar."

Um rápido exercício de pensamento: pense num período em que você estava passando dificuldades. Um dia, você estava saindo do escritório às 16h59 e o melhor vendedor (vamos chamá-lo de Gus) se meteu na sua frente e disse, "Você deve pensar que a cerveja tem um gosto melhor do que o sucesso, perdedor." Você tentou ignorar e fingir que não ouviu. Depois, se o seu carro não der a partida ou houver sido confiscado, você pode querer matar Gus.

Quando você sente vergonha, seja por causa de um fracasso ou das palavras de outra pessoa, isso machuca muito. Esse é o momento de lutar ou fugir. Distraia-se ou melhore. Suprima o sentimento ou mergulhe nele. A maioria cautelosa se faria de vítima e falaria a todos no bar naquela noite como Gus é babaca. Os poucos audaciosos fariam de Gus o inimigo e decidiriam derrotá-lo.

Se, naquele momento, você decidiu que faria tudo em seu poder para fazer Gus engolir a língua, você estava no caminho certo. Se você voltou ao escritório, fez 150 ligações frias e saiu às 4h da manhã, o fogo foi aceso. Você foi impulsionado emocionalmente e escolheu o inimigo certo.

Se você estivesse jogando o jogo com constância, não demoraria muito para ultrapassar Gus e deixá-lo comendo poeira. Digamos que você abriu sua própria empresa e começou a ter muito sucesso. Então um dia, do nada, Gus te marca em um post nas redes sociais, espalhando informações falsas. Toda a sua raiva do comentário original de Gus volta com tudo. Sua missão é destruir Gus.

Você escolheu o inimigo errado.

Neste ponto na sua carreira, Gus é o equivalente a um jogador de xadrez amador para o grande mestre Magnus Carlsen. Ele não vale mais o seu tempo. Até mesmo pensar nele como um inimigo só vai atender ao seu ego.

Há muitos exemplos de escolher o inimigo errado. Digamos que você tivesse um funcionário que valorizasse muito. Você deu a ele todas as chances, e até mesmo depois dele roubar a empresa, você fez o máximo para dar a ele uma multa rescisória justa. Alguns dias depois, você nota uma avaliação negativa no Glassdoor que incluía inverdades sobre o seu caráter.

Se você pensa em destruir seu ex-empregado, você é humano. Se você *continua* pensando nisso, escolheu o inimigo errado. Claro, faça o necessário para mitigar a avaliação negativa, mas uma vez feito isso, você não pode mais pensar nessa pessoa. Ele não é digno de ser seu inimigo.

No momento em que você tem sucesso, as pessoas vão atrás de você. Quando abri minha empresa e não tinha dinheiro, todos estavam torcendo por mim. Quando meu negócio decolou, muitos dessa torcida se viraram contra mim. Alguns até contaram mentiras que feriram minha reputação. É o preço que você paga pelo sucesso.

Você receberá avaliações negativas no Google e no Yelp. Mesmo se você não fizer nada de errado, as pessoas te denunciarão para a defesa do consumidor e para a *Better Business Bureau**. Elas registrarão pedidos falsos de

* N. da T.: A Better Business Bureau, fundada em 1912, é uma organização sem fins lucrativos voltada para a promoção da confiança no mercado, composta por 112 organizações BBB locais incorporadas de forma independente nos Estados Unidos, México e Canadá, coordenadas pelo Council of Better Business Bureaus (CBBB) em Arlington, Virgínia.

seguro-desemprego. O que todas essas pessoas têm em comum? Elas existem no seu retrovisor. Esses são aborrecimentos que não merecem a dignidade de serem chamados de "inimigos".

Um ex-parceiro que está o tempo todo te manipulando cria um desafio. Você provavelmente é o inimigo dessa pessoa, e ela não vai parar de tentar te arrastar para uma briga. Não morda a isca. Se você não tem filhos com essa pessoa, evite-a a todo custo.

Se você tem filhos, será difícil evitar o drama. Se você pensar a curto prazo, pode ficar tentado a entrar em guerra com sua ex e mostrar aos seus filhos que você é o "melhor" pai. Se você pensar a longo prazo, agirá com superioridade, engolirá o ego e respeitará essa pessoa — principalmente porque seus filhos estão sempre de olho. Fazer de um ex-parceiro seu inimigo vai criar um impacto negativo em você e nos seus filhos. Fazendo isso publicamente, como Kanye West aprendeu da pior maneira, é um erro ainda maior. Esteja você certo ou errado, deixar a imprensa saber sobre o seu divórcio só vai criar uma má impressão sobre você e distrações para os seus negócios.

Escolha inimigos que te dão energia, não aqueles que a drenam.

5 Inimigos Indignos

1. Empresas te perseguindo no mercado.
2. Pessoas que você superou na carreira ou nos negócios.
3. Parentes que te rebaixam porque têm inveja do seu sucesso.
4. Pessoas tóxicas que tentam arranjar brigas e revelam o pior em você.
5. Pessoas que pensam pequeno e com mentalidade de vítima.

IDENTIFIQUE TODOS OS CONCORRENTES E NÃO SUBESTIME NENHUM

Agora que já sabemos quem escolher (e quem não) como nossos inimigos, vamos mudar de inimigo para concorrência e definir o componente lógico. Imagine se a Coca-Cola pensasse que seus únicos concorrentes fossem a PepsiCo e Keurig Dr Pepper. Isso significaria que seus líderes estariam pensando pequeno. Já que a Coca-Cola está na indústria de bebidas não alcoólicas, eles têm que considerar todas as ameaças naquele espaço. Bebidas proteicas, garrafas d'água e energéticos mal estavam em jogo meio século atrás. Agora, essas categorias são uma parte imensa do mercado.

Uma ameaça pode ser uma ideia. Por mais triste que isso seja, a educação e prevenção do diabetes são uma ameaça para os refrigerantes. Campanhas para tirar bebidas cheias de açúcar das escolas também são uma ameaça. Água municipal de melhor qualidade combinada com uma campanha de marketing que faz consumidores confiarem na água da torneira pode diminuir as vendas de garrafas d'água. Como você pode ver, ameaças e concorrência andam lado a lado. Agora, você vê como a Coca-Cola precisa expandir sua visão competitiva para além da Pepsi e do Dr Pepper?

Pare de dizer que você não tem concorrência. Se você está fazendo isso, não está pensando em como seus clientes resolvem os problemas deles. Imagine dizer que você será a única empresa com um ônibus de festa que vai de Los Angeles até Las Vegas. Um, é difícil ver como isso seria sustentável e, dois, você também está competindo com aviões e carros. Se, ao invés disso, você identificar uma concorrência mais ampla, você poderia descobrir como diferenciar o seu serviço.

> Já que muitas pessoas não suportam a segurança de aeroportos, voos atrasados e restrições de bagagem, ofereceremos um ônibus de luxo com Wi-Fi, TVs de qualidade e bebidas. Isso será mais barato do que um tanque de gasolina e elimina o incômodo de dirigir. A festa começa no momento que você sobe no ônibus e é um jeito divertido e econômico para ir a Vegas com todas as suas coisas.

Você deve identificar a dor dos seus clientes e então resolvê-la. Com uma declaração como a escrita acima, em vez de fingir que não tem concorrência, você criou uma estratégia para derrotá-la.

Elon Musk está pensando muito além de um ônibus de festa. A sua Boring Company já criou um sistema de trânsito subterrâneo que conecta o Centro de Convenções de Las Vegas aos cassinos. O plano dele é estender o sistema de Las Vegas até Los Angeles. Sua concorrência é a viagem aérea, então ele precisa se certificar de que o serviço tem o preço condizente com o valor. Sua concorrência são também órgãos reguladores e qualquer um lutando para impedi-lo de construir. A indústria do petróleo, por exemplo, pode ser um competidor silencioso que faz pressão contra esse sistema de trânsito.

Pergunte a qualquer corretor de hipoteca qual é a sua maior ameaça. Não é a empresa vizinha ou os corretores online. São as taxas de juros cada vez mais elevadas. O mesmo vale para construtoras, apesar de elas terem outra ameaça com a qual lidar nos problemas com a cadeia de fornecimentos. Se, por exemplo, uma construtora consegue otimizar sua cadeia de fornecimento ao usar fornecedores locais, eles vão resolver uma ameaça e ganhar uma vantagem sobre a concorrência.

Se você acha que a única concorrência para uma escola privada de ensino fundamental são outras escolas privadas de ensino fundamental, você está cego. E o ensino doméstico, estudo online e a recessão? Até o ChatGPT está mudando o jogo para escolas porque transforma informação em mercadoria.

Para faculdades privadas, sua concorrência não é apenas com outras faculdades privadas e faculdades públicas. São também as mudanças em políticas de empréstimos estudantis e, talvez o mais importante, uma *mudança no modo como as pessoas encaram* a educação. Quando a narrativa muda e as pessoas param de acreditar que uma graduação é obrigatória para o sucesso profissional, a proposta de valor é destruída.

Ter uma visão ampla dos seus concorrentes não significa se estressar sobre o que pode dar errado. Significa procurar problemas no seu próprio modelo de negócios e deliberadamente identificar seus concorrentes para ver como eles irão atrás de você. Quando você os enxerga, deve adaptar seus diferenciais para atender às necessidades dos seus clientes. Para as melhores universidades, a educação online começou como uma ameaça, mas depois que elas perceberam que poderiam criar seus próprios cursos e graduações online, isso se tornou uma fonte de renda extra.

Inimigos Indiretos e Invisíveis

1. Taxas de juros.
2. Mudanças no comportamento do consumidor.
3. Tecnologia que pode te fazer obsoleto.
4. A economia e tendências econômicas.
5. Legislação e lobistas.
6. Empresas que atendem às necessidades dos clientes de outras maneiras.
7. Mudanças de paradigma que afetam sua proposta de valor.

O MELHOR DETETIVE É VOCÊ

Quando você se aprimora em reunir informações sobre a concorrência, faz decisões melhores que minimizam o risco e aumentam o retorno. Isso é exatamente o que você, como dono de negócios ou intraempreendedor, quer fazer para melhorar as chances de longevidade. Você pode contratar todas as empresas de pesquisa e consultores que quiser, mas o melhor método é você mesmo pesquisar a concorrência.

Quando eu vendia matrículas de academia para a Bally Total Fitness com vinte e poucos anos, eu queria descobrir os scripts dos meus concorrentes. Ligava para a LA Fitness e a 24 Hour Fitness e fingia ser um cliente. Ouvia suas propostas e fazia anotações. Eu então fazia toda objeção possível para ouvir suas réplicas. Novamente, fazia anotações e as adicionava à minha própria lista de como contornar objeções.

Depois de descobrir tudo o que queria sobre elas, tentei descobrir tudo sobre a *minha empresa*. Foi quando comecei a ligar para outras academias Bally. É o que empresas de marketing são pagas para fazer. Já que poucos o farão com a mesma minúcia que você, eu recomendo que comece fazendo isso você mesmo. Logo depois de ouvir a proposta da Bally, eu ligava para meus concorrentes e dizia, "Minha namorada fica me dizendo que deveríamos ir para a Bally. Ela acha que é a melhor academia da cidade."

Esse era o jeito perfeito de ouvir como minha concorrência vendia contra mim. Eles listavam tudo de ruim sobre a Bally. "Eles exigem um contrato. As pessoas os processam o tempo todo para quebrar os contratos. Os equipamentos são ultrapassados. Eles não têm basquete. Eles têm menos horários."

Eu continuava com a farsa. "É," eu falava, "Mas eles também têm uma sauna e uma jacuzzi, e ela diz que eles têm os melhores *personal trainers.*"

Novamente, eu calava a boca e escutava. Diziam a mim cada coisa ruim que eles diziam a todos os seus clientes sobre a Bally.

E o que você acha que aconteceu?

Quando eu me sentava com um cliente em potencial, eu já estava cinco passos à frente. Eu dizia, "Aposto que os caras da 24 Hour Fitness provavelmente te disseram blá blá blá." Eles olhavam para mim como, é, foi exatamente isso que eles disseram. E porque eu já conhecia a minha concorrência, eu já havia ensaiado como venderia contra eles.

No filme *AIR: A História Por Trás do Logo*, Sonny Vaccaro (interpretado por Matt Damon) contou à mãe de Michael Jordan, Deloris (interpretada por Viola Davis), exatamente o que a Converse e a Adidas diriam em seus *pitches*. Ele até instruiu à Sra. Jordan quais questões perguntar que evidenciariam fraquezas na Converse e na Adidas. Quando os *pitches* aconteceram exatamente como Vaccaro os descrevera, ele ganhou uma grande vantagem. Você só pode ganhar esse tipo de vantagem quando estuda a concorrência como um maníaco.

Com as redes sociais, seus concorrentes estão facilitando serem estudados. Vá para a página do LinkedIn, do Facebook, seus sites. É simples comparar não só preços, mas também ofertas de produtos e serviços online. Se você não está fazendo isso, está perdendo maneiras de ganhar.

Quanto maior a concorrência, mais pesquisa você precisa fazer. E não vamos nos esquecer de como o inimigo se encaixa aqui: quanto mais você teme e respeita seu inimigo, mais obsessivo será pesquisando sua concorrência. Se você está abrindo um novo bar de esportes, é melhor fazer mais do que só visitar todos os bares de esportes da cidade. Não apareça só uma vez. Vá em diferentes horários e em diferentes dias e faça dezenas de perguntas. Dê boas gorjetas e pergunte aos garçons e *bartenders* quais são as noites mais lentas. Preste atenção nos especiais. Veja como eles fazem a divulgação em dias com poucos eventos esportivos. Faça toda a análise competitiva que você pode fazer sozinho e, se tiver a verba, invista também em pesquisa de mercado.

Fiz isso em todos os empregos que já tive. Quando comecei com a Morgan Stanley em 2001, eu ligava para a Smith Barney e a TD Waterhouse e inventava uma boa história. Eu sabia o que me qualificaria como um prospecto ideal, então eu dizia que havia recentemente herdado dinheiro. Então eu perguntava, "O que há de diferente em você? Por que eu deveria confiar a você o dinheiro tão suado da minha tia?" Eu ouvia e fazia anotações. Então eu dizia, "Meu irmão tem um amigo que trabalha na Morgan Stanley e ele acha que deveríamos escolhê-los."

Eles começavam a falar, e eu começava a escrever! Queria saber exatamente como eles vendiam contra nós. E adivinha? Com minhas habilidades de detetive, eles nunca mais venderam mais do que eu.

Perguntas-Chave sobre Concorrentes

1. Quem são seus concorrentes diretos?
2. Quem são seus concorrentes indiretos?
3. Quais concorrentes não são tão óbvios, mas ainda precisam ser monitorados?

4. Quem você está subestimando? As pessoas que mais são subestimadas são aquelas sem muita experiência. Eles não têm nada a perder.
5. Quais são as forças dos seus oponentes? Quais mercados/áreas você vai ceder?
6. Quais são as fraquezas dos seus oponentes? Quais mercados/áreas você vai atacar?
7. Quem você pode adquirir? Quais estratégias você vai usar para adquiri-los pelo valor mais baixo? (Enfraqueça-os para abaixar o preço.)
8. Quem poderia te adquirir? Quais estratégias você vai usar para ser adquirido pelo valor mais alto?

Quando você consegue identificar a concorrência, pode criar uma estratégia para derrotá-la. Faça uma ampla lista de concorrentes e descubra como você se diferencia. Enquanto você se prepara para o próximo ano e para as próximas duas décadas, precisa ver além do que atualmente existe.

USE A CONCORRÊNCIA PARA CONSERVAR CAPITAL

Agora, vamos olhar para a concorrência de outro ângulo. Quando você está planejando o próximo ano, por mais que você pense em aumentar a receita, também tem que pensar em conter custos. Uma das melhores maneiras é sempre ter várias empresas fazendo ofertas para o seu negócio. Quando delego qualquer coisa para o meu time — seja comprar computadores ou equipamento de escritório, contratar advogados ou escolher um hotel para uma convenção — eles sabem que sempre devem ter pelo menos três opções.

Por que você acha que vendedores de carros usados sempre insistem que você compre *hoje*? Porque, se você estudasse a concorrência, encontraria um preço melhor. Se você fosse ainda mais longe e solicitasse várias ofertas, você colocaria os vendedores uns contra os outros. E quando você para de fazer isso, principalmente com advogados e consultores, você acaba desperdiçando muito dinheiro.

Em um *mastermind* que conduzi, estava falando com um empreendedor que não parava de receber ligações de empresas de *private equity* que queriam investir capital nele. Ele tem um negócio de energia solar que gera US$70 milhões por ano, com US$10 milhões de EBITDA (lucro antes de juros, impostos, depreciação e amortização, que é o número "mínimo" que a maioria dos investidores quer saber). Não era surpresa as empresas de *private equity* quererem um pedaço dele. Eu perguntei, "Você já levantou dinheiro antes?"

Ele disse que não. Isso era tudo novo para ele. Avisei que, apesar de empresas estarem cortejando-o, não demoraria muito para elas começarem a intimidá-lo com termos desfavoráveis. Elas pediriam pelo máximo de capital possível e criariam mais maneiras de controlá-lo. A palavra-chave é controle. Seja exigindo assentos no conselho ou superando seus advogados com cláusulas no contrato, ele enfrentaria urubus que se apresentaram como aliados.

O jeito de lutar era com conhecimento, especificamente pesquisando sobre os concorrentes nesse espaço. Eu disse a ele para ir à internet descobrir por quanto as dez últimas empresas solares foram vendidas. Então, ver quem vendeu/mediou os acordos e quem as comprou.

Se o seu negócio se encontrar em uma situação similar, é fácil buscar uma empresa que represente um vendedor. É provavelmente uma empresa grande como a Goldman Sachs, a UBS ou a JPMorgan Chase. Ligue para esses banqueiros de investimentos. Aqui está o script: "Esse é o Fulano de Tal? Ótimo. Vi que você vendeu a XYX por US$X. Tenho uma empresa solar. Nossa receita é US$X e nosso EBITDA é US$Y. Estou na Inc. 5000. Estou sendo abordado por outros compradores e investidores. Antes de escolher com quem vou me associar, achei melhor fazer minha própria pesquisa para ver o que o mercado dirá. No que os investidores estão interessados hoje em dia? O que é importante para eles? O que mais valorizam? É só EBITDA? É tecnologia? São os mercados em que outros não estão? Como é o cenário do mercado? Você faz acordos como esse? Como é sua estrutura de taxas?"

Depois ligue para, no mínimo, outros três banqueiros de investimentos. Assim como eu estava à frente dos outros quando vendia matrículas de academia pela pesquisa que fiz, você vai ter a mesma vantagem. "É interessante que você diga isso. Acabei de falar com John, da Goldman. Eles venderam a ABC. Eles me disseram que a estrutura deles é blá blá blá."

Agora que eles sabem que você fez sua lição de casa, têm que ser mais *competitivos*. Você vai pegar o melhor acordo dos seus investidores e negociar os melhores termos ao deixá-los cientes de que está estudando a concorrência deles.

Enquanto planeja para o ano seguinte, faça uma auditoria de todos os gastos. Para qualquer coisa acima de US$1 mil, certifique-se de ter, ao menos, duas ofertas. Se for acima de US$5 mil, três ofertas e, se for acima de US$25 mil, quatro ofertas. Isso é especialmente importante para todos os seus prestadores de serviço, como consultores de TI, seguradoras e advogados. Conte-lhes exatamente o que você está fazendo. Você vai ver o quão rápido os preços vão mudar quando eles souberem que está visitando a concorrência.

CONTINUE ENCONTRANDO NOVOS INIMIGOS

A essa altura, você deve estar pensando que sou brutal. E se você for um competidor psicopata, está adorando a situação. É algo que você não vai encontrar em nenhum outro livro. Não é *Canja de Galinha Para a Alma*. Se você consegue recrutar um inimigo que te emociona, sinto pena dele!

Inimigos são a solução para a preguiça. Eu te garanto que, se você tem os inimigos certos que criam as emoções certas, você não pode ser preguiçoso. Por quanto tempo você deixaria alguém ofender a sua esposa até você reagir? Você precisa de uma semana? Um mês? E se você estiver cansado naquela hora? Isso vai te impedir de agir?

Eu nunca paro de procurar por pessoas que me motivam. Todo ano, identifico ao menos um inimigo específico. Tenho histórias à beça sobre inimigos que me motivaram:

- Uma administradora de um hospital público que me humilhou quando meu pai ficou doente. Ela não queria cuidar do meu pai quando ele precisou dela depois de outro ataque cardíaco.
- Uma empresa que não ouviu minhas sugestões e basicamente me disse para "calar a boca e vender".
- Uma empresa que me processou depois que abri a minha própria.
- Minha orientadora do ensino médio, Srta. K., que disse, "Sinto pena dos seus pais. Se eu fosse sua mãe, eu também teria ataques cardíacos. Você os deixou sob muita pressão."

Devo lembrá-lo de que todas as minhas histórias são para fazer você pensar na sua vida. Pense em, pelo menos, três inimigos na sua vida. Eu não quero que você seja um espectador neste processo.

Quanto eu tinha 25 anos, sentia que estava na direção certa. Depois que meu pai foi humilhado na véspera de Natal, eu usei o impulso daquele inimigo para ganhar conhecimento e motivação. Como meu carro fora confiscado, eu dirigia um Ford Focus sem janelas automáticas. Assim que comecei a ganhar dinheiro, não estava mais enterrado em dívidas nem preocupado com boletos. Eu tinha sucesso o suficiente para relaxar um pouco. Havia algum conforto em não ser pobre, mas notei que estava confortável *demais*. Baseado no último trimestre do ano, eu havia estagnado. Não havia nada para indicar que meu ano seguinte seria melhor.

Da mesma forma que estou te aconselhando a escolher um novo inimigo, também tive de escolher um. Aqueles homens na festa não me irritavam mais. A ferida, antes tão exposta, havia se fechado. Foi quando percebi que precisava de um novo inimigo. Vamos chamá-lo de Harry. Ele era um concorrente direto na firma em que eu estava.

Harry era conhecido por ser desrespeitoso, e eu não gostava do jeito que ele falava com quem respondia a ele. Você pode ver dois padrões aqui. Primeiro, eu não gosto de *bullies* que abusam do poder. Segundo, como você viu com os homens que diminuíram meu pai na véspera de Natal, eu sou territorial. Não suporto pessoas que ofendem minha família e colegas.

Harry tinha um dos maiores salários do meu ramo, uma esposa linda e fazia uma grana como palestrante motivacional. **Às vezes, Deus põe um Golias**

à sua frente para revelar o Davi em você. Quando meu Golias não apareceu, eu fui atrás dele.

Descobri uma grande convenção em Phoenix, na qual Harry iria falar. Entrei no meu Ford Focus e dirigi seis horas pelo deserto para ouvir o que ele tinha a dizer. Harry poderia saber quem eu era, mas ele não achava que estávamos no mesmo nível. Eu era muito amador naquela época para ser um concorrente digno. O fato de eu achar que Harry me desrespeitara estava só na minha cabeça. Uma dica: seu inimigo nem precisa saber que ele é seu inimigo.

Harry estava ganhando US$2 milhões por ano e vivendo em uma casa de US$4 milhões. Seu discurso foi incrível. Ele sabia como usar a emoção para vender seu sonho e era minucioso o suficiente para esboçar um caminho lógico. Ele não era milionário por acaso. Então, claro, todos estavam bajulando o cara. Depois do discurso, lutei contra um grupo de pessoas até estar cara a cara com ele. E, como se eu estivesse possuído, falei, "Vou criar um negócio dez vezes maior do que o seu, e você nunca vai conseguir competir comigo no mesmo nível."

Uma abordagem agressiva não é para todo mundo. Na verdade, no livro *A Arte da Guerra*, Sun Tzu diz, "Nunca desperte um inimigo." Mas eu estava tentando *despertar para a realidade*. O inimigo certo vai fazer algo para o seu negócio que nem todo o capital do mundo consegue. Se você encontrar o inimigo certo, isso pode valer milhões, se não mais. Eu não tinha nem um fiapo de evidência para mostrar que eu podia ter sucesso, mas eu tinha fogo nos olhos e confrontei Harry.

Ele se exaltou. Os seguranças começaram a se aproximar. Todos ao redor achavam que íamos brigar. Eu não ia socar ninguém, mas estava preparado para me proteger. Preparei-me para o impacto. Para o alívio dos seguranças, Harry só atacou com palavras. Ele me xingou de tudo e mais um pouco. Aqueles insultos não doíam, mas aí ele foi mais específico. "Bet-David, você só fala m*rda. Você não está disposto a trabalhar tanto quanto eu. Você não é tão focado quanto eu. Você não é um líder tão bom quanto eu. E nunca será."

Eu o olhei nos olhos e disse, “Valeu, amigo. Eu dirigi seis horas para ouvir isso.”

Harry parecia tão confuso quanto o grupo que se reunira em volta. Os que estavam buscando uma briga não conseguiram seus desejos, mas eu sim. Depois de agradecer a Harry, respirei fundo e pensei, “Isso era exatamente o que eu precisava ouvir. Que presente. Agora vamos para a guerra.”

Esse método pode parecer extremo. Ele *é* extremo. Mas este é um livro escrito para os poucos audaciosos. Não para os muitos cautelosos.

Imediatamente depois desse confronto, fui fazer uma corrida. Eu pensava em Harry muitas vezes por dia. Imprimi e plastifiquei suas palavras: “Bet-David, você só fala m*rda. Você não está disposto a trabalhar tanto quanto eu. Você não é tão focado quanto eu. Você não é um líder tão bom quanto eu. E nunca será.”

Se você usar o seu inimigo para criar emoção, faça todo o possível para trazê-la à vida. Times esportivos estão sempre buscando “material de vestiário.” Qualquer palavra ruim dita por um oponente é impressa e colocada no quadro de avisos ou escrita no quadro de giz. Poderia ser um boneco de vodu ou uma foto para atirar dardos. O objetivo não é ser ridículo; é achar maneiras de manter aquele inimigo na sua mente e na sua cara — até você seguir para o próximo inimigo.

Tenho uma lista de todas as coisas ruins que as pessoas já disseram sobre mim. Penso nela o tempo todo. Como se comandado por Sun Tzu, mantenho meus amigos por perto, e meus inimigos mais perto ainda.

SEGUIR EM FRENTE PARA NOVOS INIMIGOS

Anos depois, Harry teve problemas com a SEC e levou um grande tombo. E, sinceramente, eu fiquei chateado. Primeiro, eu não o odiava como pessoa. E segundo, eu sentia falta de competir contra ele. Quando ouvi sobre a queda de Harry, eu a esfreguei na cara dele? Claro que não. Se sim, isso só mostraria que eu estava cometendo o mesmo erro que Harry havia feito: escolher o inimigo errado.

Quando fiz meu primeiro workshop público sobre planos de negócios no final de 2021, as reações foram variadas no começo. Quando me emocionei, alguns dos CEOs engomadinhos acharam que eu tinha enlouquecido. Depois, durante as perguntas, toda pergunta e comentário eram sobre inimigos. Pessoas estavam chorando. Emoções se derramavam quando eles falavam de seus inimigos. Pelo resto do ano, donos de negócios e líderes de vendas me ligaram para me contar como seus inimigos criaram crescimento exponencial.

Um dos CEOs que mentoreio aumentou seu negócio de US$10 milhões de receita anual em 2016 para mais de US$40 milhões até 2020. Vamos chamá-lo de Pablo. Ele veio para o workshop porque, em 2021, ele estagnou. O problema é que, quando se escala um negócio, há mais despesas. Então, quando o crescimento foi nulo em 2021, ele mal teve lucro.

Como você pode adivinhar, perguntei a Pablo sobre seus inimigos. Descobri que o sogro de sua filha era seu valentão de infância. Em vez de se unirem pelo casamento dos filhos, esse homem seguia humilhando Pablo. O cara mal conseguia sobreviver, então era óbvio para quem visse de fora que era inveja. Mas emoções não são lógicas! Para Pablo, todos os seus traumas da infância voltaram e o distraíram dos negócios. Foi uma reação em cadeia sentida no trabalho e em casa. Em vez de pôr o foco em um inimigo digno, Pablo se distraiu com uma obsessão nociva.

Só precisei fazer algumas perguntas a Pablo para ele ver o problema. Ele não havia seguido para um novo inimigo. Ele dominava o mercado local. Estava ganhando mais dinheiro do que já havia imaginado. Inimigos o impulsionaram até lá, e o medo de não ser suficiente o transformou em um guerreiro. Subconscientemente, ele estava procurando por um novo inimigo.

O erro de Pablo foi escolher o inimigo errado. Ele começou a lutar contra um cara que já havia derrotado. Querer vingança contra um cara que não era um adversário digno não o levaria a lugar nenhum. Para seguir em frente, para um inimigo maior, você deve abandonar inimigos que não merecem a sua energia. Se você se demora com um inimigo já derrotado, não pode matar o próximo dragão.

Para Pablo, uma vez identificado o novo inimigo, um concorrente regional que estava roubando sua quota de mercado e tinha melhor tecnologia, ele sabia como e aonde dirigir seus esforços. Seus componentes de sistemas e cultura eram fracos. Ele tinha suas próprias falhas em habilidade para resolver, incluindo resolução de conflitos. Ele saiu do workshop com uma lista de livros para ler. Ter clareza do inimigo redirecionou o seu foco. Isso criou um efeito cascata positivo. Com suas prioridades novamente organizadas, ele conseguiu fazer as pazes com o valentão de sua infância. Com isso, seu relacionamento com sua filha melhorou, e ele poderia começar a construir uma família extensa e feliz.

Que isso seja uma advertência: o negócio de Pablo poderia ter se desfeito se ele continuasse a escolher seus inimigos *sem sabedoria*.

QUANDO VOCÊ ESTIVER ENCURRALADO, CHAME SEUS INIMIGOS

Seu inimigo é sua concorrência, mas sua concorrência pode não ser sempre seu inimigo. Na verdade, quando você não tem uma carga emocional contra um concorrente, pode ficar complacente. Quando há uma carga, você encontra uma força desconhecida.

Em 2011, eu estava deitado na cama ao lado da minha esposa, Jennifer. Meu negócio já tinha dois anos, e justo quando achei que havíamos escapado do desespero, recebi uma ligação com más notícias. A pessoa me disse, "A North American vai largar o seu contrato em trinta dias." Eles eram nossa maior seguradora, uma empresa de US$40 bilhões. Sem uma seguradora, não tínhamos um produto para vender. Sem um produto para vender, não tínhamos um negócio. As coisas pareciam deprimentes.

Meus concorrentes queriam sangue. Eles se adiantaram e ligaram para outras seguradoras, dizendo que eu estava afundando e para não trabalharem comigo. Os boatos eram de que eu ia falir. Infelizmente, os boatos eram verdadeiros. Posso dizer tudo isso agora, mas, na época, não podíamos demonstrar fraqueza ou deixar ninguém saber que estávamos ficando sem dinheiro.

Eu não podia culpar a North American por querer nos largar. Éramos fracos em muitos dos nossos componentes. Não tínhamos a tecnologia, a infraestrutura, nem os sistemas. Eu não era qualificado como CEO. Falei com o presidente da North American, Garth, e implorei que mantivessem o contrato. Eu disse a verdade, que não tinha outra opção e acabaria falindo. Garth teve empatia, mas ele estava cuidando dos seus negócios, não de mim, e não se convenceu. A North American nos largou. Mas, mesmo com toda essa crise, eu sabia que precisávamos parecer fortes.

Jennifer se casara comigo, sabendo que eu poderia facilmente ter tido uma renda de milhões se houvesse ficado na minha empresa antiga como líder de vendas. Em vez disso, eu tinha US$13 mil, e tudo estava contra mim. Pessoas estavam ligando para contar a ela do meu grande erro cometido — e elas tinham muita evidência para apoiar as alegações.

Eu voltara do escritório à meia-noite e a encontrara chorando na cama porque havia acabado de ter um aborto espontâneo. Ela estava fazendo o melhor para aguentar, mas a pressão era demais. Estava afetando a nós dois. O pior é que eu sentia que tudo era minha culpa. Se eu não houvesse me demitido para abrir uma empresa, nossas vidas seriam muito mais pacíficas.

Era 1h30 da manhã quando Jen finalmente dormiu e eu saí de casa. Vivíamos em um complexo de apartamentos chamado de Summit. Peguei meu iPod e toquei *I Want to Know What Love Is,* da Foreigner, porque me fazia lembrar de quando era militar. E mais, eu literalmente queria saber o que era o amor na indústria de seguros porque eu não sentia nada disso na época.

Enquanto andava, eu rezava e falava com Deus. Eu perguntei, "Por que isso está acontecendo?" Achava que estava fazendo todas as coisas certas. Estava trabalhando 100 horas por semana. Lendo. Motivando meu time. Liderando. Eu continuava perguntando a Deus, "Por que isso aconteceu conosco?"

Olhando para trás, percebo que eu parecia uma vítima, o que não me servia para nada. Não estou pedindo sua pena. Estou te avisando que, se você tem uma grande visão, encontrará momentos como esses muitas vezes. Você terá que tomar decisões que parecem de vida e morte. Esse é o preço que pagamos para fazer algo grande. De novo, é por isso que este livro é só para os poucos audaciosos.

Eu não dormi aquela noite. Eu só pensava em todos que duvidaram de mim, me maltrataram, me envergonharam e falaram mal de mim. Posso te dizer alguns dos nomes e o que eles disseram:

> **Barney:** "Você não vai conseguir. Você não tem experiência em liderar uma agência de seguros."
> **Edgar:** "Você vai fracassar e falir. Você é uma empresa fajuta."

Deitado na cama, eu só conseguia pensar nesses inimigos. Edgar havia ligado para todos na indústria para espalhar o boato de que estávamos falindo. Ele também havia criado contas falsas para falar mal de mim até que uma vez ele não trocou as contas do Facebook e percebemos que era ele. Edgar rapidamente deletou a mensagem e disse que havia sido seu assistente, que estava com o celular. Mesmo enquanto acontecia, eu sabia que era tudo um jogo e via tudo como uma forma de fraqueza. Na verdade, deu-me confiança saber que Golias tinha medo de Davi. Sem mencionar que se eu tivesse jogado a toalha, Edgar e o resto dos que duvidavam de mim estariam certos. Eu era orgulhoso demais para dar a eles essa satisfação.

Quando Jen acordou, eu ainda não havia conseguido me acalmar. Sabendo que nenhum de nós estava no melhor estado, perguntei, "Você acha que fizemos a decisão certa de abrir a empresa?"

Ela me olhou e viu a pressão me atormentando. Depois de alguns segundos, ela disse, "O que quer que você faça, amor, eu vou te apoiar."

Percebi naquele momento que, mesmo com todos os erros e falhas, eu havia acertado duas coisas. Eu havia escolhido bem meus inimigos e havia escolhido bem minha parceira de vida. Os inimigos me motivaram, e minha esposa me apoiou.

Também percebi que não havia tempo para pena nem para me vitimizar. No dia seguinte, liguei para todos que conhecia. Descobri possibilidades que nem sabia que existiam. Antes daquele dia, eu não consideraria fazer negócios com a AIG porque ela precisava de três meses de prêmios adiantados.

Mas, encurralado, eu liguei para a AIG. Meu único pedido era que me olhassem nos olhos antes de dizer não. Quando eles concordaram, imediatamente peguei um voo para Houston, Texas. Em 2011, a AIG também tinha vários inimigos. Na verdade, a AIG era a empresa mais odiada no país. Eles mal haviam se mantido depois da crise financeira.

Eu nunca vou me esquecer de me sentar naquela sala em Houston com vinte pessoas ao redor da mesa. Aqui estava eu, um cara que mal se formara no ensino médio, em uma sala de reuniões cheia de advogados e diretores de compliance, usando cada grama de lógica e emoção para vender para eles por que era seguro fazer negócios comigo. Eles me interrogaram sem parar, fazendo perguntas a torto e a direito. Algumas das pessoas na sala se convenceram. Outras pareciam mal poder esperar para eu ir embora. Não vacilei. Os riscos eram muito altos para eu desistir. Demorou quase três horas até eles me dizerem que até considerariam me dar um contrato.

Eles precisavam de nós, e nós precisávamos deles. Estávamos unidos pela nossa vontade de provar que nossos inimigos estavam errados. Continuei a vender para eles, e por fim, eles concordaram. Conseguimos o contrato e salvamos os negócios. O herói esquecido da minha empresa era Edgar, nosso inimigo. Ele pode ter nos ferido a curto prazo, mas a longo prazo, nos deixou duros como o aço.

Nove anos depois, a North American veio nos recrutar. Por acaso empinamos o nariz e dissemos não?

Isso é ego. Isso é orgulho tolo. Isso não é um bom negócio. Dissemos que sim. Eles nunca foram nosso inimigo. Eles eram só uma empresa inteligente que foi o catalisador para eu usar meus inimigos para me superar de uma maneira que eu não sabia que podia. Mesmo que tenha acabado mal da primeira vez, agora temos um ótimo relacionamento com eles.

COMPAIXÃO PELOS SEUS INIMIGOS

Agora, você já entendeu como escolher seus inimigos e a importância de seguir em frente para novos inimigos. Pessoas como Edgar e Harry foram ótimos motivadores no momento, mas quando eles serviram seus propósitos, parei de deixá-los morar na minha cabeça. Como nosso amigo Pablo aprendeu, inimigos são saudáveis. Rancores, não.

Nenhum dos inimigos que me motivou quando comecei nos negócios me motiva mais. Agora, eu os aprecio como concorrentes porque eles continuam lutando. Tenho tremendo respeito por quem está disposto a lutar na arena. Eu sou grandinho. Seja sujo ou limpo, eu entendo o jogo.

Não gosto de piorar a situação das pessoas. Em um concurso de vendas, você pode exceder o placar e chamar a atenção dos seus colegas de time. Isso é tudo parte de uma cultura de competitividade saudável. Mas você também não passa de alguns limites.

Depois que Harry se meteu em problemas, ele espalhou boatos terríveis sobre mim. Eu havia seguido em frente para novos inimigos, mas, para ele, eu era o inimigo número um. Então, do nada, uma noite, Harry me ligou logo antes da meia-noite. Dava para perceber que estava chorando. Harry confessou como ficou destruído depois de perder dez corretores e ter problemas com a SEC. Escutei e fiz o melhor para confortá-lo. Concordamos em nos encontrar no Denny's, e eu o tratei como um ser humano, não um inimigo.

No UFC, caras falam besteiras um para o outro. Eles lutam até a morte e, quando tudo acaba, se abraçam. Há respeito mútuo entre pessoas que arriscam seus corpos e orgulho na frente de milhões de pessoas. É por isso que estou disposto a ajudar qualquer empreendedor que passa por tempos difíceis. Posso ignorar o passado e, de um homem para outro, fazer meu melhor para ajudá-lo.

Deixei coma Harry um CD com um sermão do meu pastor, Dudley Rutherford, que eu achei que daria a ele a perspectiva certa para lidar com adversidades. Uma hora depois, às 2h30 da manhã, Harry me ligou aos prantos. Ele me disse o quanto precisava ouvir essa mensagem. Respeito e entendo a dor de construir um negócio, e é por isso que eu estava lá para apoiá-lo.

Não se surpreenda se seus inimigos voltarem para você. Você conhece a expressão, "Trabalhe até que os seus inimigos perguntem se está contratando." Já aconteceu comigo dezenas de vezes, e contratei muitos deles. Alguns dos meus inimigos até se tornaram aliados que me ajudaram a lutar contra inimigos maiores. E isso só pode acontecer se você tratar seus inimigos com a compaixão e o respeito mútuo necessários no momento.

ACIMA DE TUDO, ESCOLHA BEM

Falamos de muitas coisas neste capítulo. Quando a maioria das pessoas começa nos negócios, elas sabem identificar seus inimigos. Isso as força a se superarem, e elas começam a vencer. Aí, para os muitos cautelosos, vem a complacência. Quando vejo isso acontecer, quando acaba o fogo, as pessoas estagnam. Na maioria das vezes, uma queda está por vir. Isso é o que acontece se você não substitui velhos inimigos por novos. Assim como um boxeador progride para oponentes mais difíceis, você deve seguir para novos inimigos.

Inimigos são emocionais. Estudar a concorrência é o componente lógico e será importante para o seu sucesso. Você viu como fazer pesquisas por conta própria e ir além da superfície. Tenha uma visão ampla dos seus concorrentes e imagine que eles acordam todos os dias com a intenção de te falir.

Estudar a concorrência e escolher os inimigos certos continuará enquanto você se importar em ter um negócio. Escolha com sabedoria.

SEUS COMPONENTES

INIMIGO

Ações:

1. Reflita sobre a sua vida para identificar seus inimigos. Os que produzem mais emoção ganham as melhores notas.
2. Escreva especificamente o que foi dito por um inimigo que mais o magoou. O olhar. O sorrisinho. Quanto mais detalhes, melhor.
3. Escolha um inimigo específico para este ano, esta temporada ou campanha. Nomeie ao menos um para você pessoalmente e um para os seus negócios.
4. Remova qualquer inimigo indigno. Fique de olho no seu ego. Identifique de quem você guarda rancor ou quem está abaixo de você e os deixe para lá.
5. Decida agora como vai celebrar quando derrotar seus inimigos.

CONCORRÊNCIA

Ações:

1. Quem são seus concorrentes diretos? Quem são seus concorrentes indiretos?
2. Faça uma lista de outras *soluções* que competem para atender às necessidades dos seus clientes atuais e em potencial.
3. Faça as perguntas certas e identifique a concorrência que ainda não existe.
4. Vire um detetive e estude seus concorrentes para ver como eles se posicionam contra você. Observe como eles atendem ligações e respondem a e-mails. Estude as redes sociais e sites deles. Analise os métodos deles para aprender sobre suas próprias fraquezas e como se diferenciar deles.
5. Revise os gastos e se certifique de que você está recebendo múltiplas ofertas em todos os seus produtos e serviços.

CAPÍTULO 5

Vontade e Habilidade

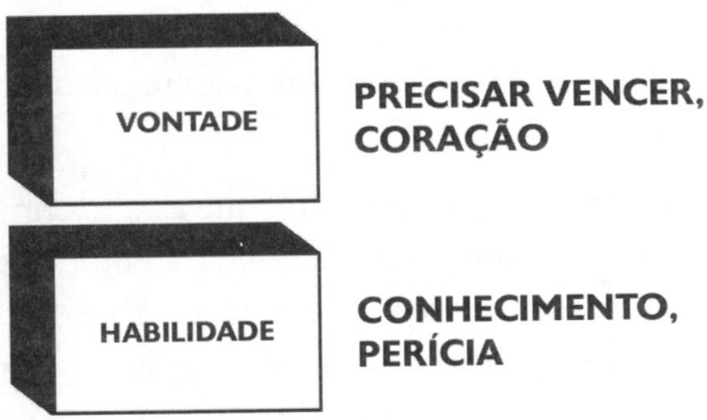

Você precisa treinar a sua mente para ser mais forte que os seus sentimentos, senão você vai se perder.

Mike Tyson

Eu amo histórias. É por isso que eu leio tanto e assisto a tantos filmes. Uma das minhas cenas de filme preferidas é de *O Cavaleiro das Trevas Ressurge*, filme de 2012 dirigido por Christopher Nolan no qual Christian Bale interpreta o Batman.

O Batman tenta escapar da prisão várias vezes, sempre com uma corda, e falha toda vez. Ele está pronto para desistir quando um prisioneiro cego lhe diz, “Como você pode se mover mais rápido que o possível, lutar por mais tempo que o possível, sem o mais poderoso impulso do espírito: o medo da morte?"

O Batman responde, "Eu tenho medo da morte. Eu tenho medo de morrer aqui, enquanto minha cidade queima, e não há ninguém lá para salvá-la."

"Então escale", fala o prisioneiro cego.

"Como?"

"Como a criança. Sem a corda. Então o medo vai te reencontrar."

Não preciso te dizer o que acontece em seguida. É um filme, mas, ainda assim, fico entusiasmado toda vez que assisto a esse clipe. Para mim, isso era a arte imitando a vida. O outro prisioneiro estava falando logicamente? Ele tinha uma apresentação de PowerPoint com planilhas e uma lista de prós e contras para inspirar o **Batman?**

Claro que não. Então por que você acha que essa é a única maneira de gerenciar um negócio? Por que você abandona a emoção tão rápido em uma sala de reuniões ou reunião de vendas quando ela é o que nos motiva? Inspire-se no prisioneiro cego e descubra como explorar a força de vontade — a sua e a dos outros. Quando as pessoas estão na pior, quando elas estão apavoradas, elas fazem o impossível.

A palavra com M (medo) tem má reputação. O medo pode te motivar a fazer o necessário. Você precisa fazer duas vendas para atingir sua cota? Grande coisa. O que acontece se você precisar de duas vendas para pagar uma cirurgia que vai salvar a vida do seu filho?

Muitas vezes, o medo pode facilmente te ajudar a explorar sua vontade, mas ele não é a única parte do que também chamamos de "vontade". A vontade é definida como "a capacidade mental pela qual deliberadamente se escolhe ou se decide uma forma de agir".

A vontade é emocional. É querer algo de uma maneira que você não sabe explicar. Habilidades são lógicas. São as ferramentas que te permitem impor sua vontade de uma maneira que você vença. Como faremos para todos os componentes, integraremos vontade e habilidade para seguir construindo o seu plano.

Querer sucesso é crucial. Mas não é o suficiente. Nas vendas, por exemplo, você precisa saber como construir relacionamentos, fazer perguntas, descobrir necessidades, contornar objeções, negociar termos e fechar o acordo. Depois de ler *33 estratégias de guerra*, de Robert Greene, comprei o *audiobook* e, por dois anos, escutei-o sem parar enquanto dirigia. Eu provavelmente o ouvi do início ao fim umas 100 vezes. Minha vontade de vencer me fez trabalhar nas habilidades necessárias para vencer.

Em *O Cavaleiro das Trevas Ressurge*, para o Batman aumentar suas chances de escapar, quais habilidades ele teve que desenvolver? Força, equilíbrio e resistência vêm à mente. A próxima pergunta é, "O que ele deve fazer para desenvolver essas habilidades?"

Para preencher os dois próximos componentes, quero que você se pergunte duas coisas: O que faz você querer tanto o sucesso? E de quais habilidades você precisa para conseguir esse tipo de sucesso?

O QUE VOCÊ VAI APRENDER NESTE CAPÍTULO

Dinheiro só te motiva até um certo ponto. Se a sua motivação é só dinheiro, você vai parar em algum momento. Você vai se tornar preguiçoso ou complacente. Se você quer fazer algo grande com sua vida, precisa se conectar com algo mais poderoso do que a riqueza.

Os que continuam lutando são motivados por algo muito maior. Chame de espírito indomável, determinação, propósito ou, como chamaremos neste capítulo, *vontade*. Inimigos acendem o fósforo. Vontade mantém o fogo queimando.

Algumas perguntas para se fazer, conforme continuamos:

- De onde vem a **vontade**?
- Por que você **precisa** ganhar?
- O que significa ter "**coração**"?
- Como posso **superar minhas limitações**?

Você entende o que é ter motivação. Mas também precisa do conhecimento. Como você verá, vontade e habilidade andam lado a lado. Quando recebi Neil deGrasse Tyson, o famoso astrofísico e autor, em meu podcast, perguntei a ele sobre os indicadores do sucesso. Ele disse, "Para dar uma de matemático com você, por que não pensamos em cada uma destas características de uma pessoa como dimensões em um hipercubo?" Então ele listou as quatro características:

- Notas.
- Habilidades sociais.
- Ambição.
- Capacidade de se recuperar do fracasso.

As duas primeiras são habilidades. As outras duas indicam vontade. As duas primeiras podem ser melhoradas com estudos e desenvolvimento de habilidades. Isso não quer dizer que as outras duas também não possam ser melhoradas. No meu caso, em diferentes momentos da minha vida, eu não tinha nem ambição, nem a capacidade de me recuperar do fracasso. Precisei de um inimigo para mudar minha ambição e minha habilidade de me recuperar do fracasso. Conforme você passar por esses componentes, foque em como você pode desenvolver habilidade e vontade.

FORÇA DE *VONTADE*, NÃO FORÇA DE *QUERER*

A história de como o pastor Dudley Rutherford construiu a sua igreja, a Shepherd of the Hills, em Los Angeles, ainda me emociona. Bem no começo, a igreja do pastor Rutherford deu um "Curso Básico" para novos membros. Toda semana, cada pessoa era aceita pela paróquia através dessa orientação. Sem esses novos membros saberem, cada um que participasse do Curso Básico recebia uma batida na porta. Mas essa não era uma simples visita de um paroquiano amigável, ou até de alguém selecionado por um comitê de boas-vindas. Quando esses novos membros abriam a porta, ficavam cara a cara com o próprio pastor Rutherford.

O pastor Rutherford visitou *cada novo membro* e se apresentou. Ele fez isso até sua congregação atingir dez mil membros.

Você entendeu? Os primeiros *dez mil* membros. Eu mesmo não acreditei. Perguntei a ele o que aconteceria se ele tivesse quarenta novos membros em uma semana. Ele disse que criaria um cronograma, um mapa e cumprimentaria cada novo membro com uma cesta de presente.

Ele fez isso por dez anos. É surpresa que ele tenha uma das maiores igrejas de L.A.? Qual palavra você acha que não vai encontrar no vocabulário dele?

Querer.

Querer não te faz bater em portas por dez anos, muito tempo depois de você ter "obtido sucesso".

Vontade, por outro lado, significa que você nunca vai parar.

VONTADE PODE SER APRENDIDA

Quando você tem vontade, não precisa de motivação. É por isso que eu ativamente ensino vontade para o meu time e para os meus filhos. As pessoas têm a percepção de que vontade é inata, que não pode ser ensinada. Então, como você explica um jogador ou vendedor de baixo desempenho mudando de time e subitamente se tornando um matador? Falei de Sheena e Matt Sapaula mais cedo. Matt era um fuzileiro naval com carisma, ética trabalhista e habilidades de liderança para ter um enorme salário. Serviços financeiros pareciam ser uma indústria ideal para ele. Mesmo assim, por quinze anos, ele passou dificuldades. Depois, quando se juntou à minha firma, ele pegou fogo. Além de construir um grande negócio com sua esposa, Sheena, Matt criou sua própria marca como o MoneySmartGuy e escreveu um livro chamado *Faith-Made Millionaire*.

A vontade sempre esteve lá para Matt atingir seu potencial. Ele só precisava da cultura certa e dos inimigos certos para realçar o que ele tem de melhor. Porque já vi pessoas o suficiente se destacarem sob nova liderança, vale a pena o esforço de *provocar* a vontade. Isso vale tanto para os negócios quanto para criar filhos.

Quando meu filho Dylan tinha 8 anos, ele se apaixonou por jiu-jitsu. Ele ficava cada vez melhor e criava mais confiança. Um dia, quando estávamos fazendo alguns treinos, ele me disse, "Papai, eu vou ser o melhor lutador do mundo."

Olhei nos olhos dele e perguntei, "O que você disse?"

Quando ouvi meu filho falar isso, sem nenhum incentivo meu, me animei, principalmente porque nenhum dos meus filhos havia dito algo assim antes.

Ele disse, "Papai, eu vou ser o melhor lutador do mundo."

Pedi, "Diga de novo. Diga, 'Eu vou ser o melhor lutador do mundo'."

"Eu vou, papai, eu vou ser o melhor lutador do mundo."

Eu não queria desperdiçar o momento. Fomos dar uma volta, e ele disse de novo. Falamos sobre o que seria necessário, como ele precisaria treinar e o que essa declaração exigiria dele. Novamente, ele disse, "Eu vou ser o melhor lutador do mundo."

Duas semanas depois da declaração de Dylan, busquei-o no treino de jiu-jitsu. O instrutor mencionou que Dylan parecia ter perdido o interesse e que sua ética de trabalho não era a mesma. No jantar à noite, eu disse, "Dylan, o que aconteceu hoje no treino? Você não disse que *vai* ser o melhor lutador do mundo?"

A primeira coisa que ele falou foi, "Eu nunca disse isso."

Eu já tinha ouvido essa história centenas de vezes. Eu sabia o que Dylan estava fazendo e não ia desperdiçar o momento. "Dylan, você disse que *vai* ser o melhor lutador de todos os tempos."

"Não, papai, eu disse que eu *quero* ser o melhor lutador de todos os tempos."

Minha esposa me deu um olhar que eu conheço muito bem. É o olhar de "amor, deixa para lá". Mas os irmãos de Dylan se juntaram e houve um consenso de que Dylan havia dito.

"Todos ouvimos você dizer *vou*", falei. "Você não disse *quero*. Tem uma grande diferença. Eu não vou deixar você dizer coisas assim."

Dylan continuou insistindo. "Eu disse que eu *quero* ser o melhor lutador do mundo. Eu nunca disse que ia ser o melhor. Eu disse que eu quero ser o melhor lutador."

Às vezes, como um líder e como um pai, você precisa saber quando elogiar e desafiar, tanto em público quanto em particular. Enquanto estivéssemos sentados naquela mesa, Dylan só pioraria as coisas para si próprio. Peguei a mão dele, os cachorros, e saí para caminhar.

Eu disse a ele, "Dylie, eu já disse coisas assim antes, mas depois fiquei assustado. Você está assustado?"

Finalmente, ele baixou a guarda e admitiu estar assustado. Mudei o tom e perguntei calmamente, "Me diga por que você mudou de *vou* para *quero*?"

Ele disse, "Porque, papai, se eu digo *vou*, eu tenho que fazer, e se eu digo *quero*, eu não tenho que fazer."

Essa criança de 8 anos se desfez em lágrimas. Ele estava chorando por fora, e eu estava aos prantos por dentro. Eu estava tão orgulhoso. Precisei de quatro décadas para descobrir o que meu filho descobriu aos 8. Ele descobriu a diferença entre vontade e querer. Ninguém nunca conseguiu nada apenas com força de *desejo.*

Quantas pessoas dizem, "Eu quero ser mimado para o resto da vida?" Ninguém liga. "Eu quero ser rico para aposentar os meus pais." Fraco. "Eu quero viajar ao redor do mundo." Junte-se ao clube. "Eu quero ter uma mansão em um terreno de esquina." Assim como todo mundo que não tem uma. A palavra "querer" não tem peso.

Vontade e desejo são ambos substantivos, e é aí que as semelhanças param. Um tem um poder incrível. O outro não tem poder.

Muitas pessoas esquecem que Ray Kroc não descobriu o McDonald's até os 58. Em um dos meus filmes de negócios favoritos, *O Fundador*, você pode ver as pessoas rindo das ideias de Kroc durante décadas. Mas, ao longo de todos os seus fracassos, ele estava fazendo grandes declarações e lutando para realizá-las. Eu não estava lá para gravar suas palavras, mas pode apostar que Ray Kroc não disse, "Eu *quero* construir um negócio icônico." Ele disse *vou*.

Seguindo em frente, não há lugar para o que você quer. Imagine por um momento que, não importa o quão ousada uma ideia fosse, você saberia que ela não falharia e que ninguém ouviria esse pensamento além de você: O que você declararia?

Se você está comprometido com a sua visão, diga-me o que você *vai* fazer.

INVESTIGUE SEU PASSADO PARA ACHAR VONTADE

Alguns de vocês são ótimos em escrever seus objetivos, mas sempre parecem ficar presos. O progresso vem da transparência radical e da responsabilidade. Quando você fica estagnado ou preso, é por conta de uma crença limitante ou de não se responsabilizar 100%. Pouquíssimos podem superar crenças limitantes sozinhos. Você vai precisar de um líder especial, conselheiro ou terapeuta. Eu precisava de alguém na minha vida para me ajudar e, felizmente, encontrei o pastor Dudley Rutherford. Meu trabalho com ele foi muito individualizado e muito profundo.

A chave é a habilidade de deixar seu ego de lado e estar aberto para receber. Se você consegue fazer isso, os resultados mudarão a sua vida e a da sua linhagem inteira conforme a sua força de vontade aumenta exponencialmente.

De novo, voltamos à vontade. O momento em que você diz "nunca mais" pode ser o momento em que tudo muda. Mas, sem desenvolver suas habilidades, pode não ser o suficiente. A habilidade é ser vulnerável o suficiente para admitir que precisa de ajuda em primeiro lugar. Para que o seu plano de negócios funcione, você tem que chegar ao cerne dos seus problemas. Você os identifica para que possa resolvê-los. Desenvolver suas habilidades significa qualquer coisa que contribua para a sua vida, seja ir à academia ou terapia de casal. Sim, no seu componente de habilidade, eu quero que você escreva as ações exatas necessárias para você superar as suas fraquezas, sejam elas relacionadas ao seu negócio ou à sua vida. **Quando você melhora, seu negócio melhora.**

Desenvolver habilidades é juntar vontade e ação. É dizer sim para melhorar. Já ouvi todas as desculpas possíveis para não investir em habilidades. Muito caro. Sem tempo. Muito longe. São todas válidas — presumindo que você queira ficar onde está. Eu mentoreio uma empreendedora e executiva de vendas chamada Marlene Gaytan, que vem de uma família da classe trabalhadora. Já que a faculdade não era uma opção para ela, começou a trabalhar em vendas aos 19 anos. Ela e seus colegas não tinham um salário, então foi uma surpresa quando o chefe disse que eles precisavam participar de um seminário de Tony Robbins — e pagar por isso eles mesmos. Marlene entrou em pânico no começo e, depois, fez algo esperto. *Ela olhou em volta*. Os reclamantes não pararam de reclamar. Os vencedores compraram ingressos. Já que Marlene sabia quem ela queria ser, encontrou um jeito de arranjar o dinheiro. No seu primeiro ano nos negócios, sem um diploma, ela ganhou US$100 mil.

Eu recentemente perguntei à Marlene o que ela aprendeu na conferência. Ela disse, "Sinceramente, não me lembro de nada que Tony Robbins disse. Eu só estava tão orgulhosa de mim mesma por ter conseguido o dinheiro e ido. Provei a mim mesma que, pela primeira vez na vida, eu estava levando a sério o meu sucesso. *Isso mudou minha identidade completamente.*"

Você entendeu? **Investir em habilidades mudou a sua identidade.**

Antes dos 30, Marlene se tornou uma milionária. Junto com seu marido, Jose, eles agora administram um negócio de US$40 milhões por ano. Seu sucesso reverteu uma tradição familiar de pensar pequeno. Marlene fez isso com uma combinação de vontade e habilidade. Começou com uma vontade e continuou porque ela usou aquela vontade para continuar desenvolvendo habilidades. Ela criou um plano para a sua vida no qual ela nunca teria acreditado antes.

SIGA DESENVOLVENDO HABILIDADES PARA CONTINUAR RELEVANTE

De acordo com a *Harvard Business Review*, só 29% dos novos empregados têm todas as habilidades necessárias para suas funções atuais, muito menos para funções futuras. Qual habilidade você precisa para fazer deste o *seu* melhor ano? Se você está trabalhando com tecnologia ou é engenheiro, ficar para trás é ainda mais evidente. Tão rápido quanto a tecnologia evolui, você precisa continuar desenvolvendo habilidades ou se tornará irrelevante rapidamente. Imagine ser um programador que só sabe usar C e Pascal. Prepare-se para um monte de piadas sobre *boomers* e salários de 1995.

Você não pode apoiar uma declaração sem habilidades. Se você começar a ficar obcecado com um tópico, use essa obsessão para adquirir mais habilidades. Leia um livro ou se junte a um *mastermind* com outras pessoas talentosas.

Em 1994, aos 39 anos, Steve Jobs disse, "Quando eu tiver 50 anos, tudo até agora será obsoleto. Este é um campo em que não se escreve um *principia* que se mantém por duzentos anos."

Uma habilidade que normalmente tomamos como garantida é usar a internet. Mas até essa habilidade como a conhecemos pode se tornar obsoleta. Conforme a inteligência artificial (IA) se desenvolve — e está sendo mais rápido do que você imagina —, é melhor que você tenha as habilidades para utilizá-la. Peter H. Diamandis, o criador da Fundação XPRIZE, escreveu em seu blog, "Existirão dois tipos de empresas no fim desta década. Aquelas que estão completamente usando a IA e as que estão falidas." Ashton Kutcher lançou um fundo de investimentos em IA de US$240 milhões em maio de 2023 e disse, "Se você é uma empresa e está ignorando isso, provavelmente vai falir... É realmente tão bom e tão poderoso de um ponto de vista de utilização." Essas frases não parecem tão fora dos limites quando você se lembra que, na metade dos anos 1990, Bill Gates disse, "Se o seu negócio não está na internet, então o seu negócio estará fora do mercado." Falhe em desenvolver habilidades rapidamente, e sua paixão será desperdiçada.

A maioria das empresas oferece treinamento. Outras oferecem reembolso se você toma a iniciativa de adquirir mais habilidades. Também há milhões de pessoas que estão adquirindo habilidades fundamentais informalmente no trabalho ou até em seus porões. Juntar novas habilidades não é uma questão de oportunidade. É tudo sobre vontade. Se você quer aprender, não precisará procurar muito para adquirir novas habilidades.

Se você não continuar adquirindo habilidades, não conseguirá competir no mercado. Aqui estão três perguntas para continuar desenvolvendo seu componente da habilidade:

1. Quem eu preciso ser para estar nas previsões do próximo ano?
2. Quais são os três a cinco conjuntos de habilidades necessários?
3. Ao que vou me dedicar para treinar e para me desenvolver pessoal e profissionalmente?

COMO USAR LIVROS E TREINAMENTO PARA ADICIONAR HABILIDADES

Posso confessar para você que, por anos, eu era horrível em resolução de conflitos. A maneira como eu melhorei essa habilidade é exatamente o que vou te sugerir. Transformei-a em um dos meus três tópicos de ênfase e li seis livros sobre resolução de conflitos em um ano. Esses livros incluíam *Leading with Emotional Courage*, *Conversas difíceis*, *O lado difícil das situações difíceis* e, meu favorito, *Conversas cruciais: Habilidades para conversas de altos interesses*, que vendeu mais de cinco milhões de cópias. Todo esse esforço transformou uma fraqueza em uma força, mas acredite em mim, não foi fácil.

Em vez de imediatamente estabelecer uma meta de ler um certo número de livros, primeiro decida quais *três habilidades* você mais precisa desenvolver no próximo ano.

Pode ser que você foque em resolução de conflitos, negociação e integração de IA. Seu objetivo então é ler pelo menos seis livros sobre cada tópico e fazer um curso de treinamento para cada assunto. O treinamento pode ser um evento ao vivo, treinamento privado, curso online ou grupo *mastermind*.

Você pode fazer uma ou outra exceção, mas, na maioria das vezes, cada livro que você ler e o treinamento do qual participar deverão estar relacionados a essas três habilidades. **Você quer profundidade, e não amplitude.** Isso te permite encontrar padrões e semelhanças entre ideias. Você também quer enxergar contradições, para que possa desenvolver suas próprias estratégias. Esse tipo de comprometimento faz mais do que desfazer uma fraqueza. Ele transforma a fraqueza do ano anterior na força do futuro.

Desenvolver habilidades começa com você. Se responsabilidade é um ponto de ênfase no seu negócio, você precisa começar com a sua própria habilidade de responsabilizar os outros. Fazendo assim, você poderá *demonstrar* para o seu time como ser melhor nisso, sendo constantemente o modelo do comportamento correto. Se você sente que precisa de mais, é aí que você traz um especialista para fazer um workshop, ou talvez você mesmo o lidere.

A sua versão atual não tem as habilidades para executar seu plano audacioso. Se você já tivesse o necessário, não precisaria melhorar. Identificando três áreas de foco e se comprometendo com essas habilidades, você estará no caminho de construir um componente maciço.

DESENVOLVA HABILIDADES PARA VOCÊ *E* O SEU TIME

Agora que estamos falando sobre desenvolver seu componente de habilidade, você pode estar se perguntando se precisa de um plano para desenvolver as suas próprias habilidades ou as habilidades de outras pessoas na sua organização. A resposta é ambas. Se o seu diretor financeiro é genial com números, mas faz todo mundo dormir em reuniões, isso impacta a empresa inteira. Se o seu diretor de RH não tem habilidades de comunicação, você está condenando a sua organização à exaustão, alta rotatividade ou até pior, demissão silenciosa.

Se você é um empreendedor solo ou uma pessoa tentando entrar nos negócios, só tem que pensar sobre si mesmo. Se você tem uma empresa, você vai trabalhar com o seu time para falar sobre as suas habilidades. Na verdade, você já deve estar fazendo isso como parte do processo de revisão anual. Com esse plano de negócios, é viável integrar essas reuniões ao seu planejamento, o que beneficiará tanto você quanto aquele indivíduo. No mínimo, pergunte aos seus subordinados diretos o seguinte:

1. Em quais três áreas você se destacou este ano?
2. Quais são as três áreas que precisam de trabalho?
3. O que você acha que precisa fazer para abordar essas áreas e/ou deficiências de habilidade?

No começo de 2022, na minha empresa de serviços financeiros, fizemos uma reunião de lançamento com nossos vice-presidentes como parte de um evento no estádio do Dallas Cowboys. Fizemos uma pesquisa de quais habilidades precisávamos desenvolver, e cada um dos nossos vice-presidentes disse que queria melhorar a resolução de conflitos. Enquanto isso, na Valuetainment, estávamos trabalhando como melhorar a comunicação entre criadores de conteúdo, editores e os envolvidos no lado comercial. Era intrinsecamente cheio de conflito, e apesar de estarmos indo bem, eu sabia que podíamos melhorar.

Em ambas as minhas organizações, no começo de 2022, fiz de *Conversas cruciais* o livro do mês. Os melhores líderes precisavam me enviar suas observações e me encontrar para discutirmos. Então, contratei um time de consultoria da Crucial Learning para liderar um workshop de dois dias. Por US$30 mil cada, gastei US$60 mil pelos dois eventos.

Uma coisa engraçada aconteceu nas semanas seguintes aos workshops. Tivemos mais conflitos! À primeira vista, era preocupante, mas rapidamente percebemos que as pessoas estavam mais confortáveis lidando com conflitos ao invés de evitá-los. Guerras frias foram substituídas por conversas reais, usando novas habilidades comunicativas. O investimento valeu a pena para ambas as empresas.

Sim, seu plano precisa incluir maneiras de todos que impactam seu negócio adicionarem novas habilidades. Quando você ajuda os outros a ganharem, você ganha. É por isso que uma das melhores coisas que você pode fazer pelos outros é guiá-los a investir em habilidades.

EM QUEM INVESTIR E COMO FAZER COM QUE OUTROS INVISTAM EM VOCÊ

Conheci Maral Keshishian quando ela era minha caixa de banco no Washington Mutual em Mission Hills, Califórnia. Eu tinha quase 30 e trabalhava como um líder de vendas, e ela era uma estudante de 18 anos na UCLA. Eu não gostava do jeito que estava sendo tratado e estava prestes a fechar a minha conta. Quando contei isso a Maral, ela se manteve calma, escutou e respeitosamente me disse todas as coisas certas para me ganhar. Eu soube ali que a queria no meu time. Quando abri a minha própria empresa, contratei-a para ser nossa diretora de finanças, em 2011.

Depois de se formar na faculdade, Maral ganhou um MBA. Ela também subiu rapidamente na hierarquia da minha firma de serviços financeiros. Eu poderia escrever um livro sobre todas as suas qualidades, mas vamos nos concentrar na sua incrível capacidade de desenvolver habilidades — e me fazer pagar pela maioria delas! Se você for um intraempreendedor ou funcionário, sugiro que siga o exemplo dela. Se você é um CEO ou dono de empresa, sugiro que invista em pessoas como Maral.

Para fazer os outros investirem tanto em tempo quanto com dinheiro, você precisa se destacar no seu trabalho e sempre exibir integridade. Nada é pior do que um empregado preguiçoso que vive exigindo mais treinamento. Considerando que você já tenha demonstrado seu valor, aqui está a fórmula que Maral aperfeiçoou.

6 Maneiras de Fazer os Outros Investirem nas Suas Habilidades

1. Identifique a oportunidade (conferência, curso, evento).
2. Escreva uma curta descrição do retorno do investimento. Foque em como a sua melhoria ajuda a empresa.
    a. Contatos em potencial e oportunidades de rendimento.
    b. Habilidades que beneficiarão a empresa a curto e longo prazo.
    c. Como você se torna um bem mais valioso para a firma.

3. Dê alternativas. Seu empregador suspeitará do seu autointeresse, especialmente se o evento for no Havaí ou em Las Vegas. Você ganha credibilidade quando apresenta várias opções, e não apenas um treinamento ou evento.
4. Explique como você vai continuar a trabalhar enquanto está fora. Isso também mostra que você sabe delegar e criar líderes.
5. Enquanto você estiver no evento, mande mensagens de aprendizados importantes e momentos Eureka. Tire uma foto de um slide poderoso e explique como você vê isso beneficiando a empresa.
6. Depois do curso, mande um resumo de tudo o que aprendeu, como você vai aplicar isso e os relacionamentos que você construiu. Foque em como a empresa se beneficiou e, se possível, dê números reais que justifiquem o investimento. De preferência, você pode apontar para o fechamento de um negócio, mas se não, mencione as oportunidades específicas que foram criadas.

Eu investi US$16 mil para enviar Maral para Harvard para participar de cursos executivos, quando ela ainda era diretora de finanças. A decisão foi fácil, já que ela seguiu os seis passos acima nos seus treinamentos anteriores — e continuou desenvolvendo habilidades que ajudaram a firma. Ela também constantemente perguntava quais eram seus pontos cegos, como ela poderia melhorar e quais livros eu recomendava. E, como ela levou o conselho a sério e continuou melhorando, continuei dizendo sim para mais treinamentos.

Aos 31, ela se tornou uma executiva como nossa CRO, gestora de reputação. Aos 34, ela assumiu o cargo de presidente da firma, o que a fez a presidente mulher mais jovem da indústria. Maral sempre teve vontade e, como ela continuou ansiando por novas habilidades, tornou-se parte dos poucos audaciosos.

REUNIÕES EXIGEM HABILIDADE E VONTADE

Você já participou de reuniões com seguradoras tradicionais? Infelizmente, já participei de tantas que nem me importo em lembrar. É necessário esconder todas as facas de tão catastroficamente entediantes que são as reuniões. Quando você vai a uma reunião de seguros, não precisa de lápis e papel. Você precisa de um travesseiro.

Você não quer ter a reputação de fazer reuniões entediantes. Se você tem essa reputação, como você pode melhorar a sua habilidade nessa área? Quais passos precisa dar para melhorar suas reuniões? Aqui é onde você começa a integrar perfeitamente habilidade e vontade.

Comece com estas três perguntas:

1. Por que essa reunião é tão importante?
2. Qual é a minha intenção?
3. Quais comportamentos e atitudes queremos que as pessoas tenham depois dessa reunião?

Acredite, a vontade de ter uma reunião eficaz é poderosa, porque você usa o seu tempo para planejar e organizá-la habilidosamente antes, durante e depois. Procure aqueles que conduzem ótimas reuniões. Pergunte a eles como se preparam. Pergunte que livros leram ou o que fizeram para melhorar. Então, quando você estiver nas reuniões deles, você verá que eles têm uma fórmula. Leia o *HBR Guide to Making Every Meeting Matter*. Estude como Jeff Bezos conduz reuniões, incluindo estas três dicas:

3 Regras para Reuniões de Acordo com Jeff Bezos

1. Mantenha o tamanho do grupo manejável. Bezos disse, "Tentamos criar times que podem ser alimentados por duas pizzas. Chamamos isso de *a regra dos times de duas pizzas.*"
2. Sem PowerPoints. Use memorandos de verdade que contam histórias em vez de recitar dados.
3. Comece com o silêncio. Dê tempo para as pessoas lerem os memorandos ou as informações relevantes antes de começar a discussão.

QUE TIPO DE VONTADE É NECESSÁRIA PARA GANHAR SUA REPUTAÇÃO?

Como parte de um *mastermind* que conduzi, eu estava mentoreando um casal, Matthew e Hengameh Stanfield, que abriram uma rede de pizzarias. A Covid-19 quase destruiu o negócio deles. Como a maioria das empresas, eles tinham muitos problemas de pessoal. Matthew disse, "Bem, Patrick, nós estamos pensando em voltar a estudar e talvez fazer algo diferente, como ir para o mercado imobiliário. Esse negócio de pizza está ficando difícil. E, sabe, a gente só quer fazer outra coisa."

"Do que vocês estão falando?" Perguntei. "Então deixa eu ver se entendi. Vocês têm uma receita que funciona. Estão confiantes de que o seu produto é o melhor. Vocês têm clientes leais. Vocês têm esse negócio de pizza já há três, quatro anos. Agora vocês querem desistir disso e ir para outra indústria para aprender?"

Eles me disseram que sim, e eu admito, me emocionei. "Então, quando a próxima coisa ficar difícil, vocês vão desistir dela. Só covardes desistem quando as coisas ficam difíceis."

Os Stanfields têm coragem. Eles tinham uma reputação sólida e queriam protegê-la. Quando eu os desafiei, eles revidaram. Insistiram que não eram covardes. Pedi que pensassem no que desistir faria para a reputação deles.

Isso cria uma ótima pergunta sobre força de vontade. Alguns dizem que não se pode ensinar ou criar força de vontade. Você já sabe como me sinto sobre isso. É por isso que sempre estou buscando as melhores maneiras de *provocar* força de vontade. É preciso saber como provocar as pessoas. Para ser efetivo, às vezes, você precisa machucar. *Os melhores líderes sabem como perturbar as pessoas.* Esse casal tinha fortes princípios e valores. Quando eles disseram, "Bem, o que você acha que deveríamos fazer?", a conversa mudou.

A palavra "covarde" provocou a força de vontade deles?

Meu pai tinha uma habilidade incrível de me atingir e provocar reações. O irmão dele, meu tio Johnny, tem um metro e noventa e seis e ama matemática. Ele era um físico e sempre tinha um livro de física em mãos. Aos 45 anos, quem diabos lê um livro de física? Eu também era alto e bom em matemática, então naturalmente todo mundo me comparava com Johnny. Eles diziam, "Você é o Johnny Júnior", e eu via isso como um elogio. Então, um dia, meu pai disse, "Deixa eu te contar da reputação do Johnny. A reputação dele é Senhor 70%. Você não quer a reputação do Johnny. Sempre que ele começa algo, ele vai até os 70%. E depois desiste. Quando fica difícil, ele foge e começa um novo projeto."

Não posso te dizer o quanto isso me fez ficar com medo de ter a reputação do Tio Johnny. Eu não queria ser aquele cara. Quando eu estava no ensino médio, meu pai dizia, "Filho, pare de ser tão preguiçoso." Era difícil discutir com ele quando eu tinha uma média de 6,4.

Aos vinte e poucos, eu ainda estava tentando me encontrar. Minha intensidade ia e vinha. Trabalhava duro para vencer um concurso ou atingir uma meta mensal, mas estava mais focado em festas. Eu estava no caminho de me tornar o Tio Johnny.

Aos 24, não muito tempo depois daquela véspera de Natal humilhante, comecei a ficar introspectivo. Queria saber de onde vinha toda a minha raiva. O que aprendi é que toda a minha raiva estava vindo da minha própria frustração por não conseguir progredir nos meus objetivos. Pensei que estava bravo com o mundo, mas percebi que estava mais bravo comigo mesmo. A não ser que fosse para aparecer na balada na hora certa ou ir a Vegas vinte e seis vezes ao ano, eu não tinha uma reputação boa na época. E eu era o único responsável por isso.

Eu disse a mim mesmo, eu *vou* ter uma reputação de alguém que mantém a sua palavra. Isso seria essencial para a minha filosofia de negócios. Quando digo que vou fazer alguma coisa, quero que as pessoas saibam que podem apostar nisso. Quando Pat diz que algo será feito, isso será feito, e ponto final.

Se faça a pergunta difícil sobre qual é a sua reputação — no mercado, entre seus amigos e família. Seja honesto. Você redobra seus esforços quando alguém questiona a sua vontade? Quais palavras te impulsionam? "Covarde", "perdedor", "improvisador"? Você percebe um padrão de desistir muito cedo? Essas são reflexões para explorar a sua própria vontade. Como eu disse, a vontade não é fixa. Quando somos provocados, agimos de maneiras diferentes. É por isso que o seu trabalho é descobrir como se provocar.

O que provoca a *sua* força de vontade? Quais palavras *te* provocam? Haverá alguma verdade nelas?

Esteja você lendo isso no dia 1º de janeiro ou de julho, essa é uma chance de recomeçar e consolidar uma nova reputação. O que os seus amigos dizem sobre você? O que a sua família diz sobre você? O que o seu parceiro diz sobre você quando ele ou ela está deitado ao seu lado, pensando algo sobre você sem te contar o que é? A propósito, se três, quatro ou cinco pessoas dizem a mesma coisa sobre a sua reputação, e todos te conhecem muito bem, provavelmente é verdade.

Você concorda com isso? Não estou dizendo para você ir para casa e brigar com eles. Estou dizendo para você *merecer* a reputação pela qual você quer que te conheçam.

Se você perguntar para as pessoas como é trabalhar comigo, elas te dirão que sou intenso. Tenho altas expectativas e não paro. Estou sempre ocupado e não tenho os melhores limites. Se as pessoas te dizem isso, elas não estão mentindo. Essa é a minha reputação.

Quais três palavras você não quer nunca ouvir sobre você?

Quais três palavras você quer atribuídas a você?

Depois de respondê-las, você pode começar a descobrir de quais habilidades precisa para criar a reputação que quer para si mesmo. Quando você descobre a sua vontade, aprenderá as habilidades correspondentes.

Você também pode pensar nessas questões considerando os seus inimigos. Pense em alguém de quem você não gosta dizendo coisas horríveis sobre você. O quanto isso te emociona?

Porque meu pai me contou sobre a reputação do Tio Johnny, ele provocou a força de vontade que eu precisava para mudar essa reputação em mim mesmo. Eu declarei, eu *vou* mudar. Vou fazer com que todos que façam negócios comigo digam que a minha palavra é ouro, que se eu disser que vou fazer algo, isso vai acontecer.

Essa declaração, essa afirmação que incluía a palavra "vou", nunca teria acontecido se meu pai não soubesse exatamente como me atingir onde doía. Não conheço ninguém que queira ser conhecido como Senhor 70%, um fracassado ou um covarde. O que você quer que as outras pessoas digam sobre você?

RECRUTE OUTROS PARA LIDAR COM FALHAS DE HABILIDADE

Quando você se emociona, deve canalizar isso em um plano de ação que melhore suas habilidades. Às vezes, você pode fazer o trabalho sozinho. Outras vezes, você poder lidar com isso contratando as pessoas certas, delegando ou tendo os parceiros certos.

Com os Stanfields, começamos falando mais sobre o objetivo deles de abrir franquias do negócio de pizza. Nenhum dos dois tinha experiência na área. Eram ótimos em fazer o produto e gerir as lojas. Eles tinham duas escolhas: estudar tudo o que existe sobre franquias e começar a pagar por aconselhamento legal, ou contratar alguém que já tivesse passado por isso.

Preferiram a segunda opção. Eles não tinham o jogo de cintura para aprender sobre franquias enquanto geriam o negócio. Isso levou à questão sobre habilidade em recrutamentos. Eles perguntaram, "*Como* recrutamos quem precisamos?"

Entramos nos detalhes sobre recrutamentos e os orientei sobre como achar o melhor recrutador. Pode ser que você tenha que recrutar pessoalmente, ou talvez seja grande o suficiente para ter o seu próprio time de RH interno. O ponto é: *ou você ganha a habilidade, ou recruta quem tem.*

Esse casal acabou contratando dois ex-executivos da Domino's. Menos de um ano depois, eles se levantaram diante de dois mil empreendedores na Vault (minha conferência de negócios anual de três dias) e contaram sua história de *expansão*. Eles não só perseveraram, mas também cresceram de quatro para oito lojas com planos de dobrar novamente no ano seguinte. Eles ganharam US$2 milhões nos doze meses *depois* de decidirem desistir.

Por quê? Porque eles integraram vontade e habilidade. A história deles me lembra a frase de Albert Einstein: "Não é que eu seja tão inteligente, é só que eu persisto nos problemas por mais tempo."

Uma vez que a reputação deles foi desafiada, eles exploraram as suas vontades. Se tivessem desistido depois do que eu disse, eles saberiam que estariam no grupo dos covardes. E já que aquela palavra os irritava, no momento, eu me tornei o inimigo. Isso produziu a emoção necessária para motivá-los a adquirirem habilidades em franquias, o que para eles significava recrutá-las. Eles ganharam o meu respeito e, mais importante, alguns milhões de dólares para criar uma fundação para o futuro.

Na parte de habilidade, pense em quem você precisa recrutar ou quais tarefas delegar. Digamos que você não suporte cozinhar ou fazer compras e queira comer mais saudável. Não significa que você precise ir para uma escola de culinária ou contratar um chefe particular. O que você pode fazer é se inscrever em um serviço de entregas de alimentos ou contratar alguém para preparar as refeições por algumas horas.

Lidar com falhas nas habilidades não significa fazer tudo sozinho. É um erro comum pensar que é tudo ou nada. Por exemplo, conforme você expande, vai precisar instalar controles financeiros. Pensadores binários dirão, "Minhas únicas duas opções são fazer tudo sozinho ou gastar um quarto de milhão de dólares para contratar um diretor financeiro." A solução real pode ser contratar um contador de meio período ou um diretor financeiro fracionado, ou terceirizar as suas contas a receber. Talvez um bom estagiário administrado pelo seu diretor de operações possa pelo menos lidar com as funções básicas. Já que não vivemos em um mundo de recursos ilimitados, você precisa achar maneiras de tapar buracos sem fazer tudo sozinho.

Quais habilidades são essenciais para o seu sucesso que você não tem o tempo, interesse ou capacidade de executar? Qual é a sua estratégia para trazer essas habilidades para a sua empresa e/ou sua vida?

PERFORMANCE VERSUS CONFIANÇA: HABILIDADES HUMANAS

Concordo com o autor best-seller Simon Sinek quando ele diz que *soft skills* deveriam ser chamadas de habilidades *humanas*. Com o tema em mente, Sinek fez um vídeo sobre os SEALs da Marinha e como eles dão valor aos membros da equipe quando estão indo para a guerra.

Sinek falou da diferença entre confiança e performance, que têm algumas semelhanças entre a vontade e habilidade. No exército, performance é o que você faz no campo de batalha. Confiança é quem você é fora dele. Nos negócios, performance é sobre resultados — renda, indicadores-chave de desempenho (KPIs), métricas tangíveis. Confiança é sobre integridade — proteger uns aos outros e manter a sua palavra.

Quem você valoriza mais — alguém em quem você tem total confiança ou alguém com uma habilidade altamente especializada? E se alguém for um especialista, mas que não é confiável? E se alguém for confiável, mas não tiver ideia do que está fazendo?

Enquanto você pensa sobre essas respostas, dê uma olhada nesta matriz:

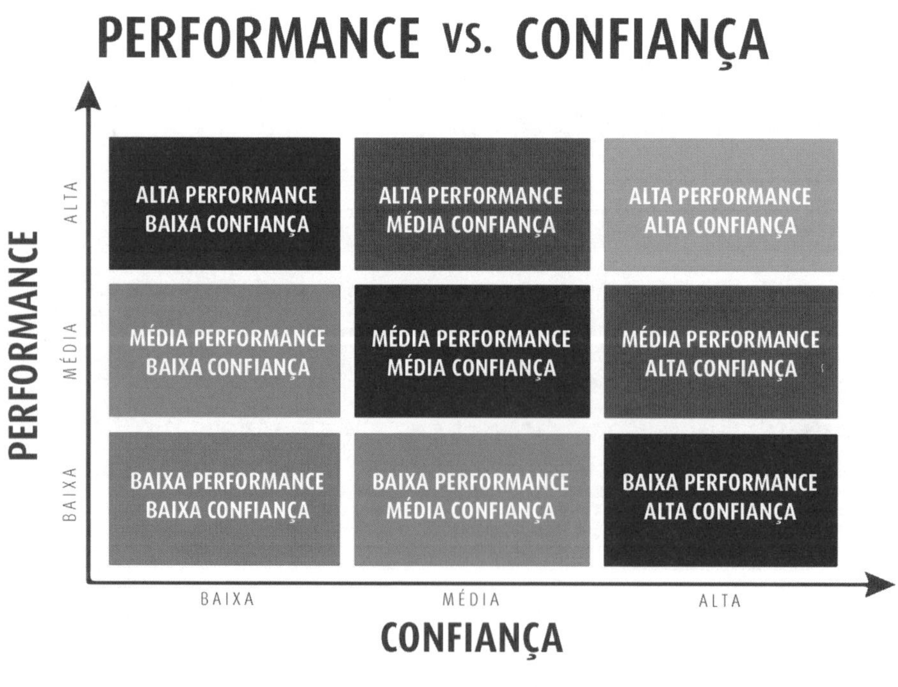

Essa matriz te fez pensar em onde as pessoas do seu time se encaixam? Ela faz você considerar se está dando crédito o suficiente para a confiança?

Em 2011, identifiquei quatro pessoas que estavam no topo do eixo da confiança, mas que tinham falhas na habilidade. Seus nomes eram Patrick, Maral, Mario e Tigran. Sim, aquele Patrick era eu — Eu estava no topo daquela lista! Já que precisava trabalhar na minha liderança e em como ser um CEO melhor, matriculei-me em um curso de liderança em Harvard. Morri por me afastar dos negócios por um mês, mas acabou sendo uma das melhores decisões que já fiz. Como já discutimos, quando Maral se juntou aos executivos da empresa, encaminhei-a para fazer o mesmo curso.

Mario e Tigran eram farinha do mesmo saco. Eu confiava neles completamente, e a vontade de vencer que tinham era fora dos limites. Mario começou como o típico Ernie. Ele estava realmente *disposto* a fazer qualquer coisa, mas quando ele não conseguia executar, tanto sua autoestima quanto os projetos em que ele estava sofriam. Tigran era um designer gráfico talentoso que eu via como um líder. Ele tinha *hard skills* fortes, mas precisava de habilidades de liderança para ter um papel maior. É por isso que não recusei a matrícula de US$12 mil para um curso de marketing na Wharton Business School. No total, gastei quase US$30 mil dólares enviando Mario e Tigran para Wharton por uma semana.

Eu poderia te dar uma lista de razões lógicas pelas quais foi um bom investimento. Eles aprenderam habilidades tangíveis que os fizeram melhores nos seus trabalhos. Trouxeram novas ideias para a empresa. Criaram uma rede de contatos com indivíduos de alto calibre que os forçaram a melhorar. O mais importante para mim, porém, foi que o andar deles mudou quando voltaram para o escritório. Suas identidades mudaram. Claro, meu investimento neles criou lealdade, mas era maior do que isso. Eles acreditavam em algo e, apoiados por um investimento financeiro, Mario e Tigran foram elevados além de qualquer coisa que eu poderia ter ensinado a eles no escritório. Agora, ambos são líderes fortes que elevam os padrões e dão o tom da cultura da empresa.

Estou no ramo da antecipação, então posso imaginar o que muitos de vocês vão dizer. Isso é dinheiro pra caramba! E se aqueles caras usassem a credencial de Wharton para conseguir outro emprego? Ainda que eu esteja tentado a explicar por que estava disposto a arriscar, vou deixar isso para outros dois.

Henry Ford disse, "A única coisa pior que treinar seus empregados e vê-los saírem é não os treinar e vê-los ficarem." E Richard Branson disse, "Treine as pessoas bem o suficiente para que elas possam sair; trate-as bem o suficiente para que não queiram."

E as pessoas altamente capacitadas em quem você não confia? Se você está dizendo que não tem escolha a não ser aceitar o lado bom e o lado ruim, uma área que você tem de trabalhar é desenvolvimento de liderança. Se você acha que está preso a essas pessoas, significa que você não desenvolveu as habilidades de quem você confia para fazer o trabalho. Quem você acha que Maral, Mario e Tigran substituíram?

Não posso ir para a guerra com quem não confio. Em alguns casos, você pode isolar essas pessoas. Se for um desenvolvedor de software, talvez possa dar a ele um projeto em que trabalhe independentemente. Novamente, eu seria muito cuidadoso, e se me fosse dada a opção, escolheria alguém com menos habilidade e mais confiança.

Confiança e personalidade são diferentes. Digamos que você tem um gênio que é o melhor programador, mas horrível com pessoas. Ou você tem um diretor financeiro que é altamente especializado, mas faz todo mundo dormir nas reuniões. O que você faz com essas pessoas?

Depende da capacidade das pessoas de serem treinadas. Ou seja, elas têm a *vontade* de melhorar? Se sim, faça o investimento para desenvolver o componente de habilidade delas. Elas podem acabar sendo algumas de suas funcionárias mais confiáveis. Em um mundo perfeito, todos no seu time teriam alta confiança e alta habilidade. Como não vivemos em um mundo perfeito, você tem que fazer um inventário. As pessoas em quem você mais confia provavelmente também têm a maior vontade. Se qualquer uma dessas pessoas tem poucas habilidades, siga-a de perto. Habilidades podem ser ensinadas. Investir em pessoas de alta vontade/habilidade é provavelmente o melhor investimento que você pode fazer.

Pessoas com *hard skills* fortes e bom caráter se tornam cidadãos confiáveis que criam crescimento linear para a sua organização. Pessoas com *soft skills* que têm uma mudança de paradigma se tornam cidadãos impactantes que criam crescimento exponencial. Seu objetivo é criar essa mudança de paradigma para algumas pessoas que acabem trazendo a sua empresa para outro nível.

QUADRANTE DA MUDANÇA DE PARADIGMA

PROVOQUE VONTADE E DESENVOLVA SUAS HABILIDADES

Uma vez que você tenha se conectado totalmente à sua vontade, está pronto para incendiar o mundo. Com essa emoção, você sente que pode dominar qualquer coisa, seja um supino, um *pitch deck* ou sua cota de vendas. Mas você também precisa das habilidades para fazê-lo.

Você agora entende que a vontade não é fixa. Você pode provocá-la em si e nos outros. Isso requer fazer as perguntas certas com a disposição de agir com rapidez quando as respostas vêm. É assim que você desenvolve as habilidades necessárias para ser quem você quer ser, o que é bem diferente de quem você é agora.

SEUS COMPONENTES

VONTADE

Ações:

1. O que te faz querer tanto o sucesso? Qual é o seu plano para converter força de *querer* em força de *vontade*?
2. Do que você mais tem medo? Quais pensamentos ou emoções mexem tanto com você a ponto de fazer de tudo para evitar senti-los?
3. Quais três palavras você nunca quer ouvir que sejam ditas sobre você?
4. Quais três palavras você quer atribuídas a você?
5. Como você pode liderar de uma maneira que provoque força de vontade nos outros?
6. Que padrões e crenças limitantes você vê em si mesmo, e o que você vai fazer (ou quem você vai procurar por orientação) para ser a pessoa que os superará?

HABILIDADE

Ações:

1. Quem você precisa ser para estar nas previsões do próximo ano? Que três ou cinco conjuntos de habilidades são necessários?
2. Com qual tipo de habilidades/treinamento você vai se comprometer que tem o potencial de mudar a sua identidade?
3. Quais habilidades os seus líderes ou membros de equipe não têm? Como você vai lidar com isso?
4. Para habilidades com as quais você não lidará pessoalmente, como você vai delegar ou quem vai recrutar?
5. Quais escolhas você fará depois de olhar para a Matriz de Performance vs. Confiança? Em quem você vai investir e quais habilidades você vai enfatizar?
6. Preencha o vazio: Eu quero que minha reputação seja definida pelas palavras ________________.
7. Preencha os vazios: Se eu continuar tendo uma reputação por ser ____________ (*escreva sua maior fraqueza*), eu não vou evoluir, o que anulará todo o meu trabalho duro. Lidarei com essa deficiência ao ________________.

CAPÍTULO 6

Missão e Plano

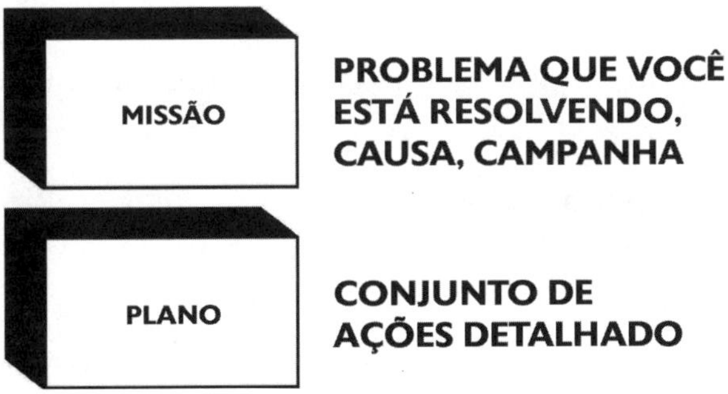

> Um pequeno grupo de espíritos determinados, motivados por uma fé inextinguível em sua missão, pode alterar o curso da história.
>
> **Mahatma Gandhi**

Imagine um CEO chato lendo slides no PowerPoint e explicando com detalhes planilhas precisas no Excel durante a reunião de lançamento anual. Ele é preparado, organizado e específico. Ele está dando um show de como planejar um ano de sucesso e tem a evidência para apoiar como a firma vai crescer a receita e expandir para novos mercados. Então por que ninguém está ouvindo?

Agora, imagine Steve Jobs, com a gola alta preta que é a marca registrada dele, jeans e tênis, de pé diante do seu time na Apple, falando sobre como eles vão mudar o mundo. Não há um PowerPoint. A missão da empresa está gravada na alma dele. Ele olha para a multidão e corajosamente proclama algo como, "Nossa missão é contribuir para o mundo ao criar ferramentas para a mente que avançam a humanidade."

A multidão solta um rugido! Eles enlouquecem. Estão prontos para dominar o mundo.

Por quê? Porque eles conhecem a sua missão — e é uma missão que os inspira.

Jobs não pode parar por aí. Uma vez que ele disse *por que*, ele precisa dizer *como*. Eles estão prontos para ouvir e executar qualquer plano que ele esquematizar.

O CEO lógico, por outro lado, não tem para onde ir. No momento em que ele perde o seu público, não há como recuperá-lo.

A essa altura, entendemos que emoção e lógica precisam estar sempre interligadas, não só em todo plano de negócios ou reunião trimestral, mas em toda chamada de vendas, encontro de time e chamada no Zoom. Para os próximos dois componentes, isso não poderia ser mais verdade. A missão é altamente emocional, e o plano, altamente lógico. Nenhum dos dois é opcional.

Ter uma missão cria tolerância. Ela te faz tolerar a dor pela qual você está passando. Você não quer competir contra uma pessoa com uma missão. Você quer *se juntar* a alguém com uma missão. Na verdade, sem uma missão forte, você não vai atrair as pessoas certas. Você só é mais uma empresa na qual trabalhar, outra pessoa motivada somente pelo dinheiro. Quando esse é o caso, você lida com a ameaça constante das pessoas te abandonarem.

O QUE VOCÊ VAI APRENDER NESTE CAPÍTULO

Você vai aprender a estabelecer a sua missão, articulá-la e se inspirar nela constantemente. Note que eu não disse *motivação*. Quando você tem uma missão, você não precisa de motivação. Você é motivado pelo fogo interior. E, diferentemente de sonhos e objetivos, que cobriremos nos componentes mais adiante, sua missão *não* tem um prazo. Conforme nos aprofundamos, você vai entender por que, para você e o seu negócio, sua missão é algo que se estende além de um objetivo.

Você também vai aprender como canalizar essa missão em um plano. Isso incluirá uma análise FOFA (forças, oportunidades, fraquezas, ameaças) para que você saiba exatamente para onde direcionar os seus esforços. Você também aprenderá como antecipar uma crise e sempre ficar três a cinco passos à frente.

RECRUTE A SUA MISSÃO

Quando estamos falando da sua missão, "recrutamento" é um trabalho interno. Eu uso a palavra "recrutar" diferentemente da maioria. Para mim, tudo é recrutamento; é sair e fazer as coisas acontecerem, seja encontrando talentos para a sua empresa ou esclarecendo a sua missão. A sua missão não está sempre clara à sua frente, e por isso você deve recrutá-la e trazê-la para si.

Para ser mais específico sobre recrutar a sua missão, há quatro coisas que você pode fazer para fazê-la ganhar vida para você.

4 Maneiras de "Recrutar" a Sua Missão

1. Veja o que te motiva.
2. Determine do que você está de saco cheio.
3. Pergunte, "O que me irrita?"
4. Veja o que te incomoda tanto que você não conseguirá viver consigo mesmo se não fizer nada sobre isso.

Porque descobrir uma missão é emocional, existem alguns paralelos quando se escolhe inimigos. Pensar sobre quando você se sentiu como um azarado ou envergonhado pode ajudar. O que é tão importante que você quer dedicar a sua vida a consertar ou melhorar?

Na Valuetainment, passamos anos não só pensando na nossa missão, mas encontrando as palavras exatas para articulá-la. A missão é elucidar, empoderar e entreter líderes atuais e futuros ao redor do mundo.

Aqui estão ótimos exemplos de declarações de missão de três empresas muito diferentes:

- Patagonia: Estamos nos negócios para salvar o nosso planeta natal.
- TED: Espalhe ideias.
- Tesla: Acelerar a transição do mundo para a energia sustentável.

Aqui estão as declarações de missão pessoais de três pessoas populares:

- Oprah Winfrey: "Ser uma professora. E ser conhecida por inspirar meus alunos a serem mais do que eles achavam que poderiam ser."
- Walt Disney: "Deixar as pessoas felizes."
- Denise Morrison, ex-presidente da Campbell Soup Company: "Servir como uma líder, viver uma vida balanceada e aplicar princípios éticos para fazer uma diferença significativa."

Para todas essas empresas e indivíduos, a missão está em andamento. Seus planos vêm das suas missões e, apesar de planos terem ciclos de vida, a missão geral nunca está completa.

Se você cria uma declaração de missão só para colocar no seu site, é só um monte de bobagem. Ela não vai te inspirar. Na verdade, as pessoas que fazem isso são as que estão constantemente procurando por motivação. Já li muita literatura sobre escrever declarações de missão. A maioria é entediante e tornam a escrita de planos de negócios uma tarefa árdua. Em vez de *pensar* sobre fórmulas, quero que você *sinta* o que realmente te motiva.

Agora é a hora de falar a sério sobre o que você realmente quer fazer da sua vida.

Aqui estão algumas perguntas para te guiar:

1. Por qual causa você está lutando?
2. Qual injustiça você está corrigindo?
3. Que campanha você está liderando?

Recrutar a sua missão requer que você fique quieto. Isso é algo que você faz sozinho antes de se juntar ao seu time. Desligue seu celular e olhe para dentro de si. Pense nessas perguntas e pondere sobre as respostas. Pode demorar algumas horas ou alguns meses. Não é algo pelo qual você "procura". É algo que você "permite" se revelar. Talvez ela venha de uma parte sua que tem se escondido, ou algo que você tem negado.

Por mais que eu queira te ajudar a encontrar a sua missão, o melhor que posso fazer é continuar te dando as perguntas e os exercícios a fazer que o ajudarão a olhar para dentro de si mesmo. Um desses exercícios vem de um livro chamado *A Revolução Sem Líder*, escrito por um ex-diplomata inglês enviado ao Irã chamado Carne Ross. Ross diz que as pessoas que começam revoluções ou fazem algo grande, ou disruptivo, são aquelas que agem baseadas em três coisas:

1. O que amam.
2. O que odeiam.
3. O que as incomoda.

Tenho memórias ruins da minha infância, incluindo o divórcio dos meus pais e as minhas experiências com o comunismo antes da nossa família fugir do Irã. Mas não pense nem por um minuto que estou buscando simpatia ou me vitimizando. Na verdade, são as cicatrizes da manipulação, dos joguinhos, do silenciamento e do comunismo que me fizeram *escolher os inimigos ideológicos* que criaram a minha missão.

Quando parei de ter raiva da minha infância e comecei a refletir sobre ela, aproximei-me da minha missão. Compartilharei mais algumas histórias neste capítulo, mas, por enquanto, quero que você fique desconfortável. O que você odeia? O que você não suporta? Quem está sendo oprimido que você quer defender? Se for você ou alguém próximo, você realmente estará no caminho certo. Quem você ama que precisa de ajuda? O que te incomoda produz *impulso*. Isso cria a emoção de que você precisa.

Encontrar algo que te incomoda não precisa sempre ser muito profundo ou pessoal. Talvez você ame o cheiro de um banheiro limpo ou não suporte fragrâncias tóxicas. Com esse pensamento, um negócio lucrativo pode estar esperando ser descoberto.

A declaração de missão da Pourri é "Encantadoramente mudar a maneira como o mundo pensa sobre as coisas que eles sempre fizeram." De acordo com a revista *Inc.*, é uma empresa de US$400 milhões. Se tudo começou com o amor da fundadora Suzy Batiz por um banheiro limpo, ódio de um fedido, ou incômodo com fragrâncias sintéticas, essa é uma mulher que faliu duas empresas antes de se conectar com sua missão. Isso também explica por que ela não está indo mais devagar. Mesmo depois de conseguir uma fortuna com o produto original, o Poo-Pourri, Batiz lançou uma linha de produtos de limpeza naturais, pois sua missão é mudar o jeito como as coisas sempre foram feitas.

Esses exemplos são para você continuar se perguntando sobre a sua missão. Continue se fazendo essas perguntas: O que você ama? O que você odeia? O que te incomoda?

COMO EU ENCONTREI MINHA MISSÃO

Agora que você viu como outros encontraram suas missões, deve estar formulando algumas ideias. Aos vinte e poucos anos, eu era impulsionado por provar que meus inimigos estavam errados, fazer dinheiro e ganhar respeito. Em retrospecto, é bem normal que as pessoas de vinte e poucos anos estejam concentradas em objetivos egoístas.

Em dezembro de 2008, seis anos depois dos meus inimigos falarem com o meu pai naquela festa de fim de ano, todo o meu esforço começou a valer a pena. Eu estava indo bem, para quem tinha só 30 anos. Eu viajara pelo mundo. Falara na frente de dez mil pessoas e também na minha escola de ensino médio como uma história de sucesso inspiradora. Eu também ouvira as palavras mágicas dos meus pais. Você sabe quais são essas palavras: *Estou orgulhoso de você*. Eu acreditara neles, o que deveria ter me trazido paz. Então, por que eu não estava contente? Por que eu não estava satisfeito? Por que eu sentia que algo estava faltando?

No fim de 2008, comecei a pensar sobre o ano seguinte e a me perguntar, "Isso é tudo na vida? Tive que passar por todas essas coisas e elas foram só para fazer dinheiro? É só isso? Por que preciso sair da cama todo dia quando já estou mais rico do que nunca?" Eu sabia, no fundo, que tinha que existir algo maior do que a vida que eu estava vivendo. Em retrospecto, eu estava me esquivando da real pergunta: Qual é a minha missão?

Tentei me dedicar. Li livros motivacionais e me inscrevi em workshops motivacionais. Mas nada mudou. Eu não conseguia achar nada para me impulsionar. Em retrospecto, pelo menos eu estava ativamente *recrutando* a minha missão. Fiz muitas perguntas. Sentei-me com os meus mentores. Pedi conselhos do meu pastor, Dudley Rutherford. Pedi a amigos que me contassem quais eram os meus pontos cegos.

Um desses amigos, Bill Vogel, me convidou para uma reunião no Hotel Miramar em Santa Mônica, Califórnia, para o laboratório de ideias do Instituto Claremont. Era março de 2009, e meu ano havia começado de maneira firme, mas nada espetacular. Eu seguia sem grande esforço e ainda ganhava um bom dinheiro, o que me ensinou como o conforto pode ser um dos maiores inimigos da urgência. Eu não tinha nem um inimigo nem uma missão, o que explica por que me sentia sem direção.

Cheguei ao Hotel Miramar no meu Corvette Z06 amarelo, vestindo um terno risca de giz Hugo Boss. Acabei sentado ao lado de Pat Boone, o cantor e ator famoso. Vários figurões estavam lá, mas nenhum dos seus discursos fez nada para me inspirar. Eu viera torcendo para ter respostas e estava com medo de ir embora com nenhuma.

Então, George Will, um comentarista político, autor e vencedor do Prêmio Pulitzer, levantou-se para falar. Em 1986, o *Wall Street Journal* chamou Will de "talvez o jornalista mais poderoso dos Estados Unidos".

Através dessas histórias poderosas, Will começou a falar de como advogados estão arruinando o país. A primeira era sobre um processo frívolo de uma criança que engoliu um anzol e o fabricante foi processado. A próxima era sobre como a epidemia de obesidade estava diretamente relacionada ao número de parques que estavam fechando nos Estados Unidos. Na terceira história, ele conectou tudo ao explicar como advogados se sentam em parques e esperam crianças caírem para poderem processar a cidade.

Em retrospecto, percebo que George Will era um mestre em misturar emoção e lógica. Ele era um cara com ares conservadores, vestido de terno, com óculos de nerd e podia citar fatos como um. Ele não era impetuoso como Bill O'Reilly, ou engraçado como Jon Stewart, mas acredite em mim, você podia sentir a emoção dele. Ele sabia como tocar o seu coração. Por uma hora, ele contou histórias sobre todos os problemas nos Estados Unidos, e posso honestamente dizer que nunca me senti tão inspirado! De repente, senti que o mundo estava procurando por alguém para sair e ajudar a resolver esses problemas. Eu tinha a ideia de que Deus estava me chamando para ser uma dessas pessoas.

Quando o evento acabou, meu amigo Bill me apresentou a George e disse, "O que você poderia dizer ao Patrick? Ele tem 30 anos, se deu muito bem em vendas bem novo, mas sente que precisa de uma missão para evoluir na vida."

George disse, "De onde você é, e como é o seu passado?"

Quando lhe disse que era do Irã, ele me perguntou mais sobre a minha família. Contei a ele que a família da minha mãe era comunista e meu pai era imperialista. Compartilhei como escapamos do Irã em 1989 durante a guerra, vivemos em um campo de refugiados por dois anos e depois nos mudamos para a Califórnia quando eu tinha 12 anos.

George era um ótimo ouvinte e me fazia sentir que ele realmente se importava comigo. Ele disse, "Por que você não pesquisa por que os Estados Unidos têm a maior quantidade de imigrantes de todos os países do mundo? Por que você não vai estudar o capitalismo e por que ele é o melhor sistema que há? O que as pessoas ao redor do mundo mais querem é liberdade. Vá descobrir por que tantas pessoas odeiam o capitalismo para ver o outro lado." Ele também me disse para descobrir por que só há um país no mundo cujo nome é associado com "sonho". Não há um Sonho Russo ou um Sonho Chinês. Só há o Sonho Americano.

Levei o conselho a sério. Agradeci a ele pelo seu tempo e, assim que fui embora, comecei a estudar. Eu digo o tempo todo que você pode **prever o**

sucesso de uma pessoa pelo quão rápido ela se mexe depois de uma instrução. Seja feedback de um mentor ou recomendação de livro de um amigo, veja o quão rápido as pessoas reagem ao conselho, e você aprenderá muito. Depois de falar com George Will, li tudo o que pude sobre imigração, capitalismo e ciências políticas. Eu não precisava de muita motivação para estudar. Eu não conseguia pensar em muito mais além do Sonho Americano e a história por trás dele.

No dia seguinte, tivemos nossa reunião de vendas de sábado às 10 da manhã. Eu adorava essas reuniões de sábado. Criar novas mensagens para inspirar pessoas era um dos pontos altos da minha semana. Mas, nos últimos meses, algo estivera diferente. Em retrospecto, eu estava no processo de descobrir minha real missão e me reinventar.

Essa reunião era diferente. O discurso de George Will havia impulsionado a minha missão. Dei um discurso de dezenove minutos sobre o futuro dos Estados Unidos. Eu nunca havia falado como um patriota antes, e meu nível de intensidade estava fora dos limites. Muitas pessoas na reunião eram a primeira geração de americanos de suas famílias. Eu os desafiei em um tom que surpreendeu até a mim quando perguntei, "Por que os seus pais vieram para este país?"

Eu nunca me sentira tão vivo.

Todos me lançavam olhares esquisitos, falando como minha mensagem havia mudado. Eu normalmente só falava sobre sonhos. Mas esse discurso era diferente. Por que tantas pessoas deixaram o Irã? Por que tantas deixaram a Rússia? Por que todos os outros países do mundo falam do Sonho Americano? Eu estava pegando fogo. Eu havia me conectado à minha missão e, desde aquele momento, sigo pegando fogo. Eu era um cara que tinha 1 milhão de dólares, mas nenhuma direção e me tornei um homem com uma missão.

Minha missão era, e ainda é, usar o empreendedorismo para resolver os problemas do mundo e ensinar sobre o capitalismo *porque* o destino do mundo depende disso.

Alguns meses depois do discurso de George Will, percebi que não poderia viver a minha missão sendo um líder de vendas. Eu precisava de influência de verdade. Meu primeiro passo foi apresentar minha visão para a grande firma de serviços financeiros à qual eu era afiliado. Não foi bem recebida. Eles queriam que eu fosse o cara que levantava números grandes e falava de resultados, não de ideias. Ficar de boca fechada recebendo cheques nunca me satisfaria. Foi quando eu soube que precisava arriscar tudo para fazer as coisas do jeito que eu queria. Eu precisava fazer mais. Precisava me tornar um empreendedor.

Quando comecei a minha firma de serviços financeiros, nossa declaração de missão era trazer de volta o sistema de livre iniciativa e a esperança para famílias americanas. Até hoje, estou convencido de que, quanto mais pessoas eu possa ensinar a ganhar seu próprio dinheiro, mais problemas vamos resolver e mais livres seremos.

Retornaremos aos sonhos e à língua dos sonhos na qual eu havia dependido tanto antes no próximo capítulo. Sonhos ainda importam. Mas a missão tem que vir antes do sonho de propósito. Se eu não houvesse descoberto a minha, eu teria todos os adornos de uma vida dos sonhos, mas me sentiria vazio. Depois do discurso de George Will, tudo mudou completamente. Eu tinha uma missão para corrigir uma injustiça.

Você também notou como a minha missão incorporou aquilo que eu amo (liberdade, esperança, capitalismo), o que eu odeio (restrições, desespero, comunismo) e o que me incomoda (manipulação, falta de escolhas)? Está na hora de começar a responder a essas perguntas você mesmo, se ainda não fez isso.

SUBSTITUA *SÓ* POR *PORQUE*

Alguns de vocês podem ter lido essas histórias e começado a escrever as suas missões. Outros podem estar pensando muito sobre como definir as suas missões. Ainda outros estão prontos para defender por que não precisam de uma. Já me sentei com muitas pessoas que defenderam suas razões de não terem uma missão. Quando elas explicam o que querem fazer das suas vidas, todas as suas declarações têm uma palavra em comum: "só."

1. Eu só quero ter uma vida boa e não ter que me preocupar com dinheiro.
2. Eu só quero ganhar dinheiro o suficiente para viajar o mundo.
3. Eu só quero uma vida simples, na qual eu possa servir à minha igreja e viver em paz.
4. Eu só quero conseguir pagar salários, custear minha aposentadoria e estar em casa para jantar às 6h.
5. Eu só quero criar um negócio que os meus filhos possam eventualmente administrar.

Você pode achar que estou julgando essas pessoas por pensarem muito pequeno. Você estaria errado. Meu problema é que elas estão diminuindo suas próprias missões. Usando a palavra "só" ou elas estão se limitando, ou não dedicaram tempo a "recrutar" as suas missões.

Você deve se perguntar por que está usando a palavra "só." É porque você tem medo de falhar? Ou você está sendo realista porque é honesto sobre o quanto está disposto a trabalhar? Ou é porque você não refletiu o suficiente para descobrir a sua verdadeira missão?

Mesmo se você não quiser ir além do superficial, há uma ferramenta simples que vai te ajudar a refinar a sua missão. Simplesmente remova a palavra "só." Vamos ver dois exemplos:

1. Eu só quero ganhar dinheiro o suficiente para viajar o mundo.
2. Eu só quero uma vida simples, na qual eu possa servir à minha igreja e viver em paz.

Agora remova a palavra "só."

1. Eu quero ganhar dinheiro o suficiente para viajar o mundo.
2. Eu quero viver uma vida simples, na qual eu possa servir à minha igreja e viver em paz.

Você já criou uma declaração mais forte. O próximo salto é decidir fazer a transição de "Eu quero..." para "Eu tenho a missão de..."

1. Eu tenho a missão de ganhar dinheiro o suficiente para viajar o mundo.
2. Eu tenho a missão de viver uma vida simples, na qual eu possa servir à minha igreja e viver em paz.

Você pode estar perguntando, "Pat, essa missão é boa o suficiente?" Só você pode responder isso. Fale-a em voz alta e veja qual emoção ela causa. Fale-a enquanto olha no espelho e veja o que acontece com a sua linguagem corporal. Se você se sente bem, provavelmente funciona. Fale-a para outros e veja como se sente. Se você tem vergonha, isso é um sinal. Se você sente orgulho, isso também é uma informação valiosa. Essas são só algumas provas de fogo. Se você não acha que a sua missão esteja funcionando, continue refinando-a.

Outra ferramenta poderosa é adicionar a palavra "porque" no final e completar a frase. Ellen Langer, uma psicóloga de Harvard, conduziu experimentos sobre o quão efetiva é a palavra "porque." O mais importante é que, não importa o que você diz depois da palavra "porque", a missão fica mais poderosa.

1. Eu tenho a missão de ganhar dinheiro o suficiente para viajar o mundo *porque* só se vive uma vez e eu tenho a sorte de fazer o que os meus pais não puderam.
2. Eu tenho a missão de viver uma vida simples, na qual eu possa servir à minha igreja e viver em paz *porque* sou dedicado à minha fé e sei que a simplicidade me aproxima do que importa na vida.

Vamos juntar tudo e revisitar o último exemplo de declaração de missão acima: Eu só quero criar um negócio que os meus filhos possam eventualmente administrar.

Eu acho que essa pessoa tem medo de declarar o que realmente quer — e a sua escolha de palavras enfraquece a missão. Tire a palavra "só", adicione "porque", aprimore as palavras, e a declaração vai mudar para uma mais honesta e poderosa.

Eu quero criar um negócio que faça a diferença e crie riqueza geracional porque eu tenho o necessário e amo minha família.

Você viu o que aconteceu? Apesar de o conteúdo da missão não mudar tanto, o impacto foi considerável. Está muito diferente da minimizada com a palavra "só".

Sua missão pode ou não mudar muito até o final deste capítulo, ou até o final deste mês. Mas se você só eliminar a palavra "só", adicionar a palavra "porque" e vir como se sente, já está no caminho.

ANÁLISE FOFA (SWOT)

Emocionando-se? Consegue sentir o sangue correndo pelas suas veias? Quero que você continue desenvolvendo o músculo de mudar de emoção para lógica porque agora vamos ficar mais lógicos para preencher o componente de plano.

Porém, antes de começar a fazer qualquer plano, você precisa se orientar. Quando você vê um mapa, a primeira coisa pela qual você procura são as palavras "Você está aqui". Você não pode começar a fazer planos antes de saber onde você está agora.

FOFA representa forças, oportunidades, fraquezas e ameaças. Dependendo de onde você está na sua carreira, ou você já fez dezenas de análises FOFA, ou esta será a sua primeira. De qualquer maneira, o que torna esta experiência diferente é que você está trazendo duas coisas que podem não ter existido antes: *emoção* e *honestidade radical*. As perguntas que te levaram a refletir sobre a sua missão provavelmente trouxeram à tona tanto confiança quanto verdades dolorosas.

Você pode ter dito algo como, "Eu sempre quis aposentar meus pais, mas nunca me organizei o suficiente para atingir uma renda de centenas de milhares." Com essa declaração, sua fraqueza está te encarando diretamente.

Talvez você tenha dito, "Eu vou fazer que planos de saúde sejam mais eficazes porque a solução ainda não foi encontrada e sei que eu consigo." Aí está a sua oportunidade. Você também pode ver nessa declaração que haverá ameaças de políticas públicas e concorrentes melhor capitalizados. Ou notará que sua falta de conhecimento em tecnologia e análises pode te atrasar.

O quanto você trabalha na sua missão alimenta diretamente o seu plano. O que quer que tenha saído dos exercícios anteriores deveria te guiar a completar as informações da sua análise FOFA. Recomendo que você faça isso para si mesmo e para o seu negócio, sabendo que haverá certa sobreposição. Para o seu negócio, você pode fazer isso com um time. Por enquanto, foque no pessoal para que você possa começar a criar o seu próprio plano para o ano.

Forças	Fraquezas
Ética trabalhista Capacidade de treinamento Conhecimento da indústria Foco afiado	Liderança Habilidade de administrar múltiplos projetos Desorganização Escuta

Oportunidades	Ameaças
Escalar o negócio Entrar em novos mercados Ser mais produtivo Desenvolver novos líderes	Saúde frágil/energia baixa Perder empregados para concorrentes Ficar sem capital Taxas de juros/condições de mercado

Criei essa lista para te dar algumas ideias, mas é claro que a sua lista será específica para você. Se ainda não integrou sua análise FOFA ao seu desenvolvimento de habilidade, vale a pena revisitá-lo. Se, por exemplo, você sente que não é um bom ouvinte e isso pode fazer com que alguns dos seus empregados com melhores performances te abandonem, você sabe em qual habilidade precisa trabalhar.

Vamos explorar todos os quatro quadrantes com mais detalhes.

Forças

Utilize o que você tem de melhor.

Olhar para as suas forças é uma ótima maneira de identificar as suas oportunidades. Se você é um ótimo *closer* ou treinador de vendas, mas está muito ocupado com as obrigações diárias de administrar os negócios para fazer essas atividades, aí está uma oportunidade! A melhor solução é organizar essas atividades na sua agenda semanal. Talvez você volte a fazer as reuniões de vendas ou, ao menos, liderar um treinamento mensal. Outra ideia é avisar ao seu time que você quer estar nas reuniões de *pitches* para contas grandes.

Se você é um pesquisador genial que sempre acaba preso escrevendo pedidos de financiamento, você precisa descobrir um jeito de voltar ao laboratório. Elon Musk é, na verdade, um engenheiro que adora experimentar e colaborar com outros grandes pensadores. Ainda que ele precise se afastar por conta de coisas como compliance e relações com investidores, também precisa de tempo para remexer nas coisas, em nome da sua sanidade e alma. O ponto de partida: Se você não está utilizando suas forças, se você não está fazendo o que criou o sucesso em primeiro lugar, você arrisca perder esse sucesso.

Fraquezas

Desenvolva habilidades, delegue ou mitigue.

Percebi cedo em minha carreira que eu não era muito organizado. Na verdade, acho que ser desorganizado tem relação com o quanto sou criativo. Minha solução é, em vez de consertar essa fraqueza, estabelecer sistemas para que isso não me atrase. Isso significa que eu delego e me certifico de ter pessoas organizadas no meu círculo interno. Contratei um assistente pessoal antes mesmo de ganhar centenas de milhares de dólares porque eu sabia que nunca ganharia tanto sem um. Na minha vida pessoal, minha esposa é quem lida com as atividades das crianças e nosso calendário social. Ela me diz quando e onde aparecer, e isso funciona para mim.

A maioria das pessoas está ciente das suas forças, mas não enxerga suas fraquezas. Fraquezas são algo complicado. É por isso que muitas vezes me refiro a elas como *vazamentos*. As coisas que você esconde dos outros são as mesmas que você tem medo de reconhecer ou escrever. Você vai para o cassino demais, mas ninguém sabe disso. Você pode ser viciado em redes sociais, em gastar horas no seu time de *fantasy football*, em parar no *drive-thru* do McDonalds saindo do trabalho ou em flertar para chamar a atenção. Todas essas são fraquezas que muitos de nós não querem admitir. Elas drenam nossa energia, tempo e dinheiro. Se não tratados, esses vazamentos podem se tornar dilúvios que destroem o seu ponto de partida e o seu bem-estar.

Oportunidades

Continue perguntando o que é possível, não se preocupe com o "como".

Oportunidades são empolgantes. Aqui é onde você faz um monte de perguntas sobre "e se".

- E se pudermos aumentar nosso preço em 15% sem perder nenhuma quota de mercado?
- E se encontrarmos um líder de vendas que pode melhorar nosso time existente e me liberar para desenvolver minha liderança?
- E se contratarmos um assistente pessoal para alguns dos nossos executivos — quão mais produtivos eles serão?
- E se adicionarmos um novo produto ao nosso repertório?
- E se contratarmos um produtor tão talentoso que nossas visualizações de página tripliquem?

Ameaças

Cultive uma mentalidade de paranoia.

Quais são as suas ameaças no ano que vem e na próxima década? Você trouxe sua família para os negócios. O que acontece se eles começarem a brigar? Tal como acontece com as fraquezas, ou você lida com ameaças diretamente, ou delega. Você precisa pesquisar cada tópico? É melhor fazer tudo sozinho ou vale pagar a alguém que faça essa pesquisa? Por exemplo, se você faz fundos de cobertura e investe em mercados emergentes, sempre haverá ameaças políticas. Você provavelmente não tem o tempo nem os recursos para ficar por dentro delas, então você contrata alguém que o faça.

Se saúde fraca, desgaste ou baixa energia são ameaças, você adiciona isso ao seu plano. Você pode contratar um *personal trainer* ou instalar uma academia no seu escritório e contratar alguém para ensinar ioga duas vezes por semana. Nesse caso, você está mitigando uma ameaça tanto emocional quanto para a sua organização.

Note como emoção e lógica estão conectadas à análise FOFA. Se uma ameaça é perder pessoas, a coisa lógica é se sentar com o seu time de RH (se você não tem um, substitua/contrate um consultor) para trabalhar no seu plano de compensação e seus contratos de trabalho. Ao mesmo tempo, descubra como mostrar às pessoas que você se importa com elas para criar lealdade. Se essa é uma fraqueza (o que é para muitos líderes), adicione "mostrar às pessoas que me importo com elas" na coluna de fraquezas e insira isso no seu plano.

Está vendo como isso é um plano integrado? E está vendo que não pode trabalhar no *plano* sem trabalhar na *pessoa*? Essa pessoa, é claro, é a única com quem você vai passar cada minuto do resto da sua vida. VOCÊ MESMO!

SE ANTECIPE AOS TÓPICOS A FICAR DE OLHO

Agora seremos mais específicos com os detalhes do seu plano. Você precisa seguir de perto os tópicos mais comentados na mídia a cada ano para fazer planos, levando-os em conta. Em alguns anos, serão eleições. Em outros, mudanças ao código tributário. Esses tópicos e essas datas definirão sua estratégia e seu calendário. E mais, ao ter uma visão geral do mundo à sua volta, você começa a trabalhar mais para o futuro dos seus negócios e menos para o agora.

Isso pode parecer óbvio, mas sempre me surpreendo com quão poucas mãos se levantam quando pergunto quem lê o *The Wall Street Journal*, mesmo em conferências de negócios. Todos devemos lê-lo. Mesmo se você estiver em uma indústria especializada, precisa estar ciente de notícias sobre negócios e geopolítica.

Falar sobre Covid-19 vai nos fazer parecer dinossauros, mesmo que estivesse no topo da lista de tópicos em 2021. Você precisava de um plano para lidar com mandados e se adaptar a trabalhar em casa. Conforme a narrativa e o desemprego mudam, você precisa seguir atualizando seu plano para atender às necessidades dos seus empregados e clientes. Você não pode fazer isso sem saber o que está acontecendo à sua volta. E enquanto tópicos como a cadeia de suprimentos sempre serão relevantes, você precisará ser muito mais específico. Se, por exemplo, você está no negócio de transporte, você precisa ficar de olho em greves ferroviárias, legislações de gasodutos e incentivos fiscais para energia limpa. Se você está na indústria financeira, você precisa monitorar constantemente a inflação, o desemprego, taxas de juros e novas regulamentações.

Já existem surpresas às quais você nunca conseguirá se antecipar. É por isso que você precisa ficar muito à frente de eventos que sabe que acontecerão. Não diga que não consegue prever uma greve de trabalhadores — ou ao menos a possibilidade de uma. Você sabe as datas de quando acordos de negociação coletiva expiram. Você sabe quando contratos empregatícios importantes terminam. Você sabe quais eleições federais, estaduais e municipais acontecerão antes do ano começar.

Assim como há tópicos em que se deve prestar atenção, há pessoas nas quais você deveria prestar atenção também. Talvez você saiba que há um grande executivo em uma empresa rival que dizem estar se aposentando. Você quer ficar de olho nele ou nela porque isso é tanto uma oportunidade quanto uma ameaça. Uma mudança na liderança significa que pessoas se tornarão agentes livres e pensarão em sair da empresa. Ou talvez a empresa contrate um CEO mais agressivo para recrutar as *suas* pessoas. Você precisa se planejar para todas essas possibilidades.

Para te ajudar a criar sua lista de tópicos e pessoas para ficar de olho, aqui estão algumas coisas para considerar:

1. Indústria.
2. Política.
3. Economia/inflação.
4. Regulamentação.
5. Datas importantes para contratos empregatícios.
6. Líderes em transição.

PLANO DE OPERAÇÕES: AGENDE O ANO INTEIRO

Você acabará tendo uma reunião do conselho no dia do recital do seu filho. O retiro da sua empresa cairá no mesmo dia da formatura do seu primo. Isso é inevitável. Quando o falecido Kobe Bryant jogava para os Lakers, eles quase sempre tinham um jogo no dia do Natal. Quando o entrevistei, ele disse que planejava seu ano inteiro de antemão para evitar surpresas. Em vez de improvisar, você se antecipa.

Se você sabe que vai perder um evento importante, você se organiza para ver aquela pessoa em outro dia. Se não pode vê-la, mostre-lhe ainda mais amor e invista em um presente ou gesto especial. Seu calendário precisa durar doze meses. Para cada mês, mapeie cada campanha, retiro, sessão de estratégia, reunião de conselho e revisão trimestral.

A maioria das pessoas tem feriados em seus calendários. Você pode começar por aí, já que eles muitas vezes serão lembretes. Aprenda com seus erros. Se você briga constantemente com o seu parceiro sobre suas celebrações esfarrapadas no Dia dos Namorados, marque no seu calendário 12 de maio um mês antes. Tudo o que você precisa fazer é anotar no calendário para começar a procurar um presente ou planejar uma saída.

Quando discutirmos o componente de sistemas no próximo capítulo, mostrarei mais algumas estratégias de como utilizar seu calendário. Por enquanto, posso te dizer que estou sempre, pelo menos, um trimestre adiantado no meu planejamento. Se suas vendas normalmente caem durante o verão, organize uma sessão de estratégia fora do local em 1º de outubro para estar dez semanas adiantado. Volte para a sua análise FOFA e seu conjunto de habilidades e comece a preencher seu calendário. Ache três conferências e as agende agora. Quando você se inscrever e pagar o depósito, terá dado um passo importante para lidar com uma fraqueza.

PLANEJE-SE PARA A CRISE ANTES QUE ACONTEÇA

No meu último livro, *Suas próximas 5 jogadas*, analisamos de perto grandes mestres do xadrez e como eles planejam quinze jogadas adiante. Quando criar o seu plano de negócios, você precisa se antecipar e parar de ser reativo para ser proativo. Você faz isso ao fazer planos de contingência muito antes de uma crise acontecer.

Seth Godin, autor de muitos bestsellers, incluindo *Tribos* e *The Song of Significance*, disse, “O mais interessante sobre o gerenciamento de projetos profissional é que ele substitui a empolgação por pensamento sistêmico e ação intencional. Pessoas que aparecem com a salvação no último minuto viram heroínas, mas o que importa de verdade é não precisar do último minuto.”

Se você vive em Nova Orleans, nas Filipinas ou na Flórida e não está pensando sobre furacões ou tufões, está sendo ingênuo. Você precisa ter um plano antes de eles o atingirem. Para fazê-lo, estude história. Quais padrões eles seguem? O que você precisa fazer com antecedência?

A sede da nossa empresa de serviços financeiros fica em Dallas, Texas. Já passamos por múltiplos tornados e até invernos congelantes. Encanamento explodindo, apagões e estradas escorregadias fizeram escolas fecharem — e nossos sistemas de TI também. Todos esses eventos exigiram que antecipássemos o pior e nos preparássemos para ele. Seja comprando laptops ou *hotspots*, sempre tivemos um plano de contingência caso a internet não funcionasse no nosso escritório ou nas casas dos nossos funcionários.

Quando uma crise chega, seja um desastre natural ou apenas em relação ao seu negócio, o que estende ou diminui a duração de uma crise? O seu planejamento ou, em alguns casos, a falta de planejamento.

Não há nada que você possa fazer para impedir uma crise. Você pode, no entanto, minimizar o impacto dela dependendo de como você reage. Dwight D. Eisenhower disse, "Me preparando para a batalha, eu sempre descobri que planos são inúteis, mas planejamento é indispensável." Ike não foi tão criativo como o Exército Britânico, que inventou um adágio chamado os 7 Ps: *Planejamento Próprio e Preparação Previnem uma Performance Pobre e Péssima.*

Ter um plano faz um líder elegante. Todos temos o potencial de perder a compostura. Os que permanecem calmos são os que imaginaram o cenário de antemão. Quando uma crise acontece, alguns reagem demais e outros, de menos. Pense sobre crises em uma escala de um a dez. Um nove aumenta a sua urgência. Você transforma um nove em um dois e tem um problema.

Sua habilidade de ver quinze jogadas adiante te permite *antecipar* uma crise. Quando já houver sido discutida no seu negócio, você pode lidar com ela com precisão. Eu tenho planos para todos os cenários, bons e ruins, que podem acontecer. Alguns dizem que estou sendo negativo ou pessimista. Chamo isso de planejamento lógico de crises, porque quando a crise vem, não quero ser todas aquelas palavras negativas que muitas vezes são rotuladas como emoções. Quando as coisas acontecem, a última coisa que quero ser é impulsivo, irracional, melodramático, temperamental ou de sangue quente.

Quero é já ter pensado sobre minhas jogadas. Faço tudo o que posso para evitar que coisas ruins aconteçam *e* eu também mapeio minhas primeiras três a cinco jogadas se algo ruim realmente acontecer.

Existe um motivo pelo qual eu uso a metáfora do xadrez nos negócios. Também é o motivo de eu estudar tanto a Máfia. Ver as coisas antes de elas acontecerem é planejamento exímio. Talvez alguém do lado de dentro esteja tentando fazer uma jogada de poder. Você precisa ver isso antes que aconteça. Talvez você precise fortalecer relações com seus jogadores mais importantes. Talvez você precise se aproximar. Se os membros do seu time se sentem intimidados por você, eles reterão informações. Eles esconderão más notícias para evitar a sua ira. Isso cria muito risco para a sustentabilidade do seu negócio. Comece a interagir mais com o seu time e conheça-os melhor. Mostre-lhes que você se importa com eles para desenvolver lealdade. Se você realmente quer construir profundidade, pergunte a eles quem são os seus inimigos!

Ameaças estão sempre à espreita. Se você está constantemente no seu escritório com a porta fechada, você vai perder muito. Circule entre as tropas. Se a maior parte do seu trabalho é virtual, ligue e mande mais mensagens. Visite o escritório sem avisar. Fique de olho para sinais de instabilidade.

Depois, comece a jogar o jogo do "se".

Se eu perder meu maior cliente, o que acontece?

Quando faço essa pergunta, eu começo a pensar em como impedir isso. Talvez eu tenha tomado aquele cliente como garantido. É um erro comum, mas imprudente direcionar toda a sua energia para a aquisição de novos clientes e negligenciar os atuais. Você cria o mau hábito de deixar todos os outros do seu time lidarem com seus clientes. Talvez você tenha que atender ao telefone mais vezes, agendar uma reunião presencial ou enviar um presente.

Você vê o padrão? Identifique a ameaça ou crise em potencial. Então crie um plano para lidar com ela antes que aconteça. Continue se perguntando coisas como, "Se eu perder meu maior representante de vendas ou meu maior produtor de renda, o que acontece?"

Essa pergunta te leva por um caminho similar. O que você deve fazer para impedir que uma superestrela te deixe? Como está o seu relacionamento com ela, de zero a dez? Digamos que você dê um cinco. Bem, talvez você tenha que levá-la para um evento e passar um tempo com ela e a família para mostrar o quanto você se importa com ela. Ela precisa saber disso. Isso é parte do seu plano. Aqui estão outros "e se" para considerar:

1. Se meu escritório atual não der certo e eu for forçado a me realocar, o que acontece?
2. E se não tivermos dinheiro o suficiente?
3. Se eu for afastado com uma licença médica por três meses, qual é o plano de substituição?
4. Qual é o impacto do aumento de custos de mão de obra ou materiais?
5. E se formos processados?
6. Se tivermos que crescer rapidamente para contratar mais pessoal, como aceleramos o processo? É melhor aumentar nosso time de RH ou contratar uma firma de recrutamento?

Uma maneira ainda melhor de se fazer perguntas é colocar soluções na pergunta. Quando você faz uma pergunta dessa forma, vai diretamente para a ação. Por exemplo: se meu pessoal tenta se sindicalizar ou entra em greve, quais são minhas três primeiras jogadas? Viu como você criou uma pergunta melhor?

Quando você formula uma questão, perguntando quais são as suas três ou cinco próximas jogadas, começa a criar planos concretos. Considere a pergunta cinco, "E se formos processados?" Você vê como essa pergunta não te coloca no modo de resolver? É melhor perguntar, "Se formos processados, quais serão nossas três primeiras jogadas?" Se a primeira jogada é *encontrar* um advogado e você não tem um, você expôs uma fraqueza. Você precisa agir *agora* para ter conselhos legais à disposição.

Perguntas abertas não são muito melhores. Uma resposta honesta a "Se não tivermos dinheiro o suficiente, o que acontece?" pode ser, "Entramos em pânico." Ou você pode dizer, "Vamos abrir uma linha de crédito." Até lá, já é tarde demais. Não seria melhor se você tivesse planejado, caso não tivesse dinheiro o suficiente, três jogadas adiante?

Essas jogadas podem ser:

1. Acessar uma linha de crédito *existente.*
2. Suspender todas as viagens desnecessárias e todas as contratações não urgentes.
3. Entrar em contato novamente com Susan, que havia perguntado sobre uma participação acionária na empresa.

Esses são os tipos de perguntas que você precisa fazer e responder. Eu as pergunto para o meu time o tempo todo. Quando faço uma pergunta "e se" e alguém diz, "Eu não sei", você sabe o que eu digo?

"Sei exatamente o que vai acontecer. Você vai surtar porque não tem um plano. Se você não pensou sobre isso *antes* de acontecer, você se preparou para o fracasso."

O simples passo de se planejar para uma crise e mapear ao menos três jogadas é uma parte essencial do seu plano de negócios.

MANTENHA SUA MISSÃO ATUAL

Eu comentei que, logo depois de ouvir o discurso de George Will, comecei minha própria firma em 2009. Em 2022, vendi aquela firma por várias centenas de milhões de dólares. No dia em que o acordo foi fechado, algo mudou sobre a minha missão? Parei de fazer conteúdo? Fechei a Valuetainment? Parei de trabalhar aos sábados?

Se eu tenho mais dinheiro do que preciso para viver, por que não estou diminuindo o ritmo?

Minha missão nunca foi ficar rico. O dinheiro era apenas um subproduto da minha missão, e isso significa que ela nunca estará completa. Sempre haverá problemas para resolver, empreendedores que precisam de orientação e ameaças ao capitalismo.

Dito isso, os detalhes da sua missão podem mudar. Para mim, a visão maior permanece constante. Minha missão sempre será elevar, empoderar e influenciar. Eu quero criar reis, ou seja, que quando alguém receba a graça da minha liderança, eles atinjam novas alturas.

Uma maneira de manter sua missão atual é com a sua linguagem. Mesmo conforme as coisas mudam, preste atenção em ser a pessoa que diz "Eu só quero" contra a que diz "Eu tenho a missão de".

USE SUA MISSÃO PARA CONSTRUIR SEU PLANO

Depois de ouvir o discurso de George Will, eu disse a mim mesmo, "Não tem como eu estar aqui para fazer algo pequeno." Nem você. Você, que leu ou ouviu até aqui, não foi posto neste mundo para fazer algo pequeno com a vida. Como você aprendeu neste componente, precisa dedicar tempo para recrutar a sua missão. Parte disso é descanso. Lembre-se de que o "trabalho" é permitir que sua missão se revele. Uma vez que isso aconteça, a parte lógica do seu plano se seguirá sem esforço.

O mais importante de tudo é você se lembrar de se antecipar quando planeja. Sempre esteja três a cinco jogadas adiante. Muito pouco deveria te pegar desprevenido. Quando uma crise realmente acontece, os muitos cautelosos vão entrar em pânico. Quando já se é parte dos poucos audaciosos, você já está no modo solução, tomando medidas que foram bem ensaiadas.

SEUS COMPONENTES

MISSÃO

Ação:

1. Como você recrutará a sua missão? Quais perguntas você deve se fazer para encontrar o fogo dentro de você?
2. Por qual causa você está lutando? Qual injustiça está corrigindo? Que campanha está liderando?
3. Quais são as coisas que você ama? Quais são as coisas que você odeia, contra as quais você teria coragem de lutar? Quais são as coisas que te incomodam que você gostaria de mudar?
4. Escreva uma missão sem a palavra "só" e com a palavra "porque".
5. Faça no mínimo duas provas de fogo para ver como se sente:
   a. Fale-a em voz alta.
   b. Fale-a na frente do espelho e observe sua linguagem corporal.
   c. Fale-a a outros e note como você se sente.
6. Seja honesto sobre se tornar complacente. Se você se sentir entediado, estagnado ou distraído, é um sinal de revisitar a sua missão.

PLANO

Ação:

1. Complete uma análise FOFA. Seja honesto sobre suas fraquezas/vazamentos e se anime fazendo perguntas "e se".
2. Baseado na análise FOFA, planeje melhoras em três áreas do seu negócio.
3. Liste de três a cinco jogadas que você faria se, subitamente, tivesse que ser aposentado por invalidez ou sair por licença médica, ou se um desastre ocorresse e você não estivesse mais lá para liderar a sua empresa.
4. Faça perguntas "se" para ao menos sete cenários e se certifique de mapear ao menos suas primeiras três a cinco jogadas.

CAPÍTULO 7

Sonhos e Sistemas

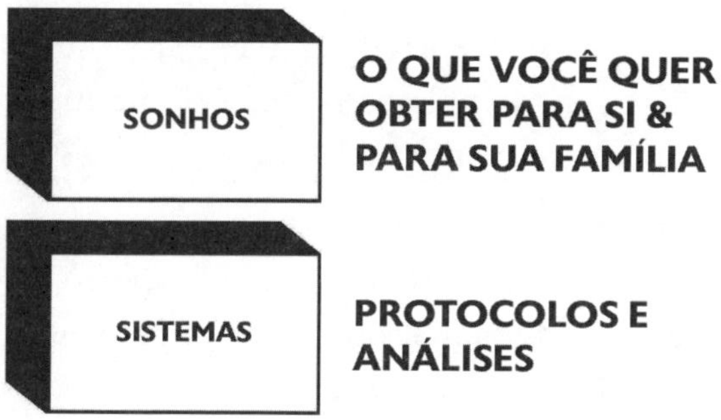

> Maus hábitos se repetem de novo e de novo, não porque você não queira mudar, mas porque tem o sistema errado para a mudança. Você não se eleva ao nível dos seus objetivos. Cai ao nível dos seus sistemas.
>
> **James Clear, *Hábitos atômicos***

Eu me apaixonei pelo basebol aos 13 anos. Mal chegara aos Estados Unidos fazia um ano, e o esporte se tornou minha obsessão. Eu não gostava de livros naquela época, mas amava o *Daily News* porque a seção de esportes tinha muitas estatísticas. O basebol capturou a minha atenção porque havia mais dados para analisar do que nos outros esportes. Quando me perdia nos números de médias de rebatidas e porcentagens *on-base*, minha mente viajava. Eu não tinha talento para o jogo e nunca estive em um time organizado, mas ainda tinha o sonho de um dia jogar nas grandes ligas.

Muitas crianças realizam suas fantasias nos campos da Pequena Liga. Eu enfiei o nariz na revista *Beckett*, que listava o preço de cada *card* de basebol. Todo mês, eu pegava uma nova edição e procurava o valor dos *cards* dos meus jogadores favoritos: Joe DiMaggio, Lou Gehrig, Yogi Berra, Babe Ruth e Mickey Mantle. Eu pensei: E se algum dia eu puder ter um *card* do Babe Ruth novato? Esse era o segundo da minha lista, atrás de um *card* Topps de 1952, de Mickey Mantle. Na época, esse era avaliado em US$33 mil. Em 2023, há apenas três *cards* Topps de 1952, de Mickey Mantle, com uma nota PSA 10, e elas valem entre US$20 e US$30 milhões. Ao menos, não preciso me culpar por não tê-lo comprado, já que eu não tinha trinta e três mil dólares na minha poupança na época.

Esses *cards* foram a porta de entrada para os meus sonhos. Eu me lembro de, no nono ano do fundamental, ir para casa pela Verdugo Road, em Glendale, com meus amigos da Wilson Junior High School. Eu perguntava, "Vocês conseguem imaginar se, um dia, vocês pudessem ter um time de basebol da grande liga? Qual time seria?" A maioria respondeu o da nossa cidade, os Dodgers, e um dos meus colegas, que amava Ted Williams, falou o Boston Red Sox. Por causa dos *cards*, minha resposta era sempre os Yankees. Os New York Yankees.

Era um sonho maluco. Não fazia sentido. Se eu tivesse dito que eu realmente acreditava que esse sonho se realizaria, teria sido internado em um hospício. Mas cada grande conquista começa com uma ideia, e cada objetivo audacioso começa com um sonho.

Neste capítulo, convido você a sonhar grande. Desafio-o a ter ideias que farão sua sanidade ser questionada. Só pensando assim é que o impossível pode acontecer. Estou falando de algo tão maluco como ser o dono não só de uma franquia da liga maior, mas da franquia do Bronx que ganhou vinte e sete títulos da *World Series*.

Quando atendi à ligação que me oferecia a oportunidade de ser um dono minoritário dos New York Yankees, fui levado de volta à Verdugo Road e ao meu sonho de infância.

Eu estivera pesquisando outras oportunidades de posse nos esportes, mas quando os Yankees ligaram, imediatamente pedi ao meu advogado que iniciasse o processo. Treze meses de verificações de antecedentes e entrevistas separavam os Yankees da Liga Maior de Basebol. Justo quando parecia não haver mais nenhum teste, a última etapa foi ir de avião até o Bronx para uma das reuniões mais importantes da minha vida. Sentei-me com quatro membros do alto escalão dos Yankees: Hal Steinbrenner, sócio-gerente e co presidente; Randy Levine, presidente; Lonn A. Trost, chefe de operações; e Tony Bruno, diretor financeiro da Yankee Global Enterprises. No final, a entrevista foi a parte mais fácil. Eles eram o meu tipo de pessoas — abertos, respeitosos e sem medo da verdade.

Finalmente, em junho de 2023, quando eu estava nas ilhas Bermudas, meu advogado ligou e disse, "Parabéns, você é oficialmente um dos donos do New York Yankees." Minha média de 6,4 e eu, agora, posso me sentar no camarote do dono e ter a melhor visão de todas as camisas aposentadas, todas as faixas dos campeonatos e todos os fantasmas dos jogadores com cujos *cards* eu costumava sonhar. Claro, tem sido divertido adquirir vários dos *cards* — e eu ainda sonho com aquele Topps de 1952, de Mickey Mantle. Mas, tornar-me um dono minoritário dos New York Yankees, ainda supera tudo. Faz-me lembrar que nenhum sonho é grande demais e devo continuar sonhando.

Se você quer fazer parte dos poucos audaciosos, deve começar com sonhos audaciosos.

A maioria das pessoas só pensa em sonhar uma vez por ano. Todo ano novo oferece um recomeço e uma chance de fazer novas resoluções. Então, por que 92% das resoluções de Ano Novo fracassam? E por que quase metade dos adultos americanos faz ao menos uma resolução todo ano, apesar desse número? Como falamos antes, 50% dos negócios fracassam em cinco anos e 70%, em dez. Então, por que as pessoas continuam escrevendo planos de negócios ineficazes?

É porque elas ainda têm sonhos e a habilidade de se conectar com a emoção, mas normalmente faltam os *sistemas* lógicos.

Já sabemos que emoção é crucial para um plano de negócios de sucesso. Como mencionei no último capítulo, estou constantemente falando a "língua dos sonhos". Conto histórias dos meus quatro filhos. Falo de discussões com a minha esposa. Lacrimejo quando falo do meu pai. Também falo do quão liso eu estava e como me envergonhei quando não consegui pagar as despesas médicas do meu pai ou quando tinha US$49 mil em dívidas no cartão de crédito.

Não é tão deprimente quanto parece!

Misturados às minhas dificuldades, estão os lembretes do que eu disse nos meus piores momentos, o que me manteve motivado, e como sempre usei quem me odiava como combustível. Mas eu também sei como conectar essas histórias aos sistemas que mantêm a empresa. Minhas reuniões de negócios são metade projeção de sonhos, metade sessões de estratégia motivadas por análises. Conectamos nossos sonhos a sistemas lógicos para que tenhamos ações claras para construir o futuro que vislumbramos.

O QUE VOCÊ VAI APRENDER NESTE CAPÍTULO

Penso que sistemas sejam *máquinas de fazer sonhos*. O sonho pode ser, por exemplo, vencer o Mr. Olympia. Os sistemas são os treinos, nutrição, suplementos, recuperação e alongamento. Igualmente importante é a sequência desses sistemas e o comprometimento de refinar e reforçar cada passo.

7 Passos para Criar uma Máquina de Fazer Sonhos

1. Fale a língua dos sonhos ao menos 20% do tempo.
2. Transforme seus sonhos em objetivos específicos.

3. Faça visualizações dos seus objetivos.
4. Crie sistemas para realizar seus sonhos e objetivos.
5. Analise dados e padrões para melhorar os sistemas.
6. Continue refinando sistemas existentes e busque criar novos.
7. Lembre-se de sempre falar a língua dos sonhos — e seja emocional!

Sonhos criam impulso e fazem você (ou o seu time) ter vontade de conquistar. Mas, sem sistemas para completar tarefas, você não conseguirá canalizar essa emoção para impulsionar o sucesso. E mais, a ineficiência acabará com você se precisar criar um novo sistema toda vez que executa ações para realizar o seu sonho. É por isso que é tão importante criar sistemas que sejam duplicáveis.

Neste capítulo, você aprenderá a falar a língua dos sonhos para os outros. Por via de regra, digo ao meu time executivo que 20% do que eles falam deve ser a língua dos sonhos. Você não pode pedir às pessoas para realizar antes de fazê-los "ver" para onde estão indo e de explorar os desejos do coração.

Se o seu sonho o anima, você trabalhará o quanto for necessário. O sonho é pensar sobre o que você quer. A emoção vem de imaginar como a sua vida será depois de cumprir seus objetivos. Se o plano está claro, você e o seu time saberão como criar sistemas para direcionar a sua energia e realizar tarefas.

APRENDA A LÍNGUA DOS SONHOS: IMAGINE SE UM DIA

Já que a maioria das pessoas pensa a curto prazo e tem dificuldade em atrasar gratificação, depende do líder descrever como a vida de uma pessoa será daqui a um, dez, cinquenta anos, dependendo do quanto ela se esforçar hoje. Use seu talento e paixão como um conjurador de sonhos para mostrar aos outros como serão suas vidas quando tomarem um caminho disciplinado. Faça o mesmo para si.

A maioria das pessoas está tão envolvida com o aqui e agora que nem tenta imaginar o futuro. Um ótimo incentivo é: "Imagine se um dia..." Foi assim que o meu sonho de ser o dono de parte dos Yankees começou.

Pare agora por um momento para completar o que vem em seguida. Permita-se sonhar: "Imagine se um dia eu..."

- Vencer o prêmio Nobel.
- Lançar uma oferta pública inicial bilionária.
- Descobrir uma cura para o câncer.
- Revolucionar a educação no ensino secundário.
- Amar tanto o que faço que nem parecerá trabalho.

Outro incentivo simples para a língua dos sonhos é: "Seria incrível..."

- Viver em uma casa com vista para o oceano.
- Enviar meus filhos para a melhor escola particular.
- Checar o meu extrato do banco e ver outro zero à direita.
- Nunca ter que olhar os preços de um menu ou site de viagens.

Aqui estão alguns outros incentivos para explorar os seus sonhos:

1. Como seria a minha vida se...
2. O que eu quero para mim e minha família é...
3. Estou mais ansioso para...
4. Minha lista de coisas para fazer antes de morrer inclui...

Eu só posso fazer você começar a pensar. Lembre-se de que o motivo de pensar nos seus sonhos é criar emoção. Continue usando esses incentivos até que chegue ao ponto no qual os seus sonhos o empolguem.

OBJETIVOS SÃO SONHOS COM PRAZOS E RECOMPENSAS

Eu tinha um líder de vendas que ganhou US$36 mil em um ano. Ele escreveu um plano de negócios matador, trabalhou incansavelmente nas suas falhas de habilidades e criou sistemas eficientes. No ano seguinte, as coisas começaram a se encaixar e ele ganhou US$72 mil em um *mês*. Quando lhe perguntei como havia celebrado, ele pareceu totalmente confuso.

Eu perguntei, "Você levou a sua esposa para um hotel de luxo para umas férias? Pelo menos foi a um restaurante chique? Comprou um terno novo?" Não ouvi nada além do vento.

Ele não fez nada para celebrar. No mês seguinte, sua renda caiu de US$72 mil para US$5,4 mil. Como ele não havia se recompensado no mês anterior, seu subconsciente estava se perguntando, *Por que estou suando a camisa por nada*? Guardado no banco, aquele dinheiro não criava nenhuma emoção. Seu problema era que ele não havia sentido as emoções da recompensa que emplacaria o valor do trabalho duro em seu subconsciente.

A maioria das pessoas é muito boa em se recompensar quando ganha dinheiro e, na maior parte, exagera. Mas, de vez em quando, é completamente o oposto. Tanto você quanto a sua família precisam ver a recompensa de trabalhar tão duro quanto você está trabalhando, senão, qual o sentido? Por que você continuaria se esforçando?

Pensar em como você celebrará faz os seus sonhos criarem vida.

A emoção gerada por este componente vem de imaginar como será a sua vida quando você realizar os seus sonhos.

Qual é a palavra com "I" que é tão importante no capitalismo?

Incentivo.

E se você se der muito bem este ano? O que vai fazer?

Sua psique deve ser recompensada por pagar um preço. Programe-a utilizando uma recompensa para reforçar seu sonho. Quando você define o prêmio *antes* de realizar seu sonho, programa sua mente para acreditar que *Estou disposto a pagar um preço porque esta recompensa vai acontecer*. Esse é um ciclo contínuo que você deve integrar ao seu plano.

Antes de voltarmos às recompensas, vamos falar de objetivos. Objetivos são resultados específicos que buscamos no caminho de realizar nossos sonhos. Sonhos direcionam nossa energia; objetivos pegam essa direção e a transformam em foco. Quando objetivos são específicos e mensuráveis, dando-nos prazos e definindo recompensas, eles funcionam.

Objetivos Eficazes

- Específicos.
- Mensuráveis.
- Têm um prazo.
- Recompensas definidas:
  - Quando eu fizer X, eu me darei Y.
  - Quando eu fizer X, eu darei Y aos meus amigos e família.

UM SONHO PODEROSO SE TORNA UMA FUTURA VERDADE

Walt Disney tinha a missão de fazer as pessoas felizes. Isso o impulsionava a sair da cama de manhã. Mas *não* direcionava suas ações. Ele precisava dar o próximo passo e declarar sonhos específicos. Transformar sua missão em sonhos seria assim:

- Meu sonho é ter um parque temático que é o lugar mais feliz do mundo.
- Meu sonho é fazer filmes que deixam as pessoas felizes.
- Meu sonho é ter uma Comunidade Protótipo Experimental do Amanhã (EPCOT) que faz uma comunidade feliz e saudável.

Temos uma tendência de usar as palavras "sonhos" e "objetivos" indistintamente. Note que eu listei os sonhos de Walt Disney, mas não seus objetivos. Se eles fossem objetivos, seriam específicos e teriam prazos. Ambos têm o seu lugar. Há benefícios em sonhar sem saber exatamente quando e como você chegará lá. Outras vezes, você quer ter um plano de ação e prazo claros.

Esteja você falando de sonhos ou objetivos, eles devem te emocionar. Eles também devem encontrar o equilíbrio delicado entre serem um exagero e serem alcançáveis. Ter quinhentos mil agentes licenciados até 2029 parecia um exagero, mas, para mim, menos do que isso não haveria me motivado. Eu acharia que teria me resignado, uma concessão para a mediocridade. Concordo com a frase de Richard Branson que "Se seus sonhos não te assustam, eles são pequenos demais".

Jay-Z disse, "Eu acredito que você possa criar as coisas com a fala." Alguns podem dizer que isso é impossível. Outros vão ao outro extremo e acreditam que somente palavras fazem a diferença. Eles pensam que, se rezarem o suficiente ou se continuarem cheios de afirmações positivas, os resultados virão. O que eu aprendi é que, sem a fé *e* os sistemas para acompanhar esses sonhos, não será o suficiente.

É como a expressão, "Confie em Deus, mas tranque seu carro". Você precisa fazer a sua parte. Quando você se vangloria e se esforça para chegar lá, você se torna a pessoa poderosa com uma missão e seu sucesso se fortalece. Você chega ao ponto no qual os seus sonhos se tornam a sua *futura verdade.*

Minha definição de futura verdade é viver no presente como se seus objetivos já tivessem se tornado realidade. Eu expresso meus sonhos com a convicção de que eles acontecerão.

Já vi de novo e de novo como essa convicção é contagiante. Se você não acreditar 100%, ninguém vai.

Se você realmente está trabalhando com o foco, urgência e convicção de alguém vivendo a futura verdade, ficará inspirado. Isso começará uma reação em cadeia na qual outras pessoas se inspirarão em você. É a razão pela qual somos apaixonados por visionários. Se tudo o que você faz é condizente com uma pessoa com uma missão e comprometida com seus sonhos, os outros te seguirão.

FAÇA UMA VISUALIZAÇÃO DE SEUS SONHOS E OBJETIVOS

Pense em como criará visualizações de seus sonhos para que eles te encarem todos os dias. Tenha seus sonhos à sua frente. Faça murais. Veja como a sua missão alimenta os seus sonhos. Por exemplo, fiz murais de estilo de vida (as coisas que eu queria), dominação de mercado (eu não quero só competir — é como eu sou programado!) e pessoas que fizeram história (eles me motivam — e eu sonho em me juntar a eles).

Como você criará visuais que constantemente te conectarão aos seus sonhos? Eu sonhava em comprar um Hummer amarelo, porque já fui um mecânico da Hummer. Eu me dei o objetivo de aumentar minha poupança para 1 milhão de dólares em doze meses. Se atingisse esse objetivo, disse a mim mesmo, só então eu poderia começar o processo de comprar o Hummer amarelo.

Meu primeiro passo? Coloquei uma foto de um Hummer amarelo em vinte lugares diferentes. Eu não podia nem ver o velocímetro do meu carro porque tinha uma foto de um Hummer amarelo ali! No meu celular, um Hummer amarelo. No meu espelho, um Hummer amarelo. Quando abria a minha carteira, um Hummer amarelo.

Usei cada visualização que me vinha à mente para marcar esse Hummer amarelo no meu consciente e subconsciente. E adivinha? Um ano depois, eu consegui o Hummer amarelo. Tem que estar na sua cara o tempo todo.

Eu te incentivo a ser criativo. Pode ajudar ter um amigo bom no Photoshop... ou adicione isso à sua lista de habilidades! Se o seu sonho, por exemplo, é aposentar os seus pais, coloque de fundo de tela uma foto dos dois sorrindo na varanda da casa que você comprará para eles.

Existe uma tradição judaica em que um mezuzá, pergaminho com texto religioso, é colocada no batente da porta de uma casa. O que está escrito no pergaminho vem de Deuteronômio 6:9: "Tu os escreverás nos umbrais e nas portas de tua casa, para que se multipliquem os teus dias e os dias de teus filhos na terra que o Senhor jurou dar a teus pais, e sejam tão numerosos como os dias do céu sobre a terra."

Depois que o mezuzá é colocado no batente da porta, toda vez que um judeu entra na casa, ele tem um lembrete visual dos seus sonhos. Que símbolo ou visualização você usará para manter seus sonhos constantemente à sua frente?

Como em qualquer estratégia, a má execução traz riscos. Não pendure no seu escritório um monte de pôsteres motivacionais que não significam nada. Se você pendurar um monte de cartazes genéricos com objetivos que você não está ativamente perseguindo, você se torna um clichê. A melhor jogada é fazer seus próprios cartazes que combinam com seus sonhos e criam tradições ao redor deles.

Na Universidade de Notre Dame, há um cartaz no túnel entre o vestiário e o campo de futebol que diz, "Jogue Como um Campeão Hoje". Conforme os jogadores passam pela placa a caminho do campo, têm um lembrete visual de manter a tradição da universidade e dar o máximo em cada jogo.

Contratamos um artista para pintar na sala de reuniões da Valuetainment a seguinte frase de William Goldman: "Ninguém sabe de nada... Nenhuma pessoa em todo o campo cinematográfico sabe com certeza o que vai funcionar. Toda vez é um palpite e, se você tiver sorte, um dos bons."

Fizemos isso porque queríamos fazer uma visualização do nosso sonho de ser uma empresa que encoraja criatividade e assume riscos. Queremos a ideia de que toda iniciativa criativa requer riscos *gravada* nas nossas paredes para que fique gravada no nosso subconsciente.

Aqui estão alguns outros lugares para visualizações:

- Espelho do banheiro.
- Fotos na sua carteira.
- Murais em localizações estratégicas.
- Fundo de tela do celular e computador.
- Arte que você cria para a sua casa e/ou escritório.

SISTEMAS FAZEM O SONHO ACONTECER

Até agora, temos focado o componente do sonho. Está na hora de voltar nossa atenção para os sistemas que te permitem atingir seus objetivos. Por exemplo, digamos que o seu objetivo é adicionar outro zero à sua conta bancária em um período definido. Queira você ir de US$10 mil a US$100 mil, US$1 milhão a US$10 milhões ou US$100 milhões a US$1 bilhão, o sistema será o mesmo. Para este exemplo, digamos que você queira ir de US$10 mil a US$100 mil em 3 anos. Isso são US$90 mil em 36 meses, o que significa que você precisa guardar US$2,5 mil por mês.

Um dos melhores sistemas para economizar dinheiro é *depositar suas economias primeiro*. A maioria faz o oposto. Eles veem o que sobrou no final do mês e então guardam. Isso também é um sistema, ainda que desleixado. Quando você deposita suas economias primeiro, atinge o seu objetivo de primeira e, muitas vezes, nem sente falta do dinheiro. Assim como você automaticamente paga seu aluguel, seguro do carro e conta de telefone, a poupança vira um custo fixo e automático.

Digamos que você está no começo da sua carreira de negócios e só ganha US$1,5 mil por mês. Ou você precisa ganhar US$12 mil por ano a mais, ou gastar US$12 mil a menos. Talvez você pegue um bico de *bartender* ou motorista de Uber em que você ganha US$500 por final de semana. Faça-o duas vezes por mês e você conseguirá. Se isso começar a ficar cansativo, acumule suas vitórias e sua confiança e peça um aumento. Talvez isso te dê mais US$700 por mês, e você pode cortar alguns happy hours para economizar US$300. Neste ponto, comece primeiro a depositar US$2,5 mil. Você só vai precisar ficar sem dinheiro no fim do mês uma ou duas vezes para mudar os seus gastos. E talvez nem te incomode comer miojo por alguns dias porque você sabe que isso faz parte do seu sistema de fazer sonhos. É incrível como a sua perspectiva muda quando você está almejando um objetivo específico.

Use esse mesmo processo para todos os seus objetivos. Digamos que você queira comprar uma casa de um milhão de dólares. A regra geral é que uma casa não deve custar mais que duas vezes e meia o seu salário anual. Além disso, para evitar seguro imobiliário privado (e aumentar sua chance de ganhar um lance para comprar a casa), você quer pagar 20% antecipado. Crie um sistema para economizar US$200 mil e ter uma renda anual de US$400 mil.

Sonhar com a casa é o começo. Criar um objetivo específico com um prazo é o próximo passo. Para realizar o sonho, você precisa implementar os sistemas e cumpri-los.

DESENVOLVA SISTEMAS PARA TUDO

Mais cedo, mencionei Steve Jobs vestindo sua gola alta preta, que é sua marca registrada, tênis e jeans. Aquele era o seu *sistema* de se vestir. Era automatizado para precisar do mínimo de pensamento. Você tem um sistema para escovar os dentes, lavar a louça e ir dormir. Todos esses são automáticos. Recentemente, ensinei ao meu filho mais velho o sistema de passar perfume. Uma borrifada no pulso esquerdo, esfregar os dois pulsos juntos, e então esfregar cada pulso na lateral do pescoço. Isso logo será automático para ele.

Quando comecei em vendas, eu não tinha nenhum sistema. Não sabia como me preparar para a semana, organizar o meu tempo ou acompanhar um cliente em potencial. Posso ter passado doze horas por dia no escritório, mas eu só trabalhava de verdade por três ou quatro. Eu era tão desorganizado que passava metade do dia procrastinando.

Sistemas e tecnologia andam lado a lado. Mesmo o calendário do seu celular pode ser uma grande vantagem. Com qualquer sistema de gestão de conteúdo (CMS), você pode sistematizar o seu acompanhamento. Um CMS como o HubSpot ou o Mailchimp pode facilmente automatizar e-mails específicos para acompanhar clientes. E isso não significa que um CMS pode *pensar* por você, ainda que fãs da inteligência artificial te digam o contrário. Você precisa montar o sistema que atenda às suas necessidades.

Uma vez feito isso, você combina tecnologia, delegar e comprometimento para fazer as coisas. Talvez você tenha um sistema em que, depois de cada compromisso, seu assistente tenha um cartão de agradecimento com o endereço já preenchido. Você volta para a sua mesa e, bum, o cartão é escrito sem nem precisar pensar.

Conforme o seu time cresce, você pode precisar de um novo sistema. Enviei mais de trinta e cinco mil cartões de agradecimento em alguns anos. Eu não poderia escrever todos à mão sem perder o braço. É por isso que uso uma empresa chamada SendOutCards. Posso dizer tudo o que eu quiser sobre como me importo em fazer as pessoas se sentirem especiais, mas sem o sistema que criei com a SendOutCards, eu não conseguiria enviar esses toques especiais de gratidão e reconhecimento.

Aposto que alguns de vocês já tenham identificado sistemas como uma fraqueza. É comum para visionários e quem só pensa na visão geral das coisas. Isso era uma das minhas fraquezas antes de me tornar um CEO, apesar de ter conseguido contorná-la. Então, quando me tornei um CEO, não demorou muito para ver esse vazamento. Se tivesse que começar do zero toda vez que eu fizesse uma apresentação, recebesse um novo funcionário, liderasse uma reunião ou entregasse uma avaliação anual, eu teria muita dificuldade para realizar os meus sonhos.

Meus sonhos me motivaram. Eles me tiraram da cama pronto para ir para a guerra todos os dias. Mas sem sistemas, eu era um CEO ineficaz. Eu simplesmente não conseguia trabalhar duro para parar meus maus hábitos. Como mencionei mais cedo, fiz uma pausa quando o filme *O Homem Que Mudou o Jogo* saiu em 2011. Naquele ponto, eu administrava minha empresa já fazia dois anos e minha falta de sistemas estava se tornando um risco. Como eu gostava tanto de estatísticas de basebol quando criança, o filme finalmente me deu uma nova perspectiva.

Muitas pessoas cometem o erro de pensar que a maioria das coisas depende de instintos e estratégias situacionais. Essas pessoas foram retratadas em *O Homem Que Mudou o Jogo* como os dinossauros que perderam a corrida. Os olheiros de basebol que não acolheram análises foram substituídos pelos que dependiam de dados (como Paul DePodesta, interpretado por Jonah

Hill). Em vez de ter paciência, humildade e visão a longo prazo para desenvolver sistemas e analisar dados, os dinossauros se convenceram de que não havia um sistema para analisar jogadores.

O equivalente nos negócios são as pessoas que acham que você não consegue criar sistemas para entrevistas, desenvolver líderes ou fazer aquisições. Essas são as mesmas pessoas dizendo que IA não é para elas e que deixarão isso para os *high-tech*. Elas acabarão percebendo de um jeito ou de outro. Não quer dizer que você nunca precise pensar ou fazer ajustes, mas esse é o tipo de mentalidade que matará a sua eficiência e te impedirá de melhorar.

USE SISTEMAS PARA AUTOMATIZAR COMPORTAMENTOS

Já discutimos a importância de analisar cada trimestre e atualizar a sua estratégia. Isso está enraizado no seu mapa de planejamento de negócios.

Muitas coisas estão em ciclos de três meses. Faxinas de primavera são ótimas tanto para a sua vida pessoal quanto profissional. Como uma recompensa por limpar a sua garagem, faça uma modificação no seu carro. Para o seu negócio, envolva todo o time, contrate um artista e, depois de limpar e organizar o escritório, peça que o artista pinte um mural em uma das suas paredes externas ou internas.

Já que estamos falando de sistemas relacionados ao calendário, uma das campanhas inovadoras mais geniais já feitas foi a da Jiffy Lube. Como parte do marketing, eles convenceram as pessoas a trocarem o óleo de seus carros a cada 4.800 quilômetros. Eu era um mecânico de Hummers no exército e posso te dizer que, para a maioria dos carros, o óleo só precisa ser trocado a cada doze ou dezesseis mil quilômetros. Mas o que foi tão efetivo na estratégia da Jiffy Lube foi o sistema e o lembrete visual. Depois de cada troca, eles colocavam um adesivo no seu para-brisa com um odômetro que indicaria a próxima. Era impossível *não* vê-lo. Imagine os sistemas substituídos: manter uma base de dados, correio ou e-mail diretos e cupons.

Como você pode criar sistemas para você e seu cliente? Como você faz as pessoas agirem automaticamente como a Jiffy Lube? Como você se faz agir constantemente sem ter que pensar? O que pode automatizar?

USE PADRÕES E ANÁLISES PARA CRIAR SISTEMAS

Peter Drucker, o autor e fundador da gerência moderna, disse, "Se você não consegue medi-lo, não consegue mudá-lo" e "O que é medido é gerido".

Quando você reúne os dados para rastrear a viabilidade dos seus sistemas, estes melhoram. Quando seus sistemas melhoram, realizar seus sonhos será mais fácil do que nunca.

Você precisa de dados para responder às seguintes perguntas: Que padrões você notou? Houve aumentos/quedas em faturamento/produção? Uma vez analisados os dados, como você lidará com os padrões? Você fez um pouco desse trabalho no capítulo 2 quando olhou para o ano passado. O próximo passo é criar sistemas para coletar dados, analisá-los e planejar estratégias com base no que aprendeu. Os engenheiros e contadores amam esta seção, e os visionários são inteligentes o suficiente para ver a sua importância. Os poucos audaciosos entendem que apenas com sistemas eficientes os sonhos são alcançados.

A maioria dos negócios tem algum nível de sazonalidade. É por isso que lojas criaram eventos como descontos de volta às aulas e que lojas online criaram a Cyber Monday. O problema é que isso pode criar um raciocínio preguiçoso. Em vez de criar sistemas para lidar com padrões, muitas pessoas apenas aceitam que certos meses são lentos. Segundas e terças são suas noites mais lentas no restaurante. Você só aceita isso? Talvez você feche na segunda para reduzir o custo de mão de obra e para dar uma pausa para os seus gerentes. Depois você faz na terça uma noite do taco pela metade do preço. Por sinal, você viu como a Terça do Taco se tornou um lembrete sistematizado de tacos? Como você cria o tipo de comportamento de consumidor que impacta seu negócio?

Resorts de esqui em lugares como o Colorado costumavam estar lotados no inverno e vazios no verão. Aposto que alguém com uma missão de criar as melhores aventuras ao ar livre tivesse o sonho de fazer com que férias ativas fossem mais divertidas. Depois, o objetivo era ter um hotel com 85% de ocupação o ano todo. O próximo passo lógico era analisar dados. Quais meses tiveram a menor ocupação? Como estavam suas concorrências naqueles meses? Que outras campanhas inovadoras foram usadas?

Sei que isso está começando a soar como um problema de publicidade, mas fique comigo e verá que estamos falando de sistemas. O ponto é: precisamos de um *sistema* para coletar dados, analisá-los e desenvolver estratégias. Muitas pessoas esperam pelos problemas acontecerem e só aí buscam soluções rápidas e baratas. *O hotel esteve quase parado essa semana. Vamos colocar algumas propagandas no Instagram e abaixar nossos preços na Expedia.* Isso não é um sistema. É uma reação rápida que ocorre quando você não se planeja.

Se você está sentindo alguma dor por não ter dados bons, tudo bem. Sofri por anos sem os dados certos antes de adotar sistemas. Você simplesmente não consegue escrever um plano eficaz sem incorporar dados.

Sua primeira resolução assim que começa seu novo plano de negócios precisa ser melhorar em rastrear dados. Se você estiver sentado aqui daqui a um ano sem um sistema para coletar, analisar e utilizar dados, está perdendo um monte de dinheiro.

Números para medir:

- O recorde de todo mês.
- O recorde de todo trimestre.
- Objetivos do próximo ano.
- Faturamento/lucro líquido.
- Novos inscritos/clientes.

Você precisa de dados para responder às seguintes perguntas generalizadas:

1. O que você vai medir? Como vai medir?
2. Qual é a sua estratégia para análises no próximo ano?

3. Quais padrões você notou?
4. Como você cria incentivos para equilibrar aumentos/quedas em faturamento/produção?
5. Por que o próximo ano será diferente?

Quando comecei a coletar dados na minha seguradora, mudei o nosso plano de compensação e como fazíamos campanhas inovadoras. Investi milhões de dólares em um software proprietário chamado Bamboo por causa da vantagem que ele me dava. Dados mudaram a maneira como eu administrava, o que mudou nossos sistemas. Resultado, construímos uma máquina de fazer sonhos.

Quando você vê um problema ou oportunidade, mude seu pensamento de "Precisamos de uma *solução* para isto" para "Precisamos de um *sistema* para isto". Uma solução é uma correção única que exige que você siga reinventando a roda e te faz retrógrado. Um sistema é uma atividade constante que se torna duplicável.

SISTEMAS TRANSFORMAM TEMPO EM DINHEIRO

Uma parte importante de sistemas é ter as pessoas certas administrando projetos para mim para que eu seja o mais eficiente possível. Como ex-mecânico do exército, não tenho medo de sujar as mãos. Na verdade, eu gosto de engraxar sapatos e passar roupas. Só quando percebi como o meu tempo era precioso que parei de fazer essas coisas por mim mesmo. Depois, gradualmente, comecei a perguntar, "Qual é outra coisa que eu não preciso mais fazer e posso pedir para outra pessoa?"

A fórmula é a seguinte: Quanto a sua hora vale de fato? Se você conseguisse dez horas extras na próxima semana, quanto dinheiro ganharia com esse tempo adicional?

Se o seu valor é US$50 por hora, faça uma lista de coisas que valem menos do que esse valor. Se você consegue contratar um engraxate por dez ou uma lavagem a seco das roupas da semana por menos de trinta, então encontre pessoas que façam esse trabalho. Quando comecei a fazer isso, não tinha certeza de que conseguiria substituir essas dez horas pelo meu valor.

É preciso confiança para começar a gastar dinheiro com coisas que você costumava fazer sozinho. Demorei quatro semanas para perceber o quanto aquelas horas valiam para mim. O número de tarefas que eu delegava foi aumentando quanto mais eu ganhava por hora. Passei a ter dois assistentes pessoais. Agora, tudo que penso é em como recuperar as minhas horas para aumentar a minha eficiência. É por isso que estou constantemente encontrando bons gestores de projetos.

Gestores de projetos vêm em diferentes tamanhos e formatos. Não é só sobre gerir projetos para desenvolver uma nova tecnologia, por exemplo. Eles podem administrar eventos pessoais. Aniversários. Até mesmo saúde.

Consultas médicas drenam produtividade, principalmente quando há muito espaço de tempo entre elas. É por isso que eu e meus executivos fazemos o que chamamos de exames médicos executivos. Em lugares como a Mayo Clinic, o Centro Médico da UCLA ou a Cleveland Clinic você pode se consultar com nove médicos em um dia, das 6h da manhã às 5h da tarde, em vez de agendar nove consultas diferentes ao longo de seis semanas e ter que dirigir para nove lugares diferentes.

Quantas horas não desperdicei fazendo isso? Contando o tempo de direção? Custo de gasolina? Esperando nove vezes diferentes por médicos que não são famosos por serem pontuais com suas consultas? Eu preferiria pagar de US$3 mil a US$5 mil para fazer tudo no mesmo dia. Eu não tinha o dinheiro da primeira vez que ouvi sobre isso, mas consegui ir à UCLA aos 30 anos. Até lá, meu salário por hora justificava o gasto, e fiquei embasbacado com a experiência.

Tudo se resume a uma fórmula muito simples. Tempo é dinheiro. Sistemas economizam tempo. Tempo economizado faz mais dinheiro. Como parte do seu plano, continue encontrando sistemas que economizem seu tempo.

SEJA INFANTIL

Eu guardei a pergunta mais importante deste capítulo para o final: O que te faz se sentir como uma criança novamente? O que te faz se sentir como uma criança no Natal? Como você pode chegar a um lugar no qual você se sente assim quase todo dia?

Quando vejo uma organização obsoleta, um lugar de resultados estagnados e pessoas vivendo no automático, instantaneamente identifico o culpado: os líderes pararam de sonhar. Quando isso acontece, todos param de sonhar, e no lugar de uma organização com uma missão, há um lugar entediante onde as pessoas temem ir trabalhar todos os dias.

Para as maiores organizações do mundo, a máquina de sonhos está sempre funcionando. Os líderes sabem como motivar pessoas. Eles falam constantemente a língua dos sonhos de uma maneira que se conecta com as emoções das pessoas. Suas imaginações correm soltas, e eles se tornam infantis. E, sim, há um sistema para projetar sonhos. Decida as recompensas com antecedência. Faça-as específicas e tenha prazos. Encontre maneiras inteligentes de medi-las.

Sonhos e sistemas, emoção e lógica. De novo e de novo.

SEUS COMPONENTES

SONHO

Ação:

1. Qual sonho te deixa animado? Quais palavras específicas você usará para articular esse sonho que fazem você se esforçar, mas ainda permitem que o sonho seja alcançável?
2. Declare seu sonho como uma verdade futura e comece a viver no presente como se ela já houvesse se realizado.
3. Transforme sonhos em objetivos, fazendo-os específicos e mensuráveis, com um prazo e uma recompensa quando você realizá-los.
4. Preste atenção na sua linguagem. Veja se está projetando sonhos ao menos 20% do tempo que fala com seu time... e com você mesmo.
5. Faça uma lista de cinco a sete frases começando com "Imagine se um dia..." e/ou crie uma lista de coisas para fazer antes de morrer para se aprofundar e descobrir seus sonhos de verdade.

SISTEMAS

Ação:

1. Tenha sistemas para cada trimestre. Agora mesmo, vá ao seu calendário e liste, a cada mudança de estação, duas ações que apoiarão seus sonhos pessoais e duas para os do seu negócio.
2. Tenha sistemas para coletar, analisar e implementar dados.
3. Como você pode automatizar sua vida e seu negócio? Que sistemas te permitirão economizar tempo para ser mais eficiente?
4. Ache maneiras de economizar tempo. Calcule seu salário por hora e delegue todas as atividades que custam menos do que você ganha.

CAPÍTULO 8

Cultura e Time

A cultura come a estratégia de café da manhã.

Peter Drucker

Imagine por um momento que você está em um jogo de futebol americano universitário que termina, nos últimos segundos, com um passe Hail Mary. O time azarado vence. É uma comoção imensa. Depois do último apito, fãs invadem o campo para celebrar e destroem as traves.

Por quê?

Porque eles já viram isso acontecer dezenas de vezes. Isso é só o que as pessoas fazem como grande celebração depois de um jogo, algo que faz parte da *cultura* do futebol americano universitário.

Apesar de pensarmos em cultura como algo intangível, ela é muito mais concreta do que isso. A cultura, assim como a religião, são rituais e tradições. É como nos comportamos. Se você tem um negócio, não pode *dizer* que tem uma cultura de diversão enquanto um monte de pessoas tensas se sentam caladas nos seus lugares vestindo ternos conservadores. Você não pode *dizer* que tem uma cultura de correr riscos enquanto demite ou disciplina alguém que assume um risco. Você não pode *dizer* que acredita em transparência radical, mas, quando seus empregados fazem críticas construtivas, dizer que o trabalho deles é ser visto e não ouvido.

A cultura é um conjunto de ações. Na Copa do Mundo de 2022, no Catar, foi uma grande surpresa quando o Japão venceu a Alemanha de 2-1. Uma grande parte da cultura japonesa é a limpeza, então o que os fãs fizeram depois de derrotar a Alemanha na Copa do Mundo? Em vez de invadirem o campo como fãs de futebol americano universitário fariam, eles pegaram sacos de lixo e subiram e desceram as escadas, limpando o estádio. O comportamento foi automático porque esse ritual está enraizado em sua cultura, tanto na do país quanto na do futebol.

O zagueiro Maya Yoshida disse, "Há um ditado no Japão de que precisamos deixar as coisas mais limpas do que [estavam] quando chegamos a um lugar... Essa é uma das coisas virtuosas que fãs devem fazer. Então foi o que eles fizeram."

O que aconteceu depois pode ter surpreendido alguns, mas fez muito sentido para mim. Os fãs de outros países começaram a seguir o exemplo do Japão e limpar o estádio. Depois do empate do Japão contra o Senegal, foi incrível ver fãs de ambos os países percorrendo o estádio com sacos de lixo. A razão de fazer sentido para mim é que **a cultura é contagiosa**. Isso é graças à consistência e ao reconhecimento. Quando as coisas são feitas repetidamente, elas se tornam a norma. E quando as pessoas em uma organização ganham crédito por correr riscos ou até por fazer algo divertido, como uma pegadinha, outros ganham permissão para fazer o mesmo. Esses comportamentos são reforçados porque a cultura os recompensa.

Do mesmo jeito, a negatividade e uma cultura ruim também são contagiantes. Reclamadores adoram recrutar outros reclamadores. É por isso que você precisa ficar de olho em todas as pessoas na sua organização. O ideal é ter ao seu lado, em sua maioria, pessoas fiéis que acreditem na cultura positiva que você está tentando construir e que trabalhem para deixá-la contagiante.

O QUE VOCÊ VAI APRENDER NESTE CAPÍTULO

Conforme você planeja o seu próximo ano, primeiro pense na cultura que você quer criar. Isso é um exercício de pensamento, e vale a pena reunir os seus líderes para discuti-lo. Depois, você quer **planejar** os rituais e tradições que de fato criam a cultura que você diz querer. Existe uma conexão direta entre a sua missão e a sua cultura. A cultura é a missão ganhando vida.

Neste capítulo, você aprenderá exatamente como fazer as pessoas atravessarem paredes por você. Também aprenderá como escolher o seu time: todas as pessoas com quem você trabalha, do seu círculo interno aos seus executivos, empregados e fornecedores. Uma vez construído o time, te darei dicas para escolher com quem se relacionar, quem deve permitir dentro do seu círculo interno para te ajudar a realizar sua visão.

Escolha uma cultura que combina com a sua personalidade, e tanto seu sucesso quanto sua empolgação dispararão no próximo ano e nas décadas seguintes.

Cultura É O Que Te Define

Cultura é ter pessoas dispostas a atravessar paredes por você e sua organização. Cultura é acreditar tanto em uma visão que as pessoas darão o seu melhor mesmo quando ninguém estiver vendo. Também é sobre *representar algo*. Joguemos agora um jogo onde achamos na coluna direita a cultura correspondente às organizações da coluna esquerda. (Respostas estão a seguir).*

---

* Respostas: Bridgewater Associates = Transparência radical; Zappos = Diversão; New York Yankees = Vencer; Serviços armados = Honra; Costco = Valor; Goldman Sachs = Resultados; Lloyd's of London = Confiabilidade; Apple = Inovação.

Bridgewater Associates	Valor
Zappos	Confiabilidade
New York Yankees	Resultados
Serviços armados	Inovação
Costco	Transparência radical
Goldman Sachs	Honra
Lloyd's of London	Vencer
Apple	Diversão

Agora que você entende o que é identificar uma cultura, faça estas perguntas para criar a sua:

- O que define a cultura da sua empresa?
- O que você está ativamente fazendo para criá-la?
- Como você a vende para clientes?
- Como você a vende para empregados e parceiros?

A Skadden tem 21 escritórios em diferentes países e é considerada um dos melhores escritórios de advocacia do mundo. Palavras para definir sua cultura são "implacável," "confiável" e "respeitável". Seus escritórios são bem decorados, mas não *demais*. Ela quer que seus clientes sintam confiança e segurança, mas não que achem que *eles* estão pagando pela arte chique nas paredes e pela decoração de escritório exagerada. Sim, ela leva um cliente para um restaurante chique, mas não pedirá uma garrafa de vinho de milhares, porque, novamente, qualquer cliente inteligente sabe que são eles pagando por isso no fim das contas. Além do mais, isso sugere uma cultura de excesso e desperdício — palavras que a Skadden não quer associadas à marca.

A cultura toca tudo. Como você decora seu escritório, reflete a sua cultura. Na antiga sede da minha firma de serviços financeiros, raramente recebíamos clientes. Uma forma melhor de dizer é que nossos clientes eram membros dos nossos times. Pensamos neles quando adicionamos uma mesa de pingue-pongue, um aro de basquete e uma academia de última geração. Tudo fazia parte de ter uma cultura ativa. Assim como eu normalmente chegava cedo para me exercitar, outros faziam o mesmo. Muitos começaram uma rotina de se exercitar às 17h30, pedir *delivery* do jantar para o escritório e então trabalhar mais algumas horas. Nossa cultura apoiava isso.

Eu amo a pergunta, "Quem você quer ser?" Para identificar e criar sua cultura, você deve responder essa mesma pergunta para sua empresa. Se você é um negócio de uma pessoa só, quem você quer ser depende de você. É o carro que você dirige, as roupas que você veste, a música que você escuta, os livros que você lê, seu cartão de visita, seu escritório e onde você recebe clientes.

Se você tem um negócio, a pergunta é "Quem você quer que seu negócio seja?" Ao respondê-la, escolhas sobre seu comportamento — suas tradições e rituais — serão explicadas.

MACACO VÊ, MACACO FAZ

A vantagem deste componente é que é muito divertido criar uma cultura sem igual. Aproveitei mais meu escritório depois que instalamos uma academia e adicionamos o aro de basquete. Escuto música no escritório e em eventos. Também faço e acabo levando muitas pegadinhas. E nem sei te dizer quantas vezes me arrumei para mostrar o quanto estou envolvido em uma cultura de se divertir, ser vulnerável e abraçar campanhas.

A cultura está no *fazer*. Os rituais e tradições que são repetidos criam uma cultura. Mas ela só realmente toma conta se os líderes e o CEO agem como exemplo. Se sua cultura valoriza o aprendizado, traga um palestrante ou líder de *workshop* e faça um almoço. Esses "almoce e aprenda" desenvolvem habilidades, moral e trabalho em equipe. No mínimo, se aprendizado faz parte da sua cultura, vocês precisam de um clube do livro.

Para uma cultura de correr riscos, celebre as pessoas por fazer isso, mesmo quando a iniciativa falhar. Já imaginou se levantar em uma reunião e *elogiar*

Debbie ou David por perder meio milhão da empresa? Se você quer uma cultura de correr riscos, é bom se sentir confortável fazendo isso. Você elogia a visão, o processo e a coragem deles por correrem um risco. O fato de que não deu certo está imbuído em qualquer empreitada arriscada. Você explica isso e encoraja o resto do seu time para seguir o exemplo deles.

Para uma cultura construída em transparência radical como a que criei para a PHP (parcialmente baseada no que aprendi com a Bridgewater Associates de Ray Dalio), você *agradece* às pessoas quando elas dão feedback, mesmo quando é crítico. Então, vá além e os elogie publicamente por terem a coragem de notificar um líder sobre um ponto cego. Fazendo isso, você deixa claro a todos que o líder aceita críticas e usa feedback para melhorar. Se as pessoas veem que você e os outros líderes da organização não só lidam com críticas, mas as *valorizam*, então esse comportamento será repetido e uma cultura de transparência radical se espalha.

Sua cultura será um reflexo de você. Eu não jogo golfe nem bebo, então a conversa de trabalho não acontece no campo e não há muita bebida em eventos. Ninguém nunca me chamou de descontraído; gosto de estar no escritório cedo aos sábados de manhã. Trabalho horas insanas porque amo o que faço. Também significa que estou disponível a qualquer horário para o meu círculo interno, e a maior parte do tempo para o resto do meu time. Isso cria um elemento de segurança e confiança quando as pessoas sabem que podem te contatar a qualquer momento. Também estabelece o padrão da ética trabalhista da empresa. As pessoas tendem a copiar comportamentos. Elas pensam que se o CEO vai atender a uma ligação às 22h de domingo, é melhor que elas também se dediquem. Por outro lado, as empresas que abri são intensas, competitivas e sem muito equilíbrio entre vida pessoal e trabalho. Minhas empresas são, de propósito, um reflexo de mim mesmo.

Juntando tudo isso, eu crio uma cultura que valoriza segurança, diversão, brincadeiras, intensidade, altos padrões, competição e trabalho duro. É um reflexo de mim, por bem ou por mal. Sua empresa precisa ser o mesmo. Se não, é uma atuação e, já que **a cultura é, no fim das contas, o que as pessoas fazem mesmo quando ninguém está vendo**, você precisa ser autêntico.

ESPECIALMENTE COM MENTALIDADE, MAIS É ADQUIRIDA DO QUE ENSINADA

Assim como crianças aprendem mais com o que seus pais *fazem* do que com o que eles *dizem*, com a cultura é o mesmo. **Mais é adquirida do que ensinada.** Cada ação sua influencia sua cultura.

A cultura impacta a mentalidade. É uma das razões por que dou boas gorjetas. Estou demonstrando que valorizo hospitalidade, cuido das pessoas e tenho uma mentalidade de abundância. Rodolfo Vargas, de quem falei antes, foi de um falido, trabalhando de segurança na Sears, até ultrapassar um salário de milhões em sete anos e me contou como dar gorjetas o influenciou. Ele disse, "Te ver dar uma gorjeta de 40% abriu meus olhos. Isso não é parte da minha cultura. Depois, eu notei o quão mesquinho eu era com tudo — não contratando assistentes, não investindo no meu negócio e só comprando roupas baratas. Mesmo viajando muito e perdendo muito tempo em filas de aeroportos, eu não pagava nem US$100 pelo TSA PreCheck."

Eu sabia que Rodolfo tinha o talento e a ética trabalhista para ser uma estrela. Eu enchia o saco dele o tempo todo sobre sua mentalidade de escassez, mas palavras têm limites. Só depois de anos na nossa cultura, ele mudou sua mentalidade, o que mudou sua atitude.

Pense nas empresas das quais você fez parte. Acha que elas estão sendo mesquinhas com você? Elas economizam? Mandam mensagens sutis e não tão sutis sobre a cultura delas? Reflita e seja específico sobre tudo o que elas fazem e como essa cultura impacta a mentalidade. A que horas os eventos terminam? Há um jantar formal, ou as pessoas estão sozinhas? E para onde vão todos *depois* do jantar — para o bar, a balada ou o clube de cavalheiros?

Em um evento externo típico, trabalhamos até as sete e meia e depois temos um jantar fenomenal das oito às dez, onde a conversa engrena. É óbvio que escolho um restaurante chique e pago a conta. Essa é uma cultura de cuidar das pessoas e recompensá-las por um trabalho duro. Durante o jantar, há aqueles que pedem uma taça de vinho ou bebem uma coisa ou outra, mas como eu não bebo muito, ninguém pede uma garrafa inteira ou toma *shots*.

Depois do trabalho ou de um evento do trabalho, as pessoas vão ao *lugar para se estar*, onde os líderes mais importantes estão e onde as conversas de verdade acontecem. O lugar dependerá da cultura que o líder criou. Se, por exemplo, você for uma firma de Nova York na indústria de finanças ou entretenimento que quer contratar jovens de vinte e poucos anos que queiram trabalhar duro e se divertir (pense em *O Lobo de Wall Street*), talvez seja melhor ser o primeiro a entrar na boate. Muitas pessoas veem eventos da empresa como uma oportunidade de beber até cair. Diferentemente da Skadden, onde pedir garrafas de vinho caras vai contra a marca, para essas outras empresas, isso pode ser um reflexo das suas culturas. Não cortar gastos e aproveitar do bom e do melhor pode ser visto como uma parte atraente da cultura para um fundo de cobertura.

No meu negócio, no qual muitos dos líderes são casais, **as pessoas estão procurando segurança e desenvolvimento de carreira e de relacionamentos.** Eles entraram na empresa para melhorar suas vidas e se tornar a melhor versão de si mesmos. Para isso, eles entendem que precisam aumentar seus conhecimentos e contatos. Depois do jantar, normalmente, vamos para a minha suíte ou para a piscina do hotel ou casa que estamos alugando para conversar. Como os maiores líderes estão lá, ninguém quer perder essas conversas. Não há regras sobre o que discutimos, e essas são normalmente as conversas mais profundas que temos. Algumas pessoas fumam charutos, mas como eu não estou bebendo, ninguém mais bebe. Normalmente, vamos até às 3h da manhã.

Imagine ser o parceiro de alguém na organização. Você se sentirá seguro indo para esse tipo de evento? E quando você não puder ir, como se sentirá deixando seu parceiro ir? E como se sentiria indicando o marido da sua irmã para trabalhar nessa empresa? Pense em como você se sentiu no passado sobre outras organizações, especialmente quando elas faziam convenções em lugares como Las Vegas ou Nova Orleans.

Seja honesto sobre sua própria identidade e marca e como isso tem um impacto na sua cultura. Fazendo isso, você pode ser totalmente autêntico, divertido e atrair as pessoas certas.

SEJA ALGO DO QUAL AS PESSOAS QUEIRAM FAZER PARTE

As pessoas querem desesperadamente acreditar em algo. Elas também querem fazer parte de algo. Assim como muitos dependem do empregador para fornecer seguro saúde, elas esperam que seus líderes ou suas empresas atendam às suas necessidades emocionais e psicológicas. No topo dessa lista, estão pertencimento, comunidade e estima.

Fale com qualquer um que foi para Harvard, e eles talvez compartilhem um segredinho. Quando estão em qualquer lugar e querem ganhar respeito, eles esperam pela oportunidade de soltar o que eles chamam de a "bomba H". É aquele momento em que eles casualmente comentam ter ido para Harvard. Esses são supostamente os melhores e mais inteligentes líderes do mundo, e até eles querem validação externa. O princípio do *name-dropping* é se fixar a algo de valor para provar o *seu* valor. Se você é um aspirante a diretor que não se chama Martin Scorsese, Christopher Nolan ou Quentin Tarantino, o melhor é falar que trabalha para eles.

Isso explica por que as pessoas são tão leais aos seus times esportivos, e por que só na América do Norte é esperado que o mercado de vestuário esportivo fature US$130 bilhões até 2025. Talvez você nunca tenha jogado pelo Kansas City Chiefs ou o Alabama Crimson Tide, mas, quando você veste aquela camisa e pinta o rosto com as cores do time, você está associado com a excelência deles. Quando você está na Wall Street e diz que trabalha para a Goldman Sachs ou JPMorgan Chase, eles te verão de maneira diferente.

Não importa o quão grande você seja como firma, você quer ser mais do que **só** um negócio. **Só** é a palavra que você não quer associada à sua empresa. Você quer construir algo do qual as pessoas querem fazer parte. Ouvimos as histórias de empresas como a Apple e o Google, mas dentro do seu pequeno mundo, você pode criar esse tipo de reputação. E em um mundo onde pessoas com talento têm escolhas, é melhor que você dê a elas algo do qual fazer parte.

Há uma cultura de inovação na Tesla e na SpaceX. Elas estão mudando o mundo, ajudando o meio ambiente e explorando novas fronteiras no espaço. Há também o efeito halo de trabalhar para Elon Musk. Quando Musk assumiu o Twitter em 2022, ele imediatamente tentou mudar a cultura. Ele estabeleceu as regras, dizendo que trabalhadores precisavam ser "*hardcore*" e "trabalhar longas horas com muita intensidade". Tenho um respeito imenso por Musk e penso que isso deve ser a primeira jogada em uma série de pelo menos quinze movimentos para reconstruir a cultura do Twitter.

Ame-o ou odeie-o, Jack Dorsey fez duas coisas pelo Twitter. Um, ele fez as pessoas se sentirem parte de um movimento. Ele disse, "O Twitter representa liberdade de expressão. O Twitter representa falar a verdade aos poderosos." Alguns de vocês podem dizer que Dorsey não foi fiel a isso, mas guardemos essa discussão para o meu podcast. Dois, Dorsey acreditava em equilíbrio entre vida pessoal e trabalho e permitia que muitos dos funcionários trabalhassem de casa. Isso foi afetado pela Covid-19 e pela passagem do título de CEO para Parag Agrawal, mas, ainda assim, foi a cultura que Musk herdou.

Musk chegou e, se você acredita em tudo o que lê na imprensa convencional (eu não), caiu matando. Musk e os funcionários expressaram como se sentiam sobre a cultura. Os funcionários deixaram claro seus posicionamentos com mil e duzentas demissões. Musk deixou o seu posicionamento claro ao demitir 50% dos trabalhadores. Quando culturas não combinam, haverá muito conflito.

Quando você cria esse tipo de choque cultural, nem todo mundo apoiará sua maneira de liderar. Você pode ou passar anos convertendo as pessoas, ou reter aquelas que querem estar ao seu lado e recrutar novas pessoas que queiram fazer parte do que você está construindo. Musk pôde focar as pessoas que são inspiradas pela ideia de mudar o mundo ao proteger a liberdade de expressão e ao oferecer uma praça pública virtual para debates e discussões.

Havia um artigo no site da *Forbes* com uma visão muito enviesada dos benefícios de trabalhar de casa. O artigo fazia referência ao e-mail de Jack Dorsey aos funcionários que dizia que poderiam trabalhar de casa para sempre. Enquanto a mídia convencional empurrava os benefícios de trabalhar de casa, donos de negócios atolados de trabalho, eu inclusive, entendiam a realidade de que não se pode criar uma cultura com trabalhadores remotos. A imprensa tentou pintar Musk como vilão por exigir que os empregados voltassem ao escritório, ainda que a maioria dos líderes que conheço concorde com ele. Não estou falando de empreendedores solo e autônomos, como programadores que podem trabalhar de casa. Estou falando de construir empresas onde um talento se alimenta do outro e eles crescem juntos.

Independentemente da sua indústria ou política de trabalho remoto, você precisa cuidar das pessoas. Digo por experiência própria que, *principalmente* se você for obrigar os outros a trabalharem duro, é bom que eles sintam cinco coisas:

1. Que são parte de algo.
2. Que são cuidados e apoiados.
3. Que estão fazendo a diferença.
4. Que estão se divertindo e celebrando o sucesso.
5. Que suas contribuições são reconhecidas e se sentem necessários.

Você pode aprender com algumas coisas que fiz e estudar outras empresas até onde fizer sentido para o seu plano. A lista da *Insider* das vinte e cinco grandes empresas com as melhores culturas em 2020 tinha a RingCentral, o Zoom, o HubSpot, a Adobe e o Google no topo. Veja os cinco elementos que listei acima e se certifique de providenciar todos os cinco. Se não, você é *só* outro lugar onde as pessoas trabalham para receber um salário.

22 Maneiras de Construir Cultura

1. Encoraje feedbacks para que as pessoas sejam radicalmente honestas e transparentes.
2. Faça com que tudo seja sobre como melhorar as coisas.
3. Pegadinhas: fazem o ambiente divertido e descontraído.
4. Realize competições (ao menos mensalmente) para encorajar competição.
5. Música: energiza as pessoas e adiciona animação.

6. Contrate pessoas que combinam com a cultura. Não force pessoas que não combinam.
7. Adicione sua personalidade e o que te faz único.
8. Crie rituais e tradições.
9. Invista em desenvolvimento pessoal e profissional.
10. Leiam juntos. Tenham um clube do livro.
11. Celebrem aniversários e ocasiões especiais juntos.
12. Envie cartões personalizados escritos à mão para aniversários e marcos importantes.
13. Saiba os sonhos das pessoas e crie um sistema baseado em mérito para que elas os realizem.
14. Receba feedbacks de todos da empresa — diferentes gêneros, idades, níveis de experiência etc.
15. Surpreenda seu time com eventos espontâneos.
16. Valorize liderança em vez de títulos. Títulos importam, mas exemplos de liderança importam mais.
17. Reconheça os comportamentos corretos — dê a heróis o tratamento que merecem por uma performance excepcional.
18. Permita que loucuras aconteçam — vídeos engraçados etc.
19. Todos têm de ser responsabilizados — e estão sujeitos a chamadas de atenção.
20. Não negocie seus altos padrões.
21. Envie presentes significativos que mostrem que você conhece e se importa com a pessoa.
22. Trate os outros tão bem que eles não queiram sair.

O VALOR MAIS IMPORTANTE NO SEU TIME

Um dos meus valores mais importantes é aprender novas ideias e habilidades. Então, obviamente, ler livros e consumir conteúdo é importante para mim e para as empresas que lidero.

Mencionei o vídeo sobre confiança versus performance de Simon Sinek mais cedo, o que reforçou minha crença de que as pessoas nas quais você pode confiar são mais importantes do que alta performance não confiável. Eu queria transformar a ideia de confiança/performance em algo útil para a minha empresa e para qualquer um que use este plano de negócios. É por isso que criei uma maneira formal de medir com quem você quer trabalhar. São seis características: Caráter, Confiança, Ética Trabalhista, Visão/Concordância, Competência/Habilidades e Contatos, que você classifica de um a dez. Depois, você totaliza os valores.

INDICADOR DE DESEMPENHO DE PARCEIROS

Para o seu círculo interno, as pessoas têm de ter alta confiança. Isso não é negociável. Antes que eu te diga sobre outras qualidades que você quer no seu time, vamos falar especificamente do seu círculo interno.

SEU CÍRCULO INTERNO É O PILAR DO SEU TIME E DA SUA CULTURA

Você já ouviu aquela frase de Jim Rohn que "você é a média das cinco pessoas com quem passa mais tempo". Tanto o sucesso quanto o fracasso são influenciados pela sua companhia. Você naturalmente se compara às pessoas mais próximas. Além disso, as atividades e associados delas e os livros que elas leem muitas vezes se tornam os mesmos dos seus quando vocês dividem um círculo.

Você tem um círculo interno? Se não tem um, comece a pensar sobre quem *você precisa ser* e quem você quer nesse círculo. Também se certifique de não ter mais de cinco pessoas nele.

Há duas maneiras de desenvolver um círculo interno. A primeira, se você for um estudante ou estiver apenas começando em uma organização, é *encontrar* o círculo interno correto. Identifique o grupo de pessoas do qual você quer fazer parte e mostre o seu valor para que eles queiram te incluir. A segunda maneira é criar o seu próprio círculo interno com pessoas de alto calibre. Há catorze coisas para buscar em um círculo interno, mas você também pode retornar ao Indicador de Desempenho de Parceiros e procurar pessoas com um valor acima de cinquenta.

14 Coisas para Buscar em um Círculo Interno

1. Confidencialidade: o que é dito fica no círculo interno.
2. Zero tolerância para joguinhos: a manipulação leva à perda de confiança, e a confiança é a base do círculo interno.
3. Acessibilidade: fácil de se contatar.
4. Ímã de oportunidades: boa atitude.
5. Sem drama: não se vê como vítima.
6. Alguém que dá insight (ensina constantemente): compartilha visões de novos livros, artigos interessantes e novas ideias.

7. Presta atenção aos detalhes: dá um toque especial e vai além do necessário.
8. Um Rolodex grande e alta credibilidade: eles conhecem pessoas e, por causa de sua credibilidade, essas pessoas atendem às suas ligações e respondem às suas propostas.
9. Abordagem respeitosa: como o feedback é dado; como eles lidam com outros.
10. Te defende: te diz o que é dito pelas suas costas; protege o relacionamento e a sua credibilidade.
11. Confiabilidade: você pode apostar na palavra deles.
12. Troca de valor: não unilateral; têm algo a oferecer e pagam a parte deles das contas.
13. Divertido e humilde: zero tolerância para arrogância.
14. Aparência apresentável: nunca desleixado.

É O SEU TRABALHO COLOCAR AS PESSOAS NAS POSIÇÕES CERTAS

Pode parecer estranho, mas *existe um lugar para pessoas egoístas* na maioria das organizações. Isso nos traz aos dois erros mais comuns que as pessoas cometem. O primeiro é valorizar a competência mais do que a confiança. Essas são as pessoas que criam toxicidade na organização. É difícil demiti-las quando elas trazem resultados, mas você não pode deixá-las infectar o resto da empresa se elas matam sua cultura. Essas são as pessoas que, quando vão embora, você nota uma "adição por subtração", porque você pode parar de se preocupar com elas envenenando o resto do time.

O outro erro é pensar que toda função exige as mesmas características. Quando você está construindo o seu time, precisa ver quem as pessoas são de verdade e então encontrar o lugar delas na organização. Por exemplo, eu não me importo de trabalhar com pessoas egoístas, desde que sejam honestas. Na verdade, alguns dos melhores vendedores que conheço são egoístas. Eles só se importam em atingir suas metas. Essas pessoas trazem um monte de renda e são uma parte importante de muitas organizações. Eu não cometo o erro de transformá-las em gerentes ou líderes, e elas não fazem parte do meu círculo interno, mas consigo trabalhar com elas. Na verdade, quanto mais vendedores egoístas eu tenho, melhor é para o crescimento do faturamento.

Egoísmo versus altruísmo é um equilíbrio tão delicado que criei um gráfico para entender melhor como classifico as pessoas. Use-o quando estiver construindo tanto seu elenco de apoio quanto seu círculo interno.

Muitas vezes falo das pessoas que estão no clube das 17h59. Elas mal podem esperar para saírem pela porta e não te darão um segundo a mais fora do serviço. Se elas são competentes e você pode confiar nelas, ainda são valiosas. Se você as deixar em paz e aceitar que elas fazem um ótimo trabalho somente durante o horário de trabalho, ainda pode haver um lugar para elas na sua empresa. Só não tente transformá-las em líderes.

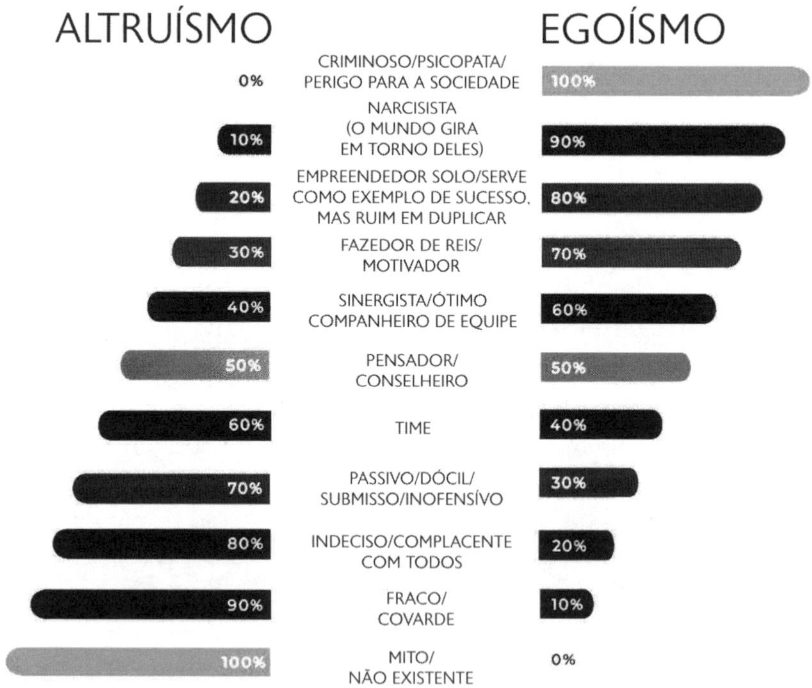

Lembre-se de que esse gráfico é uma ferramenta para *avaliar* pessoas, não *mudá-las*.

A chave para construir o seu time é aceitar as pessoas como elas são e colocá-las em posições onde elas prosperarão. Se você está prosperando, você está vencendo.

CULTURA FAZ PARTE DO SEU "PACOTE DE BENEFÍCIOS"

Diferentemente de alguns dos outros componentes, não se pode realmente separar cultura de time. Apesar de rotularmos a cultura como emocional e o time como lógico, quando as pessoas pensam sobre onde querem trabalhar, emoção e lógica se misturam.

Tendemos a pensar em benefícios como coisas tangentes como seguro de saúde e dias de férias. Conforme você planeja escalar sua empresa, quero que expanda sua maneira de ver seu "pacote de benefícios". Para mim, vai muito além do que é tangível.

Quais são os benefícios de trabalhar com você?

1. Que benefícios você está oferecendo aos outros atualmente?
2. Como as pessoas melhoram ao se associar com você?
3. Quantas vidas você mudou positivamente no último ano?

Resumindo ainda mais, *as pessoas ao seu redor têm grandes vitórias*? Se sim, incentive-as e compartilhe a história de sucesso delas com outras. As pessoas vão achar que você é metido se você constantemente se gabar de si mesmo. Mas quando você se gaba do sucesso das pessoas associadas a você, elas quererão *se juntar* ao seu time. Eu não paro de falar de como Erika e Ricky Aguilar, que não têm educação formal e vieram de circunstâncias difíceis, começaram a ganhar salários milionários antes dos 33 anos. Tenho dezenas de histórias como essa e as conto o tempo todo.

Você precisa responder à pergunta: Quais benefícios você oferece? Fazendo isso, você saberá quanto valor está realmente trazendo para as pessoas. Se você não gosta das suas respostas, não atrairá pessoas. Se não está atraindo pessoas, é um sinal que tem mais trabalho a fazer para criar sucesso para os outros.

Quando abri minha firma de serviços financeiros em 2009, não oferecia nenhum benefício tradicional. Ninguém me seguiria com base na lógica. Além de um punhado de funcionários de apoio, cada um dos sessenta e seis agentes era um autônomo sem salário nem benefícios tradicionais como seguro de saúde.

O único benefício era se associar com Patrick Bet-David. Lembro-me disso com tanta humildade. As pessoas tinham fé na minha habilidade de criar algo do nada e compraram meu sonho. Elas estavam comprando a minha pessoa. Elas estavam comprando uma crença de que se alinhar comigo melhoraria suas vidas e mudaria o destino de suas famílias.

Isso parece lógico para você?

Você acha que eu tinha uma planilha que analisava o crescimento do faturamento? Não tínhamos nenhum faturamento e, claro, eu fiz projeções do futuro, mas não falei de valores reais e práticos.

Você nunca conseguirá competir contra benefícios lógicos. Qualquer um pode oferecer seguro saúde e aulas de ioga grátis às quartas. O Facebook era conhecido por seus benefícios exagerados, incluindo lavanderia grátis, comida grátis (com embalagens para viagem) e jantar gratuito se você ficasse até depois das 18h. Então, em março de 2022, eles eliminaram o benefício da lavanderia, tiraram as embalagens para viagem e adiaram o jantar grátis para às 18h30. Em um momento em que as pessoas estavam perdendo a fé na visão de Zuckerberg, em vez de intensificar a cultura e deixar o local de trabalho mais empolgante, a empresa escolheu cortar benefícios e reduzir a boa vontade. Esse foi um caso de priorizar lucros a curto prazo ao invés de valor a longo prazo? Ou foi uma maneira inteligente de reduzir despesas? Lembre-se de que estamos pensando a longo prazo e o impacto da cultura é sentido por décadas, não trimestres.

Mesmo as coisas do dia a dia são tomadas como garantidas depois de um tempo. Quando você oferece lavanderia grátis ou almoço grátis todos os dias, não adiciona muito à cultura, mas aumenta significativamente os gastos.

São os eventos-surpresa e atividades memoráveis que dão o maior retorno de investimento. Faça esses eventos valerem a pena e faça-os irregularmente para que não sejam rotina e energizem a sua empresa. Você também quer ter um bom número de eventos que devem ser merecidos. Isso mantém as pessoas empolgadas e cria uma cultura na qual o sucesso é baseado em mérito.

Já que aprendizado e segurança são elementos tão importantes da minha cultura, eu planejo eventos que desenvolvem tanto camaradagem quanto habilidades. Como mencionei antes, gastei US$60 mil para colocar dois dos nossos times em um *workshop* de dois dias sobre resolução de conflitos, baseado no livro *Conversas cruciais*. As pessoas notaram que suas relações melhoraram não só no trabalho, mas também em casa. Por causa disso, a empresa teve retorno imediato com a melhora na comunicação. E as pessoas tiveram um retorno imediato porque sentiram que faziam parte de uma cultura que apoiava seu bem-estar pessoal e profissional.

Quando eu estava pensando em como melhorar a cultura do nosso time em relação à responsabilidade, excelência e longevidade, pensei em planejar um evento externo para assistir *Man in the Arena: Tom Brady*, o documentário da ESPN. Uma empresa com uma cultura comum poderia não se arriscar e assistir a um ou dois episódios na sala de conferências. Isso é algo que qualquer um pode copiar. Eu queria algo grandioso. Queria que as pessoas comentassem sobre isso pelos próximos anos. Você não pode colocar um preço nesse tipo de evento nem medir o impacto em lucro trimestral. Isso desenvolve habilidades e constrói equipes, de fato, mas também é uma ferramenta de recrutamento, retenção e uma recompensa em uma coisa só. Para fazer o maior impacto, busquei o local mais ousado.

Que tal o Gillette Stadium em Foxborough, Massachusetts, onde os Patriots jogam e os cartazes do Super Bowl estão pendurados? Caro? Sim. Mas não tão caro quanto oferecer lavanderia grátis todo dia. Com o evento planejado, criei uma competição para que as pessoas se qualificassem. Era mais valioso para as pessoas quando elas tinham que merecer. Então, elevei o patamar ao chamar os ex-jogadores dos Patriots Matt Light e Rob Ninkovich e Ben Rawitz, um dos conselheiros mais próximos de Brady, para uma sessão de perguntas. Pessoas que nem gostavam de futebol americano estavam fascinadas. Foi um estudo de caso de dois dias de excelência organizacional. Por ter sido uma experiência tão memorável, sentimos o impacto na nossa cultura até hoje.

Como você planeja aumentar seu "pacote de benefícios" para que não precise competir com benefícios lógicos facilmente copiados?

5 Motivos para Construir uma Ótima Cultura

1. Excelência e altos padrões.
2. Retenção.
3. Diversão e empolgação.
4. Escalabilidade e sustentabilidade.
5. Torna-se maior do que você.

A REPUTAÇÃO É A CHAVE PARA A RETENÇÃO

Você precisa se certificar de que seus talentos queiram ficar por perto. A retenção é muito mais do que uma métrica para o RH. É a maneira de construir uma empresa. Se o seu time fica entediado, sem inspiração, está só fazendo o mínimo ou falta comunicação aberta, você perderá pessoas.

É caro recrutar, contratar e treinar novas pessoas. Também é um atraso na produtividade porque você precisa constantemente repetir procedimentos. Pior, não há tempo o suficiente para estabelecer rituais e tradições se a sua empresa for uma porta giratória.

Empresas de trilhões de dólares como a Alphabet, a Apple e a Microsoft perceberam que uma grande parte da longevidade da empresa se deve à forma como elas fazem seu pessoal se sentir e ao ambiente que elas criam pelo qual seu pessoal anseia diariamente. Antes de se juntarem à sua empresa, as pessoas farão pesquisas. Não demora muito para candidatos irem ao Glassdoor ou LinkedIn ou perguntarem à rede deles o que eles pensam de você e/ou sua empresa.

Perguntas que as Pessoas Fazem Enquanto Decidem se Trabalharão com Você

1. O que faz a sua empresa diferente da sua concorrência?
2. O que separa a sua liderança da de outros?
3. Você tem um código de honra? Você o representa?

Como as pessoas estão falando de você? O que você fará este ano, e todo ano, para recrutar e reter pessoas? Quais rituais e tradições implementará?

JOGADAS OUSADAS DESENVOLVEM LEALDADE

Muitos te aconselharão cautela nos negócios, mas considere uma abordagem diferente. Nadar contra a corrente te destacará e atrairá as pessoas certas para você. Se os seus valores se alinham com os de quem você lidera, não se preocupe com retenção.

Em abril de 2023, assisti ao filme *Air: A História Por Trás do Logo* três vezes em uma semana — uma com meus filhos, uma com 55 empregados da Valuetainment e uma com 120 líderes de vendas da PHP. Identifico-me com múltiplos personagens daquele filme. Adorei a mentalidade de fundador de Phil Knight, a audácia de Sonny Vaccaro e o estilo de negociação único da mãe de Michael Jordan, que inspirou uma nova maneira de compensar superestrelas.

Uma das minhas cenas preferidas do filme é quando Sonny viaja para o outro lado do país para a casa dos pais de Michael Jordan em Wilmington, Carolina do Norte, para falar diretamente com eles sobre escolher a Nike. Ele não só negocia com a mãe de Michael, mas também tem que convencer Phil Knight a gastar toda a verba de marketing em um jogador só em vez de três. Foi um grande risco, mas é parte do motivo da Nike ter se tornado uma empresa avaliada em US$170 bilhões.

Em 22 de abril de 2023, o dia seguinte à última despedida de Tucker Carlson na Fox News, eu acordei às 6h da manhã, com muitos pensamentos na cabeça. Ame Tucker ou o odeie, você não pode negar o tipo de talento que ele tem e o tipo de audiência leal que ele tem. É muito raro que a superestrela número um de qualquer indústria se torne um agente livre. Quando esse é o caso, você deve capitalizar e fazer uma jogada ousada.

Antes do sol nascer, mandei mensagem para três líderes da nossa empresa — Mario, Tom e Robert — e pedi que entrassem em uma chamada de emergência, juntos. Disse-lhes, "Planejo fazer uma proposta de US$100 milhões em 5 anos para Tucker Carlson. Deixem-me vendê-la para vocês por dez minutos. Depois, eu quero que vocês a destruam. Me deem todas as razões para eu não fazer isso."

Depois de meia hora, todos concordamos que era uma boa ideia. Aquela tarde, eu estaria no *The Megyn Kelly Show*. Já que ela e Tucker trabalharam juntos na Fox News, achei que era a oportunidade perfeita para anunciar publicamente a oferta. Logo depois do anúncio, tuitei a carta de oferta, que acabou viralizando.

Caro Tucker,
Vou direto ao ponto.

Queremos você como nosso parceiro no que cremos ser um esforço nobre e necessário para definir o futuro da mídia.

Aqui está a nossa oferta:

- US$100 milhões em 5 anos.
- Uma participação acionária com a Valuetainment.
- Presidente da Valuetainment e um assento no conselho para projetar a sua voz e visão estratégica.
- Seu(s) próprio(s) podcast(s) e outros shows diários/semanais.
- Documentários e filmes sobre tópicos com os quais você se importa.
- O que mais? Sou todo ouvidos.

Nossas convicções sobre liberdade, autonomia e verdade são profundas, e acreditamos ser a escolha certa para você e para os Estados Unidos.

Enquanto podemos não ser a maior empresa de mídia, somos uma nova líder indo em direção ao futuro para fazer verdade, debates justos e comentários mais acessíveis, consumíveis e protegidos.

Esta é uma oferta 100% séria.

Respeitosamente,

Patrick Bet-David

Ter que pagar pessoas a mais ou oferecer benefícios extras para o melhor funcionário normalmente é um sinal de *não* ter uma cultura forte, assim como precisar ter o preço mais baixo é um sinal de não ter nada único sobre o seu produto. Você pode pagar às pessoas todo o dinheiro do mundo e elas ainda não ficarão ansiosas para trabalhar. Uma cultura que cria retenção é quando as pessoas dizem:

- Mal posso esperar para estar lá.
- Estou fazendo a diferença e deixando um impacto.
- Estou me divertindo.
- Os líderes estão cumprindo a promessa da cultura.

Se você realmente entrega tudo o que diz, não precisa se preocupar em perder pessoas. As que valorizam sua cultura te encontrarão. As que não a valorizam serão peneiradas. O mais importante, você reterá quem valoriza e construirá longevidade de uma cultura que continua a se reforçar.

OLHE PARA O ANO ANTERIOR PARA IDENTIFICAR CONTRATAÇÕES-CHAVE

A próxima parte do seu processo de planejamento requer que você pense no seu time do último ano. Aqui estão algumas perguntas para considerar:

1. Quem, no ano anterior, provou não pertencer?
2. Quem provou ser confiável e deveria ter uma função maior?
3. Quem preciso recrutar?
4. Quem (contador, assistente pessoal etc.) me faz economizar tempo?
5. Quem (empregados) me faz crescer?
6. Com quem preciso colaborar?
7. Quem transforma uma fraqueza em uma força?

As primeiras duas perguntas não exigem muito pensamento. O exercício mais importante é decidir quais ações tomar. Não é tão fácil quanto promover ou rebaixar pessoas. Há maneiras mais sutis de incluí-las. Muito, para mim, é sobre ser incluído e receber elogios publicamente. Quando quero que alguém tenha um papel maior, a pessoa começa a receber convites para a minha casa e para eventos exclusivos. Falo de suas conquistas e reservo tempo para que fale em eventos.

E as pessoas que violaram minha confiança ou se afastaram? Primeiro, falo com elas e vejo se aprenderam com seus erros e corrigiram seu comportamento. Então, até eu notar uma mudança, dou-lhes menos atenção e raramente as elogio. Quando isso acontece, ou elas saem, ou melhoram. Ambos são bons resultados se você quer uma cultura com altos padrões.

Seu elenco de apoio deve aliviar a sua barra. Eles devem te ajudar a duplicar o seu tempo e nunca devem ser uma distração ou um fardo. Não acredito em quantas pessoas não têm um assistente pessoal. Mesmo sem conseguir pagar alguém em tempo integral, procure maneiras de minimizar tarefas administrativas ou demoradas que não trazem muito valor ao negócio. Se você acha que o trabalho de um CEO inclui ir ao correio e que isso só significa que você está no mundo real, você está sendo ineficiente.

Em termos de recrutamento, pense tanto em ataque quanto em defesa. Jurídico e *compliance* são exemplos de defesa. Tecnologia e análises (ciência de dados) são ambos. Segurança cibernética é defesa. Softwares melhores e que aceleram processos são ataques. Análises te ajudarão a ver vazamentos e oportunidades. Assim que você conseguir pagar por cientistas de dados — ou mesmo se você não tiver certeza se consegue —, você precisa contratá-los.

Isso pode facilmente transformar uma fraqueza em força, assim como contratar um bom assistente pessoal se você for desorganizado.

Se o seu objetivo é levantar dinheiro, como o meu era em 2017, você precisa encontrar os banqueiros de investimentos. Mas bem antes disso, você precisa recrutar as pessoas certas para o seu time. Eu trouxe Tom Ellsworth para o meu círculo interno porque ele tinha experiência extensiva em levantar dinheiro. Isso economizou meu tempo, transformou uma fraqueza em força e determinou com quais bancos e investidores fazer parcerias. Acabamos arrecadando US$10 milhões, o que pode ter sido menos importante do que os parceiros que atraímos e o valor de seus contratos e conselhos. Isso tudo aconteceu porque fiz uma única contratação-chave.

Uma contratação-chave... Pense em quem pode fazer a diferença para você. Em 2017, quando o crescimento da minha firma de serviços financeiros decolava, eu sabia que compliance era uma potencial ameaça para nossa organização. Identifiquei Bob Kerzner como a pessoa-chave que poderia transformar uma fraqueza em força. Ele era o CEO e presidente do conselho administrativo da LIMRA, a maior associação comercial de apoio à indústria de seguros e serviços financeiros relacionados, e também havia sido o vice-presidente executivo da Hartford Life. Convidei-o para se juntar ao nosso conselho e pedi que auditasse nossa compliance. Ele voltou com um relatório de quarenta e três páginas. Baseado nos seus achados, que revelavam que precisávamos de uma defesa muito melhor, pedi que treinasse alguns dos nossos executivos e trabalhasse com nossas operadoras. Nossa organização melhorou muito, e nosso risco foi reduzido significativamente. Tudo o que precisou foi consciência e humildade para identificar uma pessoa-chave que era forte onde eu era fraco.

Contraste esse tipo de humildade com Sam Bankman-Fried, que fez as iniciais SBF sinônimas de orgulho e falta de autoconsciência. A manchete no site da *Fortune,* em 18 de novembro de 2022, lê "Investidor Chamath Palihapitiya Uma Vez Aconselhou Sam Bankman-Fried a Formar um Conselho. A Resposta da FTX? 'Vai Se F**er'." O subtítulo abaixo revelou o resultado: "A Bolsa de Criptomoedas FTX, Outrora Avaliada em US$26 Bilhões, Operava sem um Conselho Real. Sua Queda Pode Renovar Pressão para Empresas Privadas Terem Diretores Independentes."

Seu time é multidimensional. Ele é necessário para te ajudar a lidar com fraquezas e se antecipar a potenciais dívidas. É melhor se responsabilizar por colocar as melhores pessoas à sua volta. É pessoal, negócios, legal, finanças, família e saúde. São todos eles juntos.

PRINCÍPIO DE ESTRELA DO ROCK

Já que a Netflix é um estudo de caso de cultura tão excelente, vale examinar o que ela fez para construir seu time. O cofundador e ex-CEO da Netflix, Reed Hastings, segue o "princípio de estrela do rock": pagar um salário significativamente mais alto para contratar um engenheiro de software que é uma estrela do rock em vez de contratar dez engenheiros competentes. *A regra é não ter regras: A Netflix e a cultura da reinvenção,* de Reed Hastings e Erin Meyer, é leitura obrigatória. Mudará como você pensa sobre quem contrata e como os compensa. Hastings escreve:

> Nos primeiros anos da Netflix, crescíamos rápido e precisávamos contratar mais engenheiros de software. Com meu novo entendimento de que uma alta densidade de talentos seria o motor do nosso sucesso, focamos achar os melhores do mercado. Com uma quantidade fixa de dinheiro para salários e um projeto a completar, eu tinha uma escolha: contratar 10 ou 25 engenheiros medianos, ou contratar uma "estrela do rock" e pagar significativamente mais do que pagaria aos outros, se fosse necessário.

Benefícios de Contratar uma Estrela do Rock

1. Define o tom.
2. Eleva o padrão e ressalta o melhor nos outros.
3. Mostra o que é possível.
4. Eleva performance.
5. Acelera resultados.

Para contratar estrelas do rock, você precisa ser uma. Outras estrelas do rock querem se juntar a um time liderado por uma estrela do rock, especialmente uma com a confiança para desafiá-los. Isso se conecta ao seu "pacote de benefícios", e é melhor que você consiga responder às perguntas:

1. Aqueles ao seu redor ganharam mais dinheiro do que nunca?
2. De que forma enriquecer os outros ao seu redor está incluído no seu plano?
3. Quanto você quer que seus melhores líderes/vendedores ganhem no próximo ano? (Faça uma lista de dois a seis desses melhores jogadores.)

Quais benefícios, financeiros e não financeiros, os outros obtêm por estarem ao redor da sua melhor versão no próximo ano e nas décadas seguintes?

RITUAIS FORMAIS E INFORMAIS CRIAM CULTURA

Cultura é sobre comportamento. São os rituais e tradições que viram hábitos. Falei sobre o quanto acredito em aprendizado e desenvolvimento de habilidades. Lembre-se que não adiantará nada você *falar* que acredita em educação se nunca lê um livro ou gasta dinheiro em treinamentos. É como se você dissesse que acredita em atividade física enquanto tomasse um milk-shake e inalasse um pacote tamanho família de Cheetos Flamin' Hot.

A visão de Ray Dalio sobre transparência radical foi uma revelação para mim, mas percebi que ela pode parecer muito agressiva para muitas pessoas. Na verdade, quando sugeri o livro, *Princípios,* de Dalio, para nosso clube do livro, vários membros do nosso time executivo disseram que não podíamos fazer isso. Ouvi suas opiniões, mas acreditava que esse livro não só precisava ser lido, mas também que suas ideias precisavam fazer parte da nossa cultura.

Aqueles que trouxeram ideias bem pensadas que desafiavam o livro foram ouvidos. Eles adicionaram outra perspectiva que incendiou o debate. Aqueles que se recusaram a ler foram demitidos. Não era nada pessoal. Era a nossa maneira e a deles de dizermos que não éramos compatíveis.

Agora, durante o processo de contratação de cada empresa que lidero, damos um livro para cada candidato. Eles precisam ler e voltar com uma redação de uma página. É um ótimo filtro para a nossa cultura. É melhor saber antes cedo do que tarde se eles são leitores comprometidos com o aprendizado. Baseados nesta tarefa, aprendemos muito sobre treinabilidade e confiabilidade.

Livros são uma parte da nossa cultura formal criada pelos líderes. Também é divertido assistir a rituais informais se consolidarem. Alguns desses até se tornam parte do processo de iniciação de uma firma. Sair com alguém para almoçar no primeiro dia não é memorável. É por isso que uma das minhas coisas preferidas para fazer com novos funcionários quando eu morava em Los Angeles era subir as Escadas de Santa Monica.

Depois do treinamento, quem quer que restasse no escritório poderia pegar carona uns com os outros para as Escadas de Santa Monica. O lugar ficava a quarenta minutos do escritório, e a viagem até lá era ainda mais tempo para se conectarem informalmente. Aprendíamos de que músicas as pessoas gostavam e podíamos vê-las em um ambiente relaxado. Quando chegávamos, ficávamos intimidados pelos 170 degraus íngremes que sobem mais de 33 metros.

O recorde de subidas e descidas de todos os grupos que levei lá foi quinze. Um cara chamado Jason se gabava de que esmagaria esse recorde. Depois da sua quarta descida, ele começou a vomitar. Rimos muito, e essa memória se tornou parte da nossa cultura.

Eu sou um pouco estranho, e as empresas que lidero acabam pegando essa cultura. Valorizamos a atividade física. Gostamos de estar juntos. Os líderes não acham que estão acima dos outros funcionários. Com a nossa rotina de ir para as Escadas de Santa Monica em vez de ir para casa ou um bar, nossa cultura se fortaleceu.

Acredito em altos padrões. Ninguém nunca ganhou nada sem altos padrões. É por isso que chamo a atenção das pessoas em reuniões pelo Zoom quando as vejo se distraindo. É por isso que tranco as portas em conferências e reuniões da empresa no segundo em que uma pausa termina. Não me importo se as pessoas com baixos padrões, que não conseguem ser pontuais, pensam que sou durão. Eu me importo com que as pessoas que são pontuais vejam que exijo muito delas.

VOCÊ NÃO PODE SER AUDACIOSO SEM AS PESSOAS CERTAS

As pessoas querem ir além porque elas sabem que isso será reconhecido e recompensado. Quando vejo pessoas no escritório que não precisavam estar no escritório, sei que está funcionando. As pessoas amam fazer parte de um time que se importa com algo e representa algo. Os rituais formais e informais tornam uma empresa singular e poderosa. Eles também impactam a retenção, o que é um motivador-chave de valor a longo prazo.

Quanto ao seu time, pense em quem você quer contratar para caber nessa cultura. Também faça todo o possível para encontrar pessoas de alta confiabilidade que te economizem tempo.

SEUS COMPONENTES

CULTURA

Ação:

1. Escolha a palavra ou palavras que representem sua cultura.
2. Faça cada novo funcionário ler um livro e escrever um relatório de uma página para que você veja o quão comprometido eles estão sobre trabalhar com você.
3. Crie um ritual de iniciação para novos funcionários que represente a cultura, como um churrasco, trilha ou evento esportivo.
4. Crie rituais e tradições que se alinhem com sua cultura.
5. Construa sua reputação ao ser autêntico para que retenha as pessoas que compartilham dos seus valores.
6. Encontre pessoas que têm fé na sua cultura. Por exemplo, comece sendo o profeta, evangelizando a ideia de ler livros como uma tradição na sua empresa. Depois, busque aqueles em quem você confia para promover essa cultura.

TIME

Ação:

1. Volte à sua análise FOFA e identifique as principais pessoas que você deve recrutar para jogar melhor no ataque e na defesa.
2. Encontre estrelas do rock que elevam sua empresa e pague-lhes bem acima do valor do mercado, com satisfação.
3. Avalie pessoas contratadas de 0 a 60 usando o Indicador de Desempenho de Parceiros.
4. Invista em desenvolver as competências de seus verdadeiros fiéis sem habilidades.
5. Contrate pessoas que economizem o seu tempo.

CAPÍTULO 9

Visão e Capital

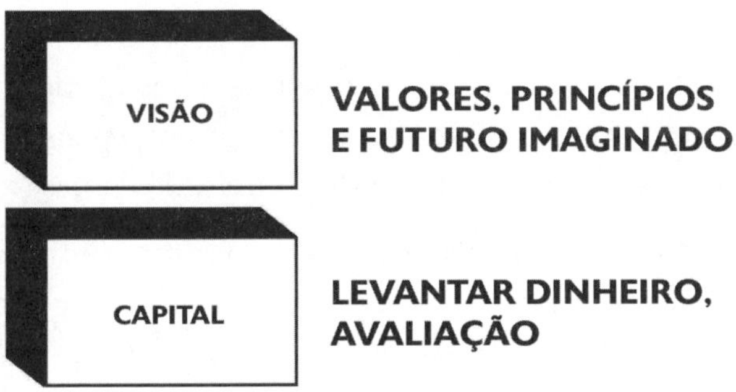

Bons líderes de negócios criam uma visão, articulam a visão, são donos passionais da visão e incansavelmente a concluem.

Jack Welch

Um navio me ensinou muito sobre visão. O super-porta-aviões de propulsão nuclear da classe Nimitz chamado USS *John C. Stennis*, batizado em homenagem ao senador do Mississippi, foi construído pela Northrup Grumman por US$4,5 bilhões em 1991. Com quase 91 mil toneladas, ele pode abrigar 5 mil pessoas. É do tamanho de três campos de futebol americano.

Nada disso faz o navio tão especial. Mas existe algo que o faz tão único que até encontrei uma lição de vida sobre visão. Para contextualizar, um navio comum precisa ser reabastecido cerca de uma vez por mês. Um navio especial pode durar três meses. Quanto tempo você acha que o *John C. Stennis* pode durar sem reabastecer? Tente adivinhar.

Vinte e seis anos!

Qual é o ponto? Para mim, o ponto é que, se você tem uma visão forte, não precisa estar constantemente motivado: você pode sobreviver 26 anos sem reabastecer. Assim como a genialidade do navio está no design, a genialidade da sua carreira está na sua visão.

Imagine se você tivesse uma visão que te motivasse sem precisar reabastecer por 26 anos! Não é coincidência que tenhamos falado mais cedo de *O modelo Toyota*; um típico plano de negócios japonês já pensa sobre um negócio durar múltiplas gerações. Está vendo como tudo começa a fazer sentido?

Existe um motivo para eu ter deixado a visão como o último componente. A visão é o que faz as pessoas nunca quererem parar. Você pode ver algumas similaridades entre sonhos e visão. Mas a maior diferença é que sonhos são mais pessoais e têm uma cronologia. Você pode realizar um sonho. Uma visão vai além de você e sua família. É para as pessoas que você lidera e para todo o mundo, e nunca para. É transcendental e sobreviverá até mesmo a você.

Para a IKEA, a visão "criar um dia a dia melhor para muitas pessoas" dá combustível para nunca parar de inovar. A da Amazon é similar: "Nossa visão é ser a empresa coloca mais foco no cliente da Terra; construir um lugar onde as pessoas possam vir, encontrar e descobrir qualquer coisa que queiram comprar online." Quando Bezos renunciou como CEO, a visão da Amazon sobreviveu. Não há data de validade.

Na verdade, a única coisa que pode parar uma visão é ficar sem dinheiro — ou seja, capital. Para conseguir o dinheiro, é melhor ter uma visão atraente e saber articulá-la para outros. Você também precisa conhecer as suas crenças essenciais e princípios de negócios. Compartilharei os meus para te orientar na criação dos seus.

O QUE VOCÊ VAI APRENDER NESTE CAPÍTULO

Neste capítulo, entraremos nas minúcias de como arrecadar dinheiro e você verá como visão e capital andam juntos. Seremos específicos sobre como montar um discurso de elevador, ou seja, uma proposta breve e persuasiva, criar um *pitch deck* e apresentá-lo para os investidores.

Este capítulo será um pouco diferente dos outros. Como visão e capital contêm componentes tanto de emoção quanto de lógica, estabeleceremos o componente de visão individualmente e depois faremos o mesmo com o componente de capital. Sim, a visão é emocional, mas exige algumas etapas muito lógicas pelas quais percorreremos. E capital é, na verdade, outra forma de vendas. Para emocionar pessoas a ponto de estarem dispostas a te escreverem um cheque, se juntarem à sua empresa ou se alistarem como fornecedoras, elas precisam ser fisgadas emocionalmente e depois guiadas por um plano lógico. Esse é um componente lógico que deixa todo mundo entusiasmado! Para realizar a visão, você precisa de dinheiro, e precisa de parceiros.

UMA VISÃO TEIMOSA E SAGRADA PRESERVA SUAS CRENÇAS ESSENCIAIS

Autores, diretores e criadores de conteúdo estão procurando pelo Santo Graal que fará com que seu conteúdo seja *eterno*. Mais de 27 anos depois de escreverem o artigo da HBR "Como construir a visão da sua empresa", no qual James C. Collins e Jerry I. Porras explicam por que uma organização precisa de uma visão, a explicação continua válida:

> Empresas realmente incríveis entendem a diferença entre o que nunca deveria mudar e o que deveria estar aberto para mudanças, entre o que é genuinamente sagrado e o que não. Essa rara habilidade de lidar com continuidade e mudança — que exige uma disciplina conscientemente praticada — está intimamente ligada à habilidade de desenvolver uma visão. A visão traz uma orientação sobre qual essência preservar e em direção a qual futuro estimular progresso.

Jeff Bezos resumiu quando disse, "Seja teimoso na visão, mas flexível nos detalhes."

Você entendeu? Sabe qual é o essencial da sua visão e não cede nisso? Você identificou o que não é negociável e que se aplica a tudo o que faz? Se eu tenho uma oportunidade que paga uma quantidade absurda de dinheiro, mas que não se alinha com a minha visão, é fácil dizer não.

A expressão "Quando absolutamente, decididamente, precisa chegar de um dia para o outro" virou sinônimo da FedEx. Essa visão guiou tudo. Ela criou uma obsessão com logística, tecnologia e sistemas. Se eles tivessem que perder dinheiro por alguns anos ou sacrificar a qualidade da embalagem, não importava.

Falando em velocidade de entrega, em 1984, a Domino's, liderada pelo então presidente Thomas S. Monaghan, criou a garantia de entrega de pizza em trinta minutos. Eles sacrificaram qualidade e satisfação do cliente. Eles também sacrificaram a segurança do motorista. Tudo o que eles fizeram, incluindo o quão rápido eles faziam a pizza, foi pensado para cumprir essa visão. Isso aumentou suas quotas de mercado com sucesso. Por isso, bato palmas à Domino's. Quando você foca uma coisa, sua visão não se dissipa. No caso deles, a visão também se tornou um risco por causa dos processos que levaram de motoristas apressados demais para cumprir os prazos. Quando a garantia teve que ser descartada, a empresa lutou para descobrir sua visão.

Você poderia dizer que a falta de uma visão *sustentável* na Domino's abriu as portas para John Schnatter. Não acho que seja uma coincidência que ele tenha fundado a Papa John's em 1984. Desde o primeiro dia, a visão de Schnatter focava a qualidade. Ele estava tão certo da sua visão que vendeu seu Camaro Z28 1971 para comprar o equipamento e fazer pizza em uma despensa reformada nos fundos da taverna de seu pai. No ano seguinte, ele abriu sua primeira loja em Jeffersonville, Indiana.

Antes de continuar com essa história, há uma boa chance de você já ter lido sobre Schnatter na mídia. Eu nunca fujo de temas controversos ou de falar com pessoas controversas. Como tive a chance de entrevistá-lo no meu podcast, acredito que haja real valor em aprender com ele sobre visão.

Anteriormente no livro, falamos de criar visualizações dos seus sonhos para si mesmo. Você deve fazer o mesmo para a sua visão, mas também expandir o alcance ao constantemente colocá-la diante dos seus empregados, clientes e parceiros. Para Schnatter, isso significava usar slogans internamente como "Mantenha o Principal como o Principal" e "P.S.P.S." (Pessoas São Prioridade Sempre). Claro, a maioria de nós já ouviu suas propagandas, que repetem a visão de novo e de novo, "Ingredientes Melhores, Pizza Melhor." Não é surpresa que a Papa John's foi a número um em satisfação do Índice de Satisfação do Consumidor Americano por dezesseis de dezoito anos.

Quando entrevistei Schnatter em 2022, foi incrível ver como sua visão ainda corria pelo sangue. Ele não podia desistir da sua eterna busca por pizza de qualidade. Como experimento, pedimos pizza da Jet's Pizza, Papa John's e Pizza Hut.

Lembre-se que, na época, Schnatter tinha 60 anos e um patrimônio líquido de 1 bilhão de dólares e havia saído dos negócios 4 anos antes. Quando as pizzas chegaram, ver sua intensidade e atenção aos detalhes foi incrível. Ele esmiuçou cada detalhe, do posicionamento do *pepperoni* à distância entre o queijo e a borda. Ele explicou o que todos podíamos ver e sentir — que a Pizza Hut usa um queijo mais barato.

Para Schnatter, "Ingredientes Melhores, Pizza Melhor" nunca foi só um objetivo ou ideal. Era uma visão que transcendia rentabilidade e objetivos a curto prazo. Era uma obsessão que motivava cada detalhe dos negócios.

Como Schnatter e muitos CEOs, Steve Jobs precisou constantemente escolher entre velocidade (ou velocidade de entrada no mercado), custo e qualidade. Claro, Job regularmente tomou decisões difíceis e encontrou meios-termos complicados, mas a clareza de sua visão de qualidade facilitou essas decisões. Se o lançamento de um produto precisava ser atrasado ou o preço aumentado, paciência. A qualidade, por outro lado, nunca sofreria.

O que é sagrado para você? O que não é negociável? Que visão pode ser uma motivação por vinte anos ou mais?

ARTICULANDO A VISÃO

Quando abri meu negócio de serviços financeiros em 2009, expus uma visão específica. Eu me vesti como Doc (o personagem de Christopher Lloyd) do filme de 1985, *De Volta para o Futuro,* para avisar a todos que criaríamos nosso próprio futuro. Quando se anuncia uma grande visão, o ambiente ajuda. Onde você fala e como se veste podem amplificar o efeito.

Ter uma visão significa responder a estas três perguntas:

- Quão grandes seremos?
- Iremos atrás de quais mercados?
- Que história criaremos?
- Quem escreverá sobre nós e o que eles dirão?
- Como será o mundo "um dia" baseado nessa visão?

Quando Steve Jobs falava da sua visão para a Apple ou Pixar, pode acreditar que ele não estava dizendo, "Um jornal da região um dia escreverá sobre nós." Agora, a Apple é um estudo de caso em todas as universidades do mundo e um dos maiores escritores globalmente reconhecidos, Walter Isaacson, escreveu uma biografia de Jobs. Steve Jobs não fundou a Apple para ficar rico. O dinheiro era garantido. Mas, sem uma visão, Jobs não poderia ter criado a base de uma empresa que o atual CEO Tim Cook expandiu para uma capitalização de mercado de US$3 trilhões.

Você já viu o vídeo com Jack Ma quando ele criou a Alibaba em 1999? Está em mandarim, mas você não precisa falar uma palavra da língua para *sentir* a convicção dele. Graças às legendas do vídeo, sabemos que Ma disse, "Se tivermos esse espírito de só trabalhar das 8h às 17h, então deveríamos só ir e fazer outra coisa qualquer." E adivinhe o que ele fez para impulsionar a sua visão? Vou te dar uma dica. Ele escolheu você-sabe-o-quê com sabedoria!

Para utilizar o poder do inimigo, Ma mencionou a cultura do Vale do Silício e disse, "Esse é o motivo pelo qual ousamos competir com os americanos. Se formos um bom time e soubermos o que queremos fazer, um de nós pode derrotar dez deles."

Articular sua visão atrai loucos, o tipo de loucos que pulam na frente de um ônibus para realizar a sua visão. Essas são pessoas que querem fazer parte de algo maior do que si mesmas. Elas estão esperando por um visionário que as conduza até o futuro, com um simples esboço de como ele pode ser.

Um visionário é alguém que vê coisas que os outros não veem. Eu via um mundo em que pessoas comuns, independentemente de raça, gênero ou escolaridade, poderiam fazer parte de uma cultura que fornecia as habilidades, sistemas e liderança para se tornarem executivos de vendas e empreendedores prolíficos. Eu também sabia que a minha visão precisava ser mais do que produzir milionários. Ela tinha que ter uma causa por trás. Eu queria ver as pessoas que liderava se tornarem cidadãos valiosos que ajudavam a avançar a economia e a melhorar comunidades. Eu precisava ver como o sucesso se tornaria contagioso e se multiplicaria. Eu precisava ver como os valores e princípios que formavam nossa cultura ficariam tão entranhados nas pessoas que alguém dos nossos postos se tornaria presidente dos Estados Unidos. (Ainda não aconteceu, mas minha convicção de que ainda acontecerá só se fortalece.)

Eu via tudo. Ninguém mais... pelo menos, não a princípio. A maioria das pessoas não vê além da sua próxima refeição, mas, cara, elas adoram vestir a camisa quando alguém as faz ver o que ainda não existe. Você precisa ter convicção e credibilidade o suficiente para motivar as pessoas. Um pouco de teatralidade ajuda a tirar as pessoas do presente e projetar uma visão do futuro.

Agora que chegamos aos dois últimos componentes, veremos certa sobreposição com componentes anteriores. Francamente, é mais importante montar o seu plano do que ter certeza de ter colocado cada ideia no lugar certo. Como se faz com sonhos, em se tratando de visão, você quer usar a frase "Imagine se um dia..."

Imagine se um dia:

- Empreendedorismo e educação financeira fizerem parte do currículo da escola primária.
- Ninguém tiver que usar uma bomba de insulina e o diabetes for fácil de controlar.
- Idosos tiverem tranquilidade, sabendo que seus planos de saúde estão garantidos.
- Você puder se conectar sem problemas com um especialista mundial e ser cobrado por minuto.

A primeira e a última declarações de visão são minhas. Sempre lutarei pela primeira e, mesmo se eu não puder mudar todas as escolas, ao criar vídeos gratuitos, estou sempre agindo de acordo com essa visão. A última é para um aplicativo que criei chamado Minnect. A palavra-chave é "sem problemas", já que essa definição mudará conforme a tecnologia evolui. Apesar de termos alcançado o "objetivo" de lançar o aplicativo, a visão não tem uma data de validade, o que significa que sempre melhoraremos a experiência de usuário. Minha visão de dar a empreendedores cada vantagem possível nunca parará. Continuarei sendo flexível nos produtos e mecanismos de entrega, mas teimoso com a minha visão.

DECLARE SUA VISÃO E AGUARDE DÉCADAS PARA MEDIR O SEU SUCESSO

Ter uma visão é parte essencial do seu plano de negócios. Sua declaração de visão precisa assinalar três opções:

- Descreve o que você criará. É a conexão entre a sua imaginação e a realidade futura onde você muda o status quo.
- Cria impacto real nos seus clientes e/ou no mundo.
- Deixa claras as prioridades que são a base de todas as suas escolhas e que fornecem direções.

Uma vez declarada a sua visão, você só precisa esperar algumas décadas para descobrir se a realizou! Jeff Bezos teve que lidar com a pressão de Wall Street quando estava construindo a Amazon. Ele tem mérito por se manter comprometido com sua visão e seguir investindo em P&D às custas de rentabilidade. Muitas pessoas tinham dúvidas à época e houve momentos em que Bezos parecia tolamente teimoso. Mantendo-se comprometido com o que para ele não era negociável, ele provou ser um visionário.

Ainda não há como ter certeza. Você não pode se chamar de visionário depois de um bom trimestre ou um bom ano. Até mesmo uma década não é o suficiente. Típico de Doyle Brunson, a lenda do pôquer que, até a sua morte em 2023 com 89 anos, competiu nas mesas mais difíceis em Las Vegas para dar algumas opiniões. Quando perguntaram a Brunson quais eram os melhores jovens jogadores de pôquer no circuito, ele disse, "Pergunte-me em vinte anos."

O sucesso nos negócios leva tempo. Qualquer um pode ficar em funcionamento por um ano. Muitos ficam por cinco. Somente os poucos audaciosos ficam em funcionamento por vinte anos e além.

Conseguir vislumbrar o futuro também significa antecipar e mitigar arrependimentos. Para conseguir relembrar e se sentir satisfeito com a sua vida em vinte, trinta, ou até cinquenta anos, é bom que você tenha criado uma visão. Há valor em ter somente um breve vislumbre de como a vida será se você não estiver à altura da sua própria visão.

Pense em si mesmo, como Brunson, com quase 90 anos, refletindo sobre a sua vida e carreira. Escolha seu feriado favorito quando sua família se reúne. Pense que é o avô ou bisavô. Se você passou a maior parte da vida vivendo no automático, te garanto que se sentirá amargurado. Você estará se perguntando, "Por que diabos eu não fui com tudo? Por que vivi com medo e inseguro? Por que não corri mais riscos?"

Você não contará essa história. Você a levará consigo para o túmulo. E você ficará mais e mais amargurado conforme envelhece. Os temas da sua vida serão o potencial desperdiçado e o arrependimento. Acho que vale sentir esse sentimento por um momento. Ver a si mesmo com 90 anos te forçará a ver como a sua vida será se você continuar no caminho em que está.

Se você for mais lógico ou não conseguir se imaginar idoso e grisalho, outra técnica é escrever seu próprio obituário. Isso vai realmente colocar a sua vida em perspectiva.

Pouquíssimas pessoas conseguem ver além do presente momento. Um número ainda menor consegue atrasar a gratificação para apoiar sua visão a longo prazo. Mas, de novo, se você está lendo este livro, duvido que se considere uma pessoa comum. Você tem um desejo incontrolável de fazer parte dos poucos audaciosos. É por isso que quero te ajudar a vislumbrar seus arrependimentos futuros, para que sua visão fique ainda mais clara.

Assim que você começa a lutar por algo maior — uma verdadeira visão —, será apresentado a uma versão de você que nunca viu antes. Nenhum superpoder se iguala a isso. Nenhum.

ARTICULANDO SUA VISÃO

Talvez Tim Ardam seja o empreendedor mais humilde que conheço. Ele tinha 10 anos quando seus pais se divorciaram e 17 quando entrou para a Marinha. Ele era motorista de caminhão e mecânico na artilharia. Depois de servir, ele fez vários bicos até aceitar um emprego com a Power Plate em atendimento ao cliente e logística. Abriu dois negócios que falharam e se enterrou em dívidas até os olhos. Ele finalmente conseguiu abrir uma empresa que funcionava e a desenvolveu até mais de US$20 milhões em faturamento anual, mas ainda sentia que algo estava faltando.

Perguntei a ele sobre sua visão para a empresa e ele disse, "Quando comecei originalmente, não tinha um plano. Eu só trabalhava duro. Depois de doze anos, fui ao seu workshop de planejamento de negócios para planejar o meu 2022 e estava esperando um evento bem mecânico, imaginando que você nos mostraria a matemática para fazer nossos cálculos. Fui pego de surpresa, totalmente chocado com o quão emocionado você ficou, e percebi que eu nunca havia tido uma visão."

Como eu disse, os negócios de Tim estavam fazendo mais de US$20 milhões de faturamento anual, mas ele ainda falou, "Eu tinha dificuldade com a minha visão. Estava tão acostumado a usar cada gota de suor para construir a empresa. Quem queremos ser e onde queremos ir está confortavelmente definido, mas eu nunca havia pensado antes no impacto da visão na minha empresa."

Tim saiu daquele workshop jurando definir sua missão. Ele me contou depois do evento que precisava criar um quadro de visão. Mas quando ele se sentou para fazê-lo, não veio nada. Ele teve dificuldades por meses para claramente articular sua visão para a empresa ou para definir seus valores mais estimados.

Estou te contando essa história para te mostrar que nem todos os componentes são preenchidos da noite para o dia. Tim voltou ao workshop um ano depois. Mais tarde, ele me ligou e disse,

> No final de 2022, eu trouxe minha esposa para o Workshop de Planejamento de Negócios. Fiz todos os meus líderes assistirem ao workshop online o dia inteiro. Minha esposa liberou uma parede de 6,7 metros de comprimento e a transformou em um quadro para escrever, e escrevemos nossa visão. Eu sabia que era 100% necessário não só fazer um quadro de visão, mas também ter 100% de clareza da nossa visão.
>
> Precisávamos escrever a justificativa do porquê estamos todos aqui. E não podia ser só sobre o dinheiro. Qual é o nosso sonho? Por que estamos pensando que somos coitadinhos? Por que não podemos nos ver como matadores que só estão começando? Vamos analisar nossos melhores momentos dos últimos quinze anos para nos lembrarmos de como chegamos até aqui.
>
> Trabalhamos nisso por um dia inteiro e, agora, estamos mais próximos um do outro do que nunca porque temos uma visão em comum e sabemos exatamente o que valorizamos.

Desde quando declarou sua missão, Tim viu um crescimento enorme no faturamento. Mas, no fim, para saber exatamente o quão efetivo esse exercício foi, Tim — assim como todos nós — terá que aguardar outros vinte anos.

CRIANDO A VISÃO COM O SEU TIME

Se você só anota seus valores e princípios, não obterá quase nenhum valor deles. Se você os imprimir e pendurar em algum lugar do seu escritório, ainda verá pouco valor neles. Para criar impacto de verdade, você deve *transformar* como eles são criados *em ritual* — só então começarão a informar sua visão completa.

Meus Princípios de Negócios

1. Nunca ceder no que não é negociável.
2. Ficar em cima dos outros até que haja confiança.
3. O que nos trouxe até aqui não nos levará para o próximo nível.
4. Ninguém tem seu trabalho 100% garantido, incluindo o fundador ou CEO.
5. Criar pressão social positiva ao desafiar uns aos outros.
6. Superar o seu melhor rendimento anterior.
7. Tratar o dinheiro da empresa como se fosse seu.
8. Ter a mente radicalmente aberta, mas não ser facilmente persuadido.
9. Lutar contra qualquer tentação de diminuir expectativas e abaixar padrões.
10. Criar um ambiente em que nosso time seja cuidado financeira e profissionalmente.

Repito tanto esses valores e princípios porque sei que eles ficarão eventualmente gravados na mente de todos. Uma mensagem ouvida uma vez não é o suficiente. A repetição é como as coisas se entranham na mente das pessoas. Quantas vezes você acha que o slogan "Ingredientes Melhores, Pizza Melhor" foi repetido pela Papa John's? Visualizações também ajudam. No hall de entrada da minha casa, há uma pintura imensa com estas palavras: Lidere, Respeite, Melhore, Ame.

Antes que eu te diga o que fiz para criar essa lista de princípios e articular a visão da empresa, entenda que, para o seu próprio negócio, você pode fazer coisas incríveis com um orçamento pequeno. Vestir-me como Doc quando abri a empresa não me custou quase nada e ainda foi extremamente poderoso. Em 2020, quando minha empresa de serviços financeiros tinha muito mais recursos, decidi reinvestir esse dinheiro para reforçar nossa visão de uma maneira inesquecível.

O evento inteiro foi uma surpresa. Contei ao time que tínhamos uma reunião em Atlanta. De lá, pegamos um avião particular para Jekyll Island, uma ilha-barreira na costa da Geórgia que foi descoberta por exploradores espanhóis em 1510 e depois governada por Juan Ponce de León. É deslumbrante. Quando você chega, pode sentir que está recheada de história.

Em 1904, o Clube de Jekyll Island era chamado de "o clube mais rico, mais exclusivo, mais inacessível do mundo" pela *Munsey's Magazine*. Entre os membros do clube estavam os maiores nomes dos negócios dos EUA: J. P. Morgan, Joseph Pulitzer, William K. Vanderbilt, Marshall Field e William Rockefeller.

Eles decidiram passar a vida (ou as férias) nas mesmas comunidades para criar filhos que se tornariam líderes. Eles criaram um local para onde outras pessoas com ideias semelhantes poderiam escapar e planejar juntos. Fomos para uma sala histórica no clube resort da ilha e tivemos uma longa discussão. Já que éramos apenas 28 pessoas, cada voz foi ouvida. Todos tinham o direito de estar lá.

Cada detalhe importa nesses eventos cruciais. Todos os homens vestiam ternos azul-marinho com camisas azuis e gravatas vermelhas e lenços combinando. As mulheres vestiam vestidos longos vermelhos clássicos. Todos fizemos uma declaração:

EU. NÓS. NUNCA.

EU: Responsabilidade Pessoal

NÓS: Responsabilidade Conjunta

NUNCA: Não Negociável

Escrevemos nossa visão coletiva e nossos valores e princípios. Enviamos isso para um editor profissional. Novamente, pensamos em cada detalhe. Quando todas as palavras estavam perfeitas, nós as escrevemos em um papel especial.

Gravamos a cerimônia e fizemos um post privado para todas as pessoas da empresa verem. Quando enviamos o vídeo, o assunto do e-mail era "Mensagem da Sala da Reserva Federal em Jekyll Island," e o vídeo foi intitulado "Os Signatários da Agência PHP". A agitação e animação com o vídeo foram avassaladoras.

Agora, já avisando, você não pode convidar todos da sua empresa para esse tipo de evento. As pessoas que não contribuem e não têm credibilidade não têm a chance de participar. Mas convidar aqueles que sempre aparecem e sempre dão o seu melhor para definir a visão, os valores e princípios da empresa com você, o líder deles, só aumentará a lealdade e o comprometimento deles.

Uma visão é contagiosa. Ela é sentida por todos ao seu redor. Não quero nem te contar quanto esse evento me custou, mas, antes mesmo de terminar de pagar todas as contas, eu já havia percebido um retorno imenso que ia além da nossa declaração de renda. Era uma mudança de identidade.

Há também outro lado. Quando não se presta atenção a valores e princípios, você pagará um preço. De acordo com os resultados do Barômetro Líquido Positivo do Funcionário, que pesquisou mais de quatro mil trabalhadores dos EUA e Reino Unido, a maioria dos empregados não está atualmente satisfeita com esforços corporativos para melhorar o bem-estar social e o meio ambiente. **Quase metade consideraria se demitir se os valores de um empregador não se alinhassem com os seus próprios**, e um terço dos funcionários já se demitiu por esse motivo. Esses números são ainda mais altos entre a geração Z e os *millennials*.

O ex-chefe executivo da Unilever Paul Polman, que contratou a pesquisa, concluiu, "Uma era de *conscious quitting* vem aí."

Você acha que as pessoas estão se demitindo por causa de muito dinheiro, crescimento, autonomia, trabalho em equipe e diversão? Duvido. Do que elas estão cansadas é de péssimas culturas, de se sentirem como um zero à esquerda e de trabalharem para um gerente que só vive no automático. Lembre-se de que **pessoas não se demitem de empregos; elas se demitem de líderes.**

Muitos dizem que vivemos em um tempo de trabalhadores transitórios sem lealdade. Isso é uma mentalidade de vítima. Uma mentalidade de vencedor é: já que tão poucas empresas se concentram em valores e princípios, você pode recrutar e reter ao criar uma visão de sucesso em que seus empregados realmente acreditam. Incentivo você a criar um evento especial onde você e seu círculo interno possam definir sua visão e se certificar do poder permanente dela. Aqui estão sete diretrizes para fazer o seu:

Como Fazer Seus Valores e Princípios Se Espalharem e Se Fixarem

1. Escolha um lugar significativo para criar seus valores e princípios.
2. Traga todos os *stakeholders* mais importantes.
3. Permita que todos que estejam lá participem.
4. Diminua a lista de valores e princípios para não mais que doze.
5. Personalize com uma introdução ou o que quer que funcione para a cultura do seu time.
6. Crie uma visualização impressionante.
7. Coloque essa visualização em todos os lugares apropriados depois do evento.

COMO VOCÊ APRESENTA A SUA VISÃO DEVE SER CONVINCENTE

Até agora, temos falado sobre o mundo interno — você, seu time, sua família. Agora mudamos para o externo. Sim, vamos entrar na questão de levantar fundos, mas vamos começar de forma mais ampla. E se você estiver tentando recrutar? E se estiver desenvolvendo um relacionamento com um fornecedor? Se você constrói casas e precisa de um carpinteiro, quer melhores condições de crédito. Você também quer estar no topo da lista deles de trabalhos a fazer. Para fazer isso, é melhor que tenha uma visão atraente e um plano que demonstre o seu profissionalismo. O melhor cenário é as pessoas quererem estar do seu lado. O pior cenário é você demonstrar tanta confiança que as pessoas sabem que podem confiar em você.

Hoje em dia, ser ótimo no que você faz não é o suficiente. Você precisa ser especialista em *apresentar* o que você faz. Sim, James Cameron faz filmes incríveis. Mas, para fazer os estúdios investirem centenas de milhões de dólares antes mesmo dele começar um projeto, ele precisa apresentar sua visão para um filme. Se ele não fizer um *pitch* de sucesso, nunca terá uma chance.

Esteja você tentando arrecadar capital inicial no primeiro dia ou tentando arrecadar capital de expansão depois de dez anos, existe uma maneira certa de fazer isso. É o mesmo processo de quando é hora de:

- Recrutar pessoas.
- Construir parcerias iniciais (fornecedores, parceiros etc.).
- Pegar um empréstimo de um banco comercial.
- Arrecadar capital de investidores.

Não importa com quem você esteja falando, sua visão deve ser convincente. O autor Simon Sinek disse, "As pessoas não compram o que você faz. Elas compram o *porquê*." Quero que você pense nisso porque, mesmo que muito desse componente seja lógico, é a fé e emoção que vêm da sua visão que dão o impulso e conquistam as pessoas. Você pode ter o melhor plano de negócios do mundo e as projeções financeiras mais detalhadas, mas, se as pessoas não estiverem empolgadas, você perderá a atenção delas muito antes de verem o seu plano.

DETERMINE SEUS "PORQUÊS"

Como Sinek aponta, você precisa expressar o *porquê* por trás do seu produto ou serviço. O que você faz e quem você é são uma coisa. *Por que* você é melhor é outra.

Tempo é tudo. Acho bom que você tenha respostas para *por que agora* e se prepare para apoiar isso com dados. Por exemplo, você não poderia fazer o *pitch* do Uber ou do Lyft até que o GPS e a tecnologia móvel evoluíssem para aguentar a rede. Você também não poderia fazer o *pitch* de um serviço de notícias imparciais e centralizadas até que vieses e polaridade começassem a dominar a mídia. Na verdade, muito da minha visão para a Valuetainment cresceu da mídia unilateral que empurrava uma agenda e promovia ultraje com debates objetivos.

Aqui estão as perguntas "por que" que você deve responder antes de fazer o *pitch* da sua empresa.

Perguntas Por Quê

1. Por que é diferente?
2. Por que é necessária hoje?
3. Por que ainda não foi inventada?
4. Por que é difícil copiar a sua ideia?
5. Por que você é a pessoa certa para construí-la?
6. Por que alguém a comprará?
7. Por que ela vai atingir projeções de faturamento? (Quão grande é o mercado? Quantas dessas pessoas comprarão?)

PARA FAZÊ-LOS "VER", MENOS É MAIS

Organize seus pensamentos e seja conciso. De certa forma, um plano para os investidores ao levantar capital é como um currículo. Ele precisa ser conciso e caber em uma página. Precisa usar verbos de ação, destacar conquistas e ser específico... sem desperdiçar palavras.

É incrível ver como as pessoas podem ser concisas em um currículo e depois prolixas ao apresentarem seus planos de negócios. Se pudessem, muitos empreendedores agarrariam a chance de trazer um quadro branco portátil para uma reunião! E, ah, como eles adoram impressionar as pessoas com siglas e jargões da indústria. Eles acham que o objetivo é parecer esperto quando, na verdade, é ser *compreendido*.

Você também quer usar frases como "Deixe-me te descrever um cenário" e "Imagine se um dia..." Para projetar uma visão, você quer provocar os sentidos das pessoas, principalmente a visão. Você deve fazê-los *ver* e *sentir*.

A melhor maneira de fazer isso é ensaiar responder a perguntas cruciais usando uma linguagem clara e concisa.

> O motivo pelo qual conseguimos ganhar é...
> O que nossos clientes mais amam sobre nós é...
> Nossa situação é única porque...
> Estamos crescendo rapidamente porque...

Foi assim que respondi a essas perguntas quando comecei minha empresa de serviços financeiros.

> *O motivo pelo qual conseguimos ganhar é...*
>
> A demografia e o marketing mudaram, e a indústria não. O agente de seguros médio é um homem branco de 57 anos que se sente desconfortável com a tecnologia. Nosso agente médio é uma latina de 34 anos que cresceu com as redes sociais.
>
> *O que nossos clientes mais amam sobre nós é...*
>
> Eles se veem em nós, e nós nos identificamos com as suas necessidades. Refinamos nossos sistemas para que haja menos papelada para o cliente e o processo seja fácil.
>
> *Nossa situação é única porque...*
>
> Limitamos nosso produto a seguros de vida para que possamos recrutar com mais eficiência e diminuir o tempo e o gasto para fazer dinheiro. Nossos custos de aquisição de cliente são muito mais baixos devido à forma como usamos as redes sociais.

Estamos crescendo rapidamente porque...

Pessoas jovens e ambiciosas se identificam com a nossa cultura e oferecemos um caminho para a liberdade financeira que é atingível e duplicável.

Responda a essas perguntas e ensaie as respostas até que elas venham naturalmente. Quanto mais rápido e mais claro você consegue expressar sua visão, mais prenderá a atenção das pessoas. E já que te preparei para ser conciso, vamos para o discurso de elevador.

OS TRÊS ELEMENTOS DE UM *PITCH* PARA INVESTIDORES

A história certa com os exemplos certos deixa as pessoas empolgadas. Você precisa dominar três elementos.

1. *Pitch* de Elevador Claro e Conciso (O ANZOL que fisga a atenção).
2. Apresentação de 15 Slides (A HISTÓRIA apresentada com lógica e clareza visual).
3. Narrativa Verbal Atraente (A EMOÇÃO que diferencia a sua história).

SEU *PITCH* DE ELEVADOR — O ANZOL

Existe um grande livro sobre roteiros do falecido Blake Snyder chamado *Save the Cat*. Seu conselho para a *tagline* de um filme é parecido com o do seu plano de negócios, mas deve ser ainda mais curto. Imagine que você está com amigos ou parceiro decidindo a qual filme assistir. Em menos de sete segundos, a descrição deveria te dizer sobre o que é o filme e te convencer a assisti-lo. Na verdade, o maior motivo pelo qual você não comprará um ingresso no cinema é porque você não sabe sobre o que é o filme. Se a descrição usa palavras como "meio," "tipo" ou "parece" já é ambígua demais. *Um* thriller *jurídico baseado no livro de John Grisham estrelando Shia LaBeouf e Emma Stone*. Não diga mais nada. De verdade, nem uma palavra.

Por que, então, você acha que as pessoas têm vinte minutos, ou até mesmo dois minutos, para ouvir a sua apresentação de negócios? Elas não têm, por isso você precisa fisgá-las rapidamente.

Por que é importante para qualquer negócio ter um ótimo pitch de elevador?

- Força-o a se concentrar.
- Rapidamente diz ao ouvinte quem você é de verdade.
- Pede por uma resposta.

O que é falado?

- O problema.
- A solução.
- O principal diferencial.
- Algumas estatísticas (números).

4 Regras para *Pitches* de Elevador para o Seu Negócio

1. Compreensível. Qualquer investidor, parceiro ou cliente deveria conseguir entender o seu discurso facilmente — nada de *technobabble*! Seu ouvinte não deveria ter que pensar muito para te entender.

    - Alguém que não está na sua indústria deveria conseguir acompanhar o *pitch*. Nada de palavras da moda, siglas ou jargões da indústria. Guarde-os para reuniões internas.

2. Quantificado. Números vencem sempre — mostre o tamanho do mercado, cite suas vendas etc. Não só um conceito. Você precisa de provas.
3. Sucinto. A apresentação deve fluir bem em trinta segundos.
4. Atraente. As primeiras três devem mostrar quem você é, o que você faz e por que você vence de uma maneira que é:
   - FÁCIL para o ouvinte entender!
   - DIFÍCIL para o ouvinte ignorar!

Outra coisa que Snyder recomenda, que eu repito, é constantemente testar a sua apresentação nas pessoas — aquelas que você conhece e aquelas que não. Na fila do Starbucks? Perfeito! Entre sets na academia? Ainda melhor. Suando baldes em uma fila comprida esperando para ir em uma montanha-russa? Faça esse tempo valer!

Quando eu digo isso para as pessoas, recebo duas objeções. A primeira é ridícula, e a segunda é raramente válida. A primeira é que uma pessoa comum não é inteligente o suficiente para entender o seu *pitch*. Eles são tão geniais que seus *pitches* só podem ser compreendidos por outras mentes brilhantes que mantêm capital de risco e firmas de *private equity*. É como se James Cameron pensasse que cada espectador em potencial precise de um PhD em cinema para entender seus filmes. Aliás, o oposto é que é verdade. Como eu disse acima, qualquer um deveria conseguir entender o seu *pitch* de elevador.

A segunda objeção é que eles não querem que sua ideia seja roubada. Essa objeção raramente se mantém. Sua *ideia* provavelmente não é revolucionária. Ingredientes melhores para fazer pizza de melhor qualidade não é o tipo de coisa que precisa de copyright. É o time e a execução por trás que a faz financiável. Quando escuto pessoas relutando em compartilhar seus *pitches*, normalmente é porque elas estão se escondendo atrás do medo de rejeição. Em resumo, se você vai atrair funcionários, parceiros e investidores, precisa compartilhar sua visão. Se ela é tão facilmente copiada, isso é um sinal de algo.

Para construir o seu *pitch* de elevador, comece preenchendo as lacunas:

Meu *Pitch* de Elevador:

O problema: O problema que vemos/O que falta no mercado/O que está frustrando as pessoas:

____

A solução: Nossa empresa resolverá esse problema ao:

____

O principal diferencial: O que nos faz únicos e o que nos permite vencer é:

____

Algumas estatísticas (números): Nós fazemos nossa renda ao:

____

UM ESTUDO DE CASO: AIRBNB

Esta é a história de quando o Airbnb era verdadeiramente uma startup. (Por sinal, esta não é uma transcrição. Ela foi recriada por Tom Ellsworth, que me ajudou a organizar este conteúdo sobre levantar capital e ainda é o meu cara de confiança nesse espaço.)

> A maioria dos turistas que faz reservas online se importa com preços — e hotéis são um dos maiores custos em viagens. (O problema.) Por outro lado, plataformas como o CouchSurfing provaram que mais de meio milhão de pessoas estão dispostas a emprestar seus sofás ou quartos extras. (Alguns números para apoiar o tamanho do mercado.)
>
> Nós criamos uma plataforma que conecta viajantes com pessoas locais, permitindo-os alugar quartos ou até lugares inteiros. Os viajantes economizam dinheiro e as pessoas locais monetizam seus quartos vazios. (Solução.) Diferentemente do Craigslist, o qual é cheio de fraudes, disponibilizamos a plataforma, seguro e facilidade de reser-

va. Depois ganhamos uma comissão de 10%. (O principal diferencial.) Com o faturamento hoteleiro anual sendo US$122 bilhões em 2007, capturar somente 5% do mercado traz US$6,1 bilhões em faturamento anual. (Números, projeções de faturamento.)

O que você acha?

Você estaria interessado em ouvir a história toda? Posso contá-la em menos de meia hora no seu escritório.

O *PITCH DECK* — UM PANORAMA

O próximo passo é criar e compartilhar um *pitch deck* conciso de no máximo quinze slides com uma narrativa verbal atraente embalada em emoção contagiante. O *pitch deck* tem três seções, todas pensadas para seguir o ritmo da mente de um investidor típico:

Parte 1: Problema, Solução e Cronograma

- O problema:
    - Qual é a dor dos seus clientes?
    - Como eles a contornam ou resolvem atualmente?
- Sua solução (produto/serviço e a magia que o diferencia):
    - Como você entregará o valor que resolve o problema ou atende à necessidade e melhora a vida do cliente?
    - Qual é o caso de uso?
- Seu modelo de negócios:
    - Como você é pago?
- Por que fazer isso AGORA?
    - O que te leva a construir isso neste momento?
    - Os clientes estão prontos?
    - Qual é a história que nos traz a *este* momento ser o certo?

Parte 2: Mercado, Concorrência e Cronograma

- O mercado que você serve.
- A concorrência: Quem são eles? Nunca diga que não há concorrência. O consumidor tem tido uma alternativa. Antes do Reddit, existia a CompuServe e as salas de bate-papo da AOL. Antes disso, existia a praça pública.
- O cronograma: Por quanto tempo você tem feito isso? Que conquistas importantes teve até agora?

Parte 3: Time, Finanças e a Pergunta

- Time: De onde você conseguiu a experiência? É melhor que você consiga explicar o seu perfil. Você precisa provar que consegue realizar as coisas.
- Finanças: Resultados até agora e a previsão do que vem. Você precisa de alguns resultados e uma avaliação prática.
- A pergunta! De quanto você precisa? *Equity*, dívida. Quanto tempo vai durar?

A NARRATIVA — A EMOÇÃO

Uma das melhores coisas sobre a economia da informação e do influenciador é que existem vários especialistas dando conselhos. Eles te falam para seguir suas fórmulas e podem até te dar um modelo para apresentar seu negócio (culpado da acusação). O que eu não farei, no entanto, é te dizer para fazer como eu faço. Não tente ser como eu, Steve Jobs ou Elizabeth Holmes. (Especialmente Elizabeth Holmes — a não ser que você goste da prisão.)

Na verdade, a regra número um de *pitches* é *seja você mesmo*. Fique com a sua personalidade. A autenticidade vence. Se você é um nerd dos números, fale de números. Se você é um engenheiro, empolgue-se com a tecnologia. Se você é um técnico de futebol americano, traga uma prancheta, faça a sua melhor conversa estimulante e bata bastante no traseiro deles. Ok, talvez não faça *isso*.

Só seja você mesmo. Você quer acertar o equilíbrio entre estar relaxado e confiante e ainda ter um tom de urgência. Nada deveria te animar mais do que compartilhar a sua visão. Se não te empolga, não vai empolgar mais ninguém. Estar animado não significa ficar agitado, braços balançando e voz estrondosa. Tudo o que você precisa falar é "Eu estou animado com isso porque..." e contar uma história genuína que te empolga. A plateia sentirá sua sinceridade.

Tenha uma declaração para cada slide, como uma manchete verbal. Assim como em uma palestra ou apresentação, você nunca quer ler os seus slides. Em vez disso, faça as suas palavras serem "comentários extras" sobre o tópico de cada slide.

TIME, FINANÇAS E A PERGUNTA

Quanto vale o meu negócio e como elaboro uma avaliação? Essa é a pergunta mais comum que recebo. Não precisa buscar além da série *Shark Tank* para ter essas respostas. O valor se resume a uma coisa, e não são seus números.

Tudo se resume a fazer os outros acreditarem na sua visão. O que são projeções de faturamento? São *palpites* sobre um futuro incerto. Como você conta a sua história determinará se as pessoas comprarão os seus palpites. (Estimativas e projeções são só palavras chiques para palpites.) Agora faz sentido que visionários sejam pessoas que fazem as outras verem um futuro que ainda não existe? Os melhores visionários podem fazer os outros escreverem cheques de centenas de milhões de dólares baseados em cenários de "imagine se um dia".

Não vou entrar nos pontos mais delicados de avaliar o seu negócio aqui. Conforme você planeja para o próximo ano — e para os próximos vinte —, precisa descobrir de quanto capital precisa e como consegui-lo. Falamos de saber o seu EBITDA, mas, especialmente para novos negócios, não há ganhos dos quais falar. Novamente, você precisa vender sua visão. Antes de fazer a pergunta, determine o seguinte:

1. De quanto você precisa?
2. Do que você está abrindo mão, *equity* ou dívida?
3. Quanto tempo o dinheiro vai durar?
4. Para o que será usado?

Se você disser aos investidores que o dinheiro é para um escritório chique sem ter nenhum cliente, isso provavelmente não vai dar certo. Se você disser que é para um pequeno salário porque você precisa se demitir do seu emprego, vender essa ideia precisa ter tudo a ver com a sua apresentação e com o que você realizou até agora. A venda mais fácil é quando você já tem pedidos e precisa de capital para atendê-los.

No post do Twitter de Alex Banks sobre dicas de contação de histórias que vimos no capítulo 4, ele disse, "Não faça um *pitch* para arrecadar dinheiro. Faça um *pitch* porque você nunca esteve tão entusiasmado com o que pode realizar. Musk prova que a Tesla não pode fazer isso sozinha. Ganhar um investimento é uma consequência de acreditar na sua visão a longo prazo."

Muito antes da pergunta, você precisa vender o seu time e descrever o histórico de sucesso deles de uma maneira que as pessoas acreditarão que você consegue realizar as coisas.

SEUS COMPONENTES:

VISÃO

Ações:

1. Saiba o que é mais importante na sua visão e os pontos não negociáveis, que não te farão ceder.
2. Declare a sua visão e assinale as três opções:
    a. Descreve o que você criará. É a conexão entre sua imaginação e a realidade futura, onde você muda o status quo.
    b. Impacta os seus clientes ou o mundo.
    c. Deixa claras as prioridades que são a base de todas as suas escolhas e que dão direções.
3. Imagine-se com 90 anos e, para te ajudar a ver o que deve evitar, pense em como seria a sua vida com arrependimentos.
4. Organize um evento monumental para criar a visão, os valores e os princípios da sua empresa.

CAPITAL

Ações:

1. Determine os seus diferenciais: consiga explicar todas as perguntas "por que" e o que faz a vantagem dos seus diferenciais ser real.
2. *Pitch* de elevador refinado e conciso: esteja pronto para fazer o *pitch* a qualquer momento (no pronto-socorro, na fila do Starbucks, ou esperando pelos bombeiros!).
3. *Pitch* afiado: todo slide (e toda palavra) precisa de um propósito claro.
4. Narrativa atraente: aprenda a criar emoção sendo você mesmo enquanto apresenta logicamente.
5. Respeite a plateia. Sempre, sempre, sempre se coloque no lugar deles:
    a. Por que eles deveriam estar interessados?
    b. Respeite o tempo deles.
    c. Ouça com seus olhos e ouvidos.

PARTE TRÊS

Dando Vida ao Seu Plano

CAPÍTULO 10

Reunindo os Componentes para Fazer Seu Próprio Plano

Foi uma jornada descobrir como se tornar um dos poucos audaciosos. Você ouviu incontáveis histórias e exemplos. O objetivo era te fazer pensar sobre o seu próprio plano. Tomara que você tenha feito anotações. Se, no entanto, você for uma daquelas pessoas que gosta de assimilar tudo antes de começar a escrever, tudo bem também.

Agora é a hora de juntar tudo para fazer um plano. Apesar de eu recomendar que você escreva ao menos alguma coisa em cada componente, é mais importante que o plano de negócios seja verdadeiramente seu. Às vezes, você precisa aprender as regras antes de quebrá-las. O que fará o seu plano bem-sucedido é ele representar bem *você*.

A palavra-chave agora é "destilar". Menos é mais. A simplicidade vence.

Divida o seu plano de negócios o máximo possível. Preferencialmente, ele caberá em três páginas — uma folha de rosto e depois todos os 12 Componentes nas páginas adjacentes. Isso é mais ou menos tudo o que a sua mente consegue processar. Se você quiser, outros itens podem acompanhar seus componentes em um lugar separado, como seu calendário de eventos. Vou guiá-lo através deste processo, primeiro dando a você as perguntas a serem feitas. Depois, mostrarei um exemplo. Isso lhe dará tudo o que você precisa para preencher seus próprios blocos.

PERGUNTAS E IDEIAS PARA COMPLETAR SEU PLANO DE NEGÓCIOS

O Ano de ________ (Magia, Dimensionamento, Crescimento, Caridade, Comprometimento — Qual Palavra Resume o Seu Ano?).

Este plano é para:

mim
meu time
investidores
todas as anteriores

Este plano é para o ano _____ (do calendário/fiscal) e constrói a fundação de um período de __ anos.

Análise do Ano Anterior:

As maiores lições do ano anterior são ______.
Eu permiti que ______ ocupasse a minha mente. Substituirei esses pensamentos com ______.
Eliminarei completamente ______.
Não permitirei que ______ me pare.
Este ano será diferente porque ______.

Inimigo	Concorrência
• Os inimigos que mais me emocionam são ________. • Meu inimigo específico este ano é ______________. • O inimigo específico do meu negócio este ano é ________. • Quando esmagarmos esse inimigo, eu vou me sentir ____________. • Nós celebraremos _______.	• Nossas principais concorrências diretas são____. • Nossos principais concorrentes indiretos (soluções alternativas) são ________. • Não subestimarei _____ já que é uma real ameaça. • Pesquisarei minha concorrência, encontrando um nicho em mercados de ____________.

Vontade	Habilidade
• Eu terei sucesso porque ______. • Eu preciso ter sucesso porque ______. • Conectar-me com o meu coração é ____________________. • Eu nunca quero ouvir dizer que _______. • Eu quero que minha reputação seja sinônima de __________.	• Minhas três áreas de foco são __. • Lerei __ livros sobre esses temas. • Participarei de __ conferências e workshops. • Eu melhorarei _________ (fraquezas) ao ___________. • Eu farei contratações cruciais em _______ (áreas) para lidar com fraquezas. • Para cumprir a previsão do próximo ano, preciso desenvolver habilidades em __. • Comprometo-me com desenvolvimento pessoal e profissional em ____.

Missão	Plano
• A causa pela qual estou lutando é ______________________________. • A injustiça que estou corrigindo é ______________________________. • A campanha que estou liderando é ______________________________. • O que me incomoda é __________ ______________________________. • O que eu odeio é ______________ ______________________________. • O que eu amo é ________________ ______________________________. • Se eu ganhasse na loteria, dedicaria a minha vida a ______________ ______________________________. • Minha missão é ______________ ______________________ porque ______________________________.	• Eu completei uma análise FOFA. Liste uma para cada: Força = ______________________. Oportunidade = ________________. Fraqueza = ___________________. Ameaça = _____________________. • As pessoas importantes que estou de olho são ____________________ ______________________________. • Os tópicos importantes que estou de olho são ____________________ ______________________________. • Meu plano para crises está completo. Estou preparado para a pior situação e antecipei crises como ______________________________. • Meu calendário do ano está completo, e estou mais ansioso para estas três datas: _______________ ______________________________.

Sonhos	Sistemas
• Os sonhos que mais me empolgam são ______________. • Minha lista de cinco a sete declarações "Imagine se um dia ________" e/ou coisas para fazer antes de morrer são ______________. • Seja específico e defina prazos e recompensas para os seus sonhos. • Tornei meus sonhos visuais ao ___ ______________. • Eu declaro meu sonho como uma futura verdade e viverei no presente como se já fosse realidade.	• Automatizo minha vida e negócio ao ______, o que economiza meu tempo e dobra meu desempenho. • As três fórmulas mais importantes no meu negócio são ____________ ______________. • Minhas três estratégias específicas para motivar faturamento consistente este ano são ____________ ______________. • Implementei sistemas para coletar, analisar e implementar dados. Estes são ______________.

Cultura	Time
• A cultura da nossa empresa é definida por ______________ ______________. • Para ativamente criar a cultura, eu ______________. • Vendo-a para clientes, empregados e parceiros ao ______________. • Os rituais e tradições que se alinham com nossa cultura são _____ ______________. • Nosso "pacote de benefícios" é melhor descrito como __________ ______________.	• Avaliei pessoas essenciais do time de 0 a 60 com o Indicador de Desempenho de Parceiros. Meus empregados mais confiáveis são ______________. • Eu responsabilizo as pessoas ao ______________. • Eu encontrarei __ estrelas do rock para funções em ____________ e lhes pagarei muito acima do valor de mercado, com satisfação.

Visão	Capital
• O impacto que terei nos meus clientes e/ou no mundo é _______ ___________________________.	• Meus diferenciais pessoais mais importantes são _______________ ___________________________.
• Meus valores e princípios mais importantes são _______________ ___________________________.	• Meus diferenciais de negócios mais importantes são __________ ___________________________.
• O que não é negociável é _______ ___________________________.	• Meu *pitch* de elevador é _________ ___________________________.
• Criarei um evento monumental para criar a visão, os valores e os princípios da minha empresa em ______ (data) em ________ (local).	• Tenho uma apresentação clara com uma narrativa envolvente que uso ao recrutar talentos, desenvolver parcerias com fornecedores e levantar dinheiro.

PERGUNTAS E IDEIAS PARA COMPLETAR SEU PLANO DE NEGÓCIOS

Exemplo do Empreendedor Solo

Este plano de negócios foi escrito por um empreendedor solo. Note como este plano de negócios incorpora a vida pessoal e profissional dele; sugiro que você misture as duas ou até mesmo faça uma só para a sua vida pessoal, se achar necessário. Cada plano de negócios é diferente. Novamente, o mais importante é que o seu represente você.

O ANO DA MAGIA

Este plano é para:

Mim
Todas as pessoas com quem trabalho, meu "time".
Este plano é para 2024 e é a fundação de um período de dez anos.

Avaliação do Ano Anterior:

As maiores lições do ano anterior: o foco é a chave, a disciplina cria liberdade.
Eu permiti que projetos pelos quais eu não me importava ocupassem a minha mente. Substituirei esses pensamentos com projetos que me animam e que têm um impacto.
O medo não vai me deter.
Este ano será diferente porque estou comprometido. Sei o quanto me sentirei mal se não cumprir minhas promessas e como minha vida será incrível se as cumprir.

Inimigo	Concorrência
• Os inimigos que mais me emocionam são aqueles que estão no mesmo campo que eu e estão me vencendo por serem mais produtivos. • Meu inimigo específico este ano é a inconsistência. • O inimigo específico do meu negócio este ano são líderes da indústria com maior faturamento que nós no ano passado. • Quando esmagarmos esse inimigo, eu vou construir uma academia de ponta em casa. Provarei que estão equivocados, sendo a minha melhor versão.	• Nossas principais concorrências diretas são outros influenciadores que também focam os mesmos problemas. • Nossos concorrentes indiretos são aplicativos e soluções autossuficientes. • Não subestimarei o impacto da IA e como ela pode comoditizar a informação.

Vontade	Habilidade
• Eu terei sucesso porque sou talentoso, generoso e entrego valor às pessoas. • Eu preciso ter sucesso porque o tempo está passando e estou ficando mais velho. • Conectar-me com o meu coração me mostra que eu quero ter um grande impacto no mundo. • Eu nunca quero ouvir dizer que tenho potencial inexplorado. • Eu quero que minha reputação seja sinônimo de ensinamento, sabedoria e cumprimento de promessas.	• Minhas três áreas de foco são satisfação, marketing e relacionamentos. • Lerei 8 livros sobre esses temas. • Vou participar de 3 conferências e workshops. • Vou parar de agir de forma insegura e ser ousado. • Vou contratar uma empresa de marketing para lidar com a minha fraqueza em alcance. • Para cumprir a previsão do próximo ano, preciso desenvolver habilidades em IA, escrita e marketing. • Vou me comprometer com o desenvolvimento pessoal e profissional em marketing, IA e treinamentos online.

Missão	Plano
• A causa pela qual estou lutando é viver uma vida plena (e mostrar aos outros como fazer o mesmo). • A injustiça que estou corrigindo é marketeiros controlando pessoas, levando-as a tomar decisões ruins. • A campanha que estou liderando é me sentir satisfeito. • O que me incomoda é ver os outros infelizes. • O que eu odeio é saber o que devo fazer e não fazê-lo. • O que eu amo é ver as pessoas tendo ideias e assistir às suas vidas melhorando. • Se eu ganhasse na loteria, dedicaria minha vida a ajudar as pessoas a terem vidas plenas. • Minha missão é educar e empoderar, pois me importo com as pessoas e tenho a experiência e as habilidades para causar um impacto.	• Completei uma análise FOFA: Força = Atencioso. Oportunidade = Novo livro. Fraqueza = Marketing. Ameaça = Disciplina. • As pessoas importantes que estou de olho são James Clear, Andrew Huberman e Joe Rogan. • Os tópicos importantes que estou de olho são o marketing de influenciadores e as tendências de equilíbrio entre vida pessoal e profissional. • Meu plano para crises está completo. Estou preparado para a pior situação e antecipei crises como hiperinflação, problemas na cadeia de fornecimento e aumento de custos de marketing. • Meu calendário do ano está completo, e estou mais ansioso para estas três datas: lançamento do livro, do podcast e uma viagem para a Itália.

Sonhos	Sistemas
• Os sonhos que mais me empolgam são ter uma parceria incrível e ter um impacto na vida de dezenas de milhões de pessoas. • Imagine se um dia eu tiver uma casa que pareça um paraíso e seja também um centro de retiros; se eu for o anfitrião do *Saturday Night Live*; se eu tiver um *talk show* em horário nobre. • Tornei meus sonhos visuais ao criar um quadro de visualização. • Eu declaro meu sonho como uma futura verdade e o viverei no presente como se já fosse realidade.	• Automatizo minha vida e meu negócio ao ser super organizado, pagando a mim mesmo primeiro com investimentos e contratando um *personal trainer*, o que economiza meu tempo e dobra meu desempenho. • As três fórmulas mais importantes no meu negócio são escrever mil palavras por dia, postar três artigos por semana e dedicar três horas semanais em trabalho voluntário. • Minhas três estratégias específicas para motivar faturamento consistente este ano são escrever regularmente no nosso blog, desenvolver nossas redes sociais e cumprir todos os prazos. • Implementarei sistemas para coletar, analisar e implementar dados. Esses processos são terceirizados para uma empresa de marketing.

Cultura	Time
• A cultura da nossa empresa é definida por saúde holística e pela ideia de que todas as coisas importam. • Para ativamente criar essa cultura, mantenho uma rotina consistente e procuro regularmente a magia. • Eu a vendo para clientes, empregados e parceiros ao representá-la. • Os rituais e tradições que se alinham com nossa cultura são autocuidado, música e reunir pessoas. • Nosso "pacote de benefícios" é melhor descrito como: sua vida fica melhor por estar conosco.	• Eu responsabilizo as pessoas ao falar com gentileza, franqueza e autenticidade. • Eu cobro para que as pessoas cumpram os objetivos e mantenham os padrões que decidimos em conjunto. • Eu encontrarei estrelas do rock para funções em marketing e edição e lhes pagarei muito acima do valor de mercado, com satisfação.

Visão	Capital
• O impacto que terei nos meus clientes e/ou no mundo é ajudar as pessoas a tomarem decisões que criam plenitude. • Meus valores e princípios mais importantes são gentileza, gratidão, amor e apreciação. • O que não é negociável é violência, pisar em ovos e não ser autêntico. • Promoverei um evento monumental para criar a visão, os valores e os princípios da minha empresa em 10 de julho em Sedona	• Meus diferenciais pessoais mais importantes são ter empatia e experiências únicas. • Meus diferenciais de negócios mais importantes são toques pessoais. • Meu *pitch* de elevador é que eu mostro às pessoas como tomar decisões melhores para viver uma vida plena. • Eu tenho descrições claras do meu site e nos materiais de marketing.

Agora que você já viu um exemplo, vamos revisar estratégias do melhor jeito de fazer o seu próprio plano

Maneiras de Fazer um Plano de Negócios Eficiente

1. Reúna-se com seu time e com sua família para criar o plano.
2. Saiba para quem você o está escrevendo (você mesmo, seu time, investidores).
3. Faça-o emocional para que motive você e seu time.
4. Compartilhe-o estrategicamente — tenha a estratégia correta para implementá-lo.
5. Adicione indicadores cruciais de desempenho e incentivos à sua estratégia e os monitore com frequência.
6. Simplifique-o o suficiente para que você olhe para ele semanalmente sem se perder.

7. Identifique problemas com antecedência e já tenha um plano de contingência e redirecionamentos.
8. Analise-o no final de cada trimestre para estudar padrões e recalibrá-lo.

O PLANO É SEU

Os componentes estão aí para serem guias e uma estrutura. Prefiro que você escreva frases e planos curtos e impactantes do que encha linguiça. Todos nós temos objetivos e planos diferentes. Lembre-se de que não existem respostas erradas e encontre o equilíbrio entre sonhar alto e escolher objetivos que você pode realizar. Lembre-se também de que, quando você define as recompensas antecipadamente, entra no estado emocional necessário para superar dificuldades.

CAPÍTULO 11

Implementando o Plano

O teste final de um líder é inspirar nos seus sucessores convicção e vontade de prosseguir.

Walter Lippmann, escritor, repórter e comentarista político

Você conseguiu! Só os poucos audaciosos organizam os 12 Componentes e chegam até aqui. Agora você tem um plano de negócios. Como você fez o que tão poucos estão dispostos a fazer, está cada vez mais perto de construir um negócio multigeracional.

Você deve estar animado. Também deve estar sozinho neste momento. Escrever um plano de negócios é um processo solitário, pelo menos no primeiro rascunho. Gerenciar um negócio não é.

Essa é a boa notícia. E o melhor é que eu te mostrarei como se aproveitar de todo esse trabalho duro. Você tem a mistura perfeita de emoção e lógica para fazer deste o melhor ano para si mesmo e para aqueles ao seu redor. Agora, você precisa de uma estratégia para implementar o seu plano de negócios para todos.

É indispensável considerar todos os componentes, independentemente de onde você esteja na sua vida pessoal ou empresarial. Os próximos passos serão diferentes para cada um. Digamos que você é um estudante que quer largar os estudos para abrir uma empresa. O mais importante é envolver os seus pais, já que eles podem te oferecer casa e comida de graça. Se você administra um negócio, envolva seus investidores, fornecedores e parceiros. Se você é um líder de vendas, obviamente deve envolver o seu time, mas também o seu chefe — que aloca recursos. Mostre um plano incrível a ele ou ela, e uma boa parte do orçamento de marketing pode acabar indo para você.

Seu objetivo é fazer uma apresentação com tudo que escreveu nos 12 Componentes. Você não está apenas falando do seu plano para as pessoas. Você as está *envolvendo* nele. Usei essa palavra de propósito. Alistar soa muito militante. Contar é muito sem graça. Envolver é um convite. Quando você se garante no uso da emoção e da lógica, não precisa vender. É só compartilhar seu plano de maneira autêntica que as pessoas se envolverão.

Os Passos Depois de Organizar Seus Componentes

Estas são as suas próximas nove jogadas:

1. Compartilhe seu plano com uma pessoa de confiança, preferencialmente de fora da sua organização, para receber feedback.
2. Edite e refine seu plano. Ensaie em voz alta até memorizá-lo completamente.
3. Faça reuniões com *stakeholders* importantes. Escolha bons locais (costuma ser melhor fora do escritório, ainda mais se for relacionado ao seu tema do ano).
4. Faça uma apresentação bem ensaiada que equilibre lógica e razão. Primeiro fale do porquê, depois mostre como fazer.
5. Defina indicadores-chave de performance e objetivos a curto e longo prazo.
6. Combine prêmios, bônus e incentivos por atingir objetivos.
7. Organize o calendário do ano inteiro para todos. Atribua responsabilidades.

8. Faça uma visualização do plano (plastifique, faça cartazes e camisetas etc.).
9. Confira o progresso e retifique o necessário, regularmente.

Parece bastante trabalho, não é? É claro que é. Imagine passar dias escrevendo receitas super detalhadas para as refeições da semana. O trabalho acaba aí ou ele só está *começando*? Uma coisa é ter a receita. A outra é encontrar os ingredientes, ter o equipamento certo na cozinha e cozinhar. E depois fazer tudo de novo na semana seguinte.

Ou, como outra metáfora, você extraiu um bloco de granito. Agora, você precisa virar um escultor para refiná-lo e trazê-lo à vida. Você não pode improvisar o resultado. Precisa de tempo para se envolver e se certificar de que *você* está comprometido antes que outros te sigam.

QUANTO MAIS, MELHOR (E MAIS REALIZADO E COMPROMETIDO)

Antes de entrarmos nos detalhes da implementação do plano, quero te contar uma história de um amigo meu que foi para Yale. Ele fez uma matéria de administração no primeiro semestre do primeiro ano. A professora falou com os alunos como se eles fossem se tornar gerentes de alto nível, nada além do esperado em uma universidade da Ivy League. Ela perguntou o que eles considerariam mais importante em um chefe quando começassem suas carreiras. No topo da lista, estavam autonomia, possibilidade de ascensão e crescimento. Ela então perguntou o que funcionários comuns consideravam importante. No topo daquela lista estavam salário, benefícios e privilégios, como dias de folga.

De acordo com o meu amigo, a professora de Yale fez um ótimo trabalho, forçando seus alunos a refletirem. Ela perguntou, "Por que vocês acham que o que é importante para *vocês* não é importante para os outros?" Ela então mostrou estatísticas que apontavam que pessoas de todos os níveis diferentes de uma empresa valorizavam as mesmas coisas. Ela deixou implícito que esses elitistas de 18 anos não sabiam de nada sobre o que *todos* valorizam. Meu amigo pode ter entrado naquela sala desinformado, mas saiu com a lição importante de que as pessoas, de modo geral, querem as mesmas coisas.

Digo isso porque você deve estar se perguntando se todos na sua organização precisam criar o próprio plano. A resposta é que todos deveriam ter a *oportunidade*. Você não quer fazer parte, não quer liderar uma empresa em que todos planejam seus sucessos e definem o que querem da vida? Eu sei que eu quero, e que quanto mais pessoas em uma organização criam um plano de negócios, melhor ela fica. Afinal, o motivo de eu ter escrito este livro foi para que todos tivessem uma fórmula para escrever um plano de negócios.

Lembre-se de que a maioria das pessoas não tem uma visão e não consegue atrasar a gratificação. Não é à toa que essas duas estão relacionadas. Mostre às pessoas *como* criar uma visão e elas se tornarão mais disciplinadas. Isso é útil para um zelador ou um recepcionista? Pense assim: Para quem isso não seria útil?

Imagine perguntar ao seu recepcionista ou estagiário, "Quem você quer ser e como será a sua vida daqui a cinco anos?"

Existe uma boa chance que eles te digam que ninguém nunca perguntou isso a eles antes. Mostre que você se importa com eles e ajude-os a responder, e eles podem se mostrar pessoas completamente diferentes. Eles se empenharão em serem excelentes, melhorando suas performances. Além disso, eles poderão vestir a camisa da empresa por acreditar nela. Pode apostar que dirão à família e aos amigos que você foi a primeira pessoa que se interessou pelo futuro deles.

Fiz essas perguntas a um dos nossos analistas de marketing júnior. Eu queria sondá-lo um pouco e, como você pode imaginar, perguntei se ele tinha inimigos ou se alguém duvidava dele. Então perguntei, "Você quer viver uma vida tranquila ou quer ganhar mais dinheiro e avançar na sua carreira?"Ele disse que só queria viver uma vida tranquila.

No dia seguinte, ele veio até o meu escritório e disse que mal dormira. Ele não conseguia parar de pensar nas minhas perguntas. Lembrou-se de como seu tio sempre falava que ele nunca seria nada na vida e, apesar de seus pais não concordarem, também não o defendiam. Quando ele percebeu que provaria que o tio estava certo, vivendo uma vida tranquila, sua perspectiva mudou. Isso nos levou aos componentes, onde identificamos as habilidades de que ele precisava para melhorar. Eu perguntei, "Do que você precisa para fazer isso acontecer? Quais *hard skills*? Quais habilidades humanas?"

Eu só fiz perguntas. As reflexões e respostas dele criaram a mudança de paradigma. Baseado no que vi nos últimos seis meses, não duvido que ele se torne o chefe do departamento de marketing antes dos 30.

Se você acha que 12 Componentes são demais, eu criei uma versão resumida do plano que pode ser mais apropriada para algumas pessoas. Eu o chamei de Plano de Negócios de Uma Página e está no apêndice B. Você também pode baixar um PDF e assistir a um vídeo, "Como Escrever um Plano de Negócios de Uma Página", em chooseyourenemieswisely.com. Só estou falando disso agora porque primeiro queria mostrar a vocês, os poucos audaciosos, todos os 12 Componentes. Pode ser útil para alguns dos seus funcionários, seus estagiários ou até seus filhos. Peça que preencham o plano de negócios de uma página se eles te parecerem sobrecarregados em algum momento.

Nunca pararei de repetir que é impossível ser um grande líder sem saber os componentes das pessoas. Meus colegas me dizem que sou ótimo em provocar os outros. Como você acha que eu sei *como* provocar? Pergunto qual é a visão das pessoas, quem são seus inimigos e para quem elas trabalham. Eu não administro as pessoas na direção dos *meus* sonhos e objetivos, e sim dos sonhos e objetivos *delas* — os que elas escreveram em seus planos de negócios. Sem coletar esses dados e analisar os componentes das pessoas, você não consegue ser um líder eficiente.

ENSINANDO AOS OUTROS COMO ESCREVER SEUS PLANOS

Como eu disse, quanto mais pessoas fazem um plano de negócios, melhor para a sua organização. Mas você não quer dar essa tarefa sem ensinar como fazê-la. Isso parecerá uma perda de tempo e deixará todos frustrados.

Não significa que você deva liderar o treinamento. Se, por exemplo, você tiver um ótimo diretor de RH, ele ou ela pode ser a pessoa certa para isso. Já que pode ser desconfortável conversar com o CEO, é melhor ter alguém em quem as pessoas confiem e com quem possam baixar a guarda. Cada chefe de departamento pode ensinar para seus subordinados diretos. Se esse for o caso, lidere o treinamento dos seus chefes de departamento.

A outra chave para isso é ter exemplos, e não necessariamente seus. As pessoas têm dificuldades com componentes vazios. Não quer dizer que eles devam ser múltipla escolha, mas que você deve dar ideias e exemplos, preferencialmente vindos de pessoas com quem possam se identificar. Se você falar coisas como "dominar o mundo" ou "alterar drasticamente a indústria" ao falar de visão, ninguém vai saber o que escrever no plano de negócios. É melhor dizer, "Eu preciso fazer um curso na Udemy sobre web design, aprender italiano e economizar US$15 mil para dar entrada em uma casa."

Falei de Bob Kerzner mais cedo. Ele não só foi o presidente da LIMRA e um membro do meu conselho, mas também o vice-presidente executivo da Hartford Life por trinta anos. Ele me ensinou muito sobre planos de negócios. Sabia o quão intimidante uma folha em branco pode ser. É por isso que ele tinha perguntas específicas para ajudar as pessoas com suas respostas quando elas estavam escrevendo planos de negócios. Kerzner disse:

> As pessoas de vendas são ótimas falando de números. Criei um formato que lhes dava tudo para o sucesso. Os números os levavam às suas próprias conclusões sobre o que precisavam fazer. Pergunte: "Quanto você quer ganhar ano que vem? Quanto você queria ganhar ano passado? Quanto você ganhou ano passado? O que você precisa fazer de diferente?"

> Meu formato lhes indicou o que fazer. Eliminando o atrito do processo, você faz com que as pessoas vejam o que elas *querem* e o que elas *precisam* fazer.

Em um mundo perfeito, o maior número possível de pessoas faz um plano de negócios. Incluindo seus filhos, seus parentes próximos, seu assistente pessoal e seus fornecedores. Na verdade, ajudar as pessoas nesse processo é uma ótima maneira de fazê-las se sentirem melhores e de ganhar simpatia como parente, amigo e colega.

TIMING E SEQUÊNCIA

Sou obcecado em ter a sequência dos meus eventos na ordem certa. A data da apresentação do seu plano é essencial. Uma maneira é colaborar com todos em seus planos de negócios e depois reuni-los para compartilhá-los. Nessa reunião, você apresenta o seu plano — o plano diretor da empresa — para todos. Baseado no que você apresentar, as pessoas provavelmente acrescentarão aos seus planos. Se, por exemplo, parte da sua visão é expandir para a América do Sul, alguém do seu time pode assumir a liderança disso, o que mudará o plano dele ou dela.

Pensando que isso seja para o final do ano, o *timing* pode ser assim:

> 1º de outubro: Anuncie o local e a data para o evento de planejamento de negócios em dezembro. Anuncie o local e a data do treinamento de planos de negócios em novembro. Deixe claro que completar o plano é um pré-requisito para participar.
> 15 de novembro: Treinamento de duas horas no Zoom sobre como completar o plano.
> 22 e 29 de novembro: Período disponível opcional para responder perguntas sobre o plano.
> 6 de dezembro: Chamada no Zoom com o CEO sobre a importância do plano. Isso é particularmente importante se o CEO não estiver liderando o treinamento.

15 e 16 de dezembro: Workshop presencial. Um dia é bom. Dois é melhor. Fora do escritório é bom. Bem longe dele, é melhor.
29 de dezembro: Prazo para as visualizações e afazeres do workshop.

O Ano Seguinte:
29 de março / 29 de junho / 29 de setembro: Chamada no Zoom sobre responsabilidades e retificações trimestrais.

Pense no tipo de plano de negócios que você criou e recebeu no passado, quando você fazia as coisas no automático ou não ensinava como escrever o plano. Antes de eu começar a ensinar os 12 Componentes, as pessoas apareciam com meia página de *bullet points*.

Agora, imagine como foi depois de elaborar esse cronograma. Ninguém ousaria aparecer no workshop sem um plano detalhado. Primeiro, eles aprenderam como fazer, e segundo, por causa dos horários disponíveis, você eliminou a desculpa número um: Eu não sabia o que dizer. Além do mais, quando o seu time vir o quão minucioso você foi, eles farão o mesmo. Consegue imaginar seguir esse cronograma que acabei de mostrar e não ter os melhores planos que fazem o melhor ano?

Você precisa esquematizar o *timing* sozinho. Estou disponibilizando este como um exemplo do quão preciso e detalhado ele precisa ser. Se a parte mais importante do seu plano é levantar dinheiro, o calendário será bem diferente. Talvez demore meses para fazer a contratação que te permita começar a fazer uma apresentação e contatar investidores.

O principal é:

1. Sequência.
2. Precisão.
3. Comprometimento.
4. Liderar à frente (ou seja, você dá o exemplo).

VENDENDO O PLANO

Onde você mostra o plano faz toda a diferença. O que deixará as pessoas mais empolgadas? Às vezes, você precisa ir para longe com o seu time. Eu já aluguei mansões em Palm Springs, Califórnia, e em Whitefish, Montana, um chalé de esqui em Aspen, Colorado, e o Castelo de Oheka em Long Island, Nova York.

Quando a reunião acabar, é importante acompanhar os itens pontualmente depois de implementar o plano. Os entregáveis e os próximos passos são cruciais.

Por que os detalhes são tão importantes? As pessoas precisam ver que você se importa com isso. Elas então alcançarão o seu nível de dedicação ao plano e o quanto você se importa com ele.

Lembre-se de que você quer *envolver*, e não recrutar. Você quer ser convidativo e inspirador. Que as pessoas sintam a energia irradiando de você. Você precisa vender o sonho e explicar a causa, mas ainda de maneira simplificada.

Todo vendedor sabe que, durante uma apresentação, tudo o que o cliente em potencial quer saber é "O que eu ganho com isso?" Os representantes ruins se perdem nos detalhes ou em seus próprios objetivos. Os eficazes constantemente retornam aos desejos e necessidades do cliente em potencial.

Quando você está vendendo o seu sonho para os seus empregados, está vendendo como ele vai ser para *eles*. Você vai usar as quatro palavras mágicas várias vezes: "Imagine se um dia..."

Quais serão as recompensas deles se vocês forem bem-sucedidos? Mostre o impacto em dinheiro, carreira, história, legado e família. Descreva como será conhecer uma versão nova e melhorada deles mesmos.

Mantenha o equilíbrio entre emoção e lógica. Os componentes foram pensados para que tudo isso flua naturalmente e que não haja surpresas. Você precisa motivar os outros com emoção. Ao mesmo tempo, a menos que você tenha lógica, eles questionarão *como* realizará tudo. Assim que o impulso for criado, você terá um plano de negócios vivo que motivará a todos ao seu redor.

DEFINAM AS RECOMPENSAS JUNTOS

Sempre há um equilíbrio delicado que um líder deve manter entre reunir informações e tomar suas próprias decisões. Por exemplo, criar uma política de trabalho remoto deve ser sua ideia. Claro, você pode pedir opiniões e consultar as pessoas, mas não é algo que deva ser decidido por votação.

Gosto de reunir informações sobre recompensas. Depois de definir os seus OGACs, pergunte ao seu time o que eles querem quando os alcançarem. Para começo de conversa, isso cria a emoção de atingir realmente o objetivo. Aposto que você consegue imaginar alguém no seu time (talvez seu melhor representante de vendas) dizendo algo como, "Quando atingirmos nosso objetivo, vamos todos comprar ternos sob medida, Rolexes ou bolsas da Gucci, e viajar para a Jamaica para uma festa na praia com Ziggy Marley." Aí tudo o que você precisa dizer é, "É só isso que vocês precisam para atingir aquele objetivo? Eu não consigo ouvir todo mundo."

Você vai ouvir um rugido e saber que todos estão dentro. Senão, é hora de voltar a planejar.

Eu acho que essas são as melhores negociações. Você está se atrasando um pouco, mas também está sorrindo e desafiando os outros. Como líder, talvez você diga algo como, "Você realmente acha que consegue um faturamento de US$55 milhões este ano, John? E você quer realmente a McLaren? Com sessenta e cinco milhões é uma McLaren para você e uma para o seu amor, o que acha?"

Você está fazendo as pessoas sonharem. Graças a você, elas estão em um nível em que podem visualizar o sucesso. É claro que você não promete duas McLarens se não conseguir pagar por isso, mas, a menos que o seu negócio tenha margens de lucro estreitas, seria incrível ver um casal no seu time com US$65 milhões de faturamento anual.

Também é um ótimo lugar para desafios. O melhor momento para dizer às pessoas que falem menos e ajam mais é quando elas declaram seus objetivos e outros duvidam delas. Eles começam a apostar, e você pode torcer para qualquer time: "Se o Time A vencer do Time B, eu compro três pares de Louboutins ou Ferragamos para todos, e os perdedores têm que engraxá-los."

Em questão de implementação, se o seu time estiver motivado, não pense que eles *continuarão* motivados e concentrados na tarefa. A liderança e o comprometimento com o plano precisam ser constantes.

Pelo menos uma vez por semana, você precisa vender esses componentes, relembrar ao seu time que eles podem atingir seus objetivos e ganhar recompensas com eles. Você não envolve as pessoas uma vez e pressupõe que elas continuarão assim. É constante. É por isso que você cria visualizações, as plastifica e faz camisetas com a sua palavra do ano. Se você não é um visionário por natureza, nunca acordará do nada um dia pensando como um. É por isso que você põe sua visão diante de você e do seu time e os recompensa pelo esforço em realizá-la.

RESPONSABILIZANDO AS PESSOAS

A linguagem importa. Assim como você fala a língua dos sonhos e usa frases como "Imagine se um dia...", você também precisa de uma linguagem de responsabilidade. A linguagem certa traz os resultados certos: "Em que ponto você está? Qual é o status? Você está adiantado?" Não há magia nenhuma nessas frases, mas o importante é que você está fazendo a pergunta.

Quem te responsabiliza? Como? Com qual frequência?

Quem você responsabiliza? Como? Com qual frequência?

Você precisa ter parceiros de responsabilização, inspeções e levantamentos como parte do seu plano. Comece analisando o quão bem você faz isso agora. Você é bom em responsabilizar os outros? Por que sim ou por que não? Se não é, provavelmente é porque você não tem as ferramentas para lidar com conflitos e/ou porque você quer que sempre gostem de você. Para responsabilizar os outros, é preciso consertar essas falhas imediatamente, mas ambas são necessárias. Você pode copiar uma frase que eu uso muito, que é, "Vocês podem me odiar agora, mas vão me amar daqui a vinte anos."

Avalie o quão bom você é nos seguintes (de 1 a 5):

____ Construir relacionamentos.

____ Verificar os resultados das suas expectativas.

____ Definir prazos e responsabilizar pessoas.

____ Desenvolver mentalidades.

____ Liderar à frente dos outros.

____ Incutir um ambiente competitivo.

TUDO COMEÇA E TERMINA COM O LÍDER

Planos de negócios e startups têm muito em comum. As pessoas se envolvem demais com os detalhes, a apresentação e a tecnologia, mas o que mais importa são as pessoas. A Harvard Business School publicou um trabalho chamado "How Do Venture Capitalists Make Decisions?" Aqui está um trecho do resumo:

> Pesquisamos 885 investidores institucionais de risco (IRs) em 681 firmas... Ao selecionar investimentos, os IRs consideram a equipe administrativa mais importante do que produto ou tecnologia, características relacionadas aos negócios. Eles também atribuem a possibilidade de sucesso nos investimentos mais ao time do que ao negócio.

É ótimo que *Shark Tank* tenha trazido o empreendedorismo e a avaliação de empresas para as massas, apesar de eu achar que muitas pessoas acreditam, erroneamente, que ter um produto exclusivo ou uma patente é o mais importante. Não é. O mais importante é o líder. Eu não invisto em empresas. Invisto em líderes. Não me empolgo com ideias. Eu me empolgo com empreendedores. Não tenho fé na tecnologia, e sim em um CEO.

Assim como uma empresa trabalhará muito no P&D de um produto, nós trabalhamos muito nos nossos componentes. Todos os doze são importantes. Mas o mais importante é você!

Para o seu plano, você descobriu o que te motiva. Aprendeu como economizar tempo para ser mais eficiente. Identificou ameaças e vazamentos para ser a sua melhor versão. Ele é abrangente porque a única maneira de ter sucesso é sendo o seu melhor — em termos de atitude, habilidades, organização e energia.

Como você fará com que este plano seja o que acelera os seus negócios e te leva para outro patamar? Não é uma coisa só. São doze. É olhar para o seu futuro, visualizar sucesso e arrependimento. Você precisa sonhar e se conectar com a sua imaginação, falando o tempo todo "Imagine se um dia...", e então criar os hábitos para realizá-la. Tudo isso enquanto se inspira com as suas visualizações que estão sempre diante de você. Saber quem você quer arrebentar vai manter o fogo da sua motivação aceso.

Quando cumpre as suas promessas, você se torna mais confiante. Os outros te verão de outra maneira porque você se comporta de outra maneira. Isso vem de uma crença interna de que você honra a sua própria palavra.

Uma pergunta que eu faço a outros líderes o tempo todo é, "Posso depositar a sua palavra?" Se eles não entendem, faço a pergunta de outra maneira. "Quando você diz algo, posso considerá-lo dinheiro garantido na minha conta ou esse cheque vai ser devolvido?"

Se as pessoas podem depositar a sua palavra, o seu *score* de credibilidade dispara. Seu *score* de credibilidade é como o seu *score* de crédito — é um registro contínuo de cada compromisso que você teve ao longo dos anos. Quando esse valor aumenta, você começa a acreditar em si mesmo. Sua confiança cresce. É vitória atrás de vitória.

E o que acontece com todas aquelas pessoas que você desistiu de tentar mudar, que você parou de *dizer* o que deveriam fazer?

Macaco vê, macaco faz.

Ao honrar a sua palavra e manter seus compromissos, você *mostrou* a fórmula a elas. Você demonstrou o que é necessário ao cumprir as promessas que fez a si mesmo e aos outros. Isso é a liderança. Isso é o que muda você e muda famílias.

Agora que sei o quanto você está preparado, quero que passe a focar fazer os outros serem as suas melhores versões. Para você ter o melhor ano da vida, o mesmo tem que acontecer para a maioria daqueles ao seu redor. O mais importante para liderá-los é ensiná-los a completar seus planos de negócios. Não os faça por eles. Faça perguntas e os oriente para que eles reflitam e escrevam sozinhos. Assim, o seu trabalho como líder será muito mais eficaz.

É impossível não saber o que é importante para você depois de completar todos os complementos. Também é bom ter um líder que te responsabilize. Quando Jack Welch trabalhava na General Electric como engenheiro químico júnior, ele queria se demitir. Quem o impediu foi um mentor que o convenceu a ficar. Vinte anos depois, Welch se tornou o CEO e presidente do conselho administrativo mais jovem da empresa. Ame-o ou odeie-o, durante seu mandato como CEO, o valor de mercado da empresa aumentou de US$12 bilhões em 1981 para US$410 bilhões quando Welch se aposentou em 2001.

O que a história de Welch tem em comum com a maioria? Quase sempre há um *líder* na vida daquela pessoa. Alguém que acreditou nele ou nela. Talvez fosse um técnico, um gerente ou um parente. Nada engrandece mais as pessoas do que um líder que honra sua palavra. E é por isso que o líder é o indicador número um de sucesso nos negócios.

Por mais minucioso que um plano seja, ninguém pode gerenciar a si mesmo (incluindo você). As pessoas são humanas. Elas terão dias ruins. Elas vão se distrair. Você precisa estar lá para mantê-las focadas. Você deve sempre as lembrar do que é importante para *elas*. Dependendo da pessoa, você pode lembrá-la de seus inimigos ou *haters*. Algumas pessoas reagem melhor a evitar o medo, enquanto outras reagem a atingir seus objetivos. Saber quem é quem é o sexto sentido de um grande líder.

Conclusão

Apostem contra mim, ca**lho. Apostem contra mim. Me digam que não vou conseguir. Me digam que vai dar errado. Eu amo isso. Amo cada minuto disso.

Dana White, presidente do UFC

Em 18 de março de 2012, no programa *60 Minutes*, Scott Pelley entrevistou Elon Musk sobre exploração espacial. Musk tinha 41 anos e valia aproximadamente US$2 bilhões. Poucos acreditavam na Tesla, que tinha um valor de mercado de US$3,6 bilhões naquela época, e muitos duvidavam do próprio Musk. Muitos disseram que ele teve sorte ao vender suas ações do PayPal por US$180 milhões para o eBay como parte de uma aquisição de US$1,5 bilhão.

Durante a entrevista, havia tensão no ar quando Pelley olhou para Musk e disse, "Você sabe que alguns heróis americanos não gostam dessa ideia. Neil Armstrong e Gene Cernan são contra voos espaciais comerciais do jeito que você está fazendo. Eu me pergunto o que você pensa disso."

A maioria dos CEOs, no *60 Minutes,* parecem robôs. Eles foram treinados para não demonstrar emoções e se manterem centrados e consistentes. Mas você podia ver os olhos de Musk se enchendo de lágrimas. Ele não estava tentando contê-las. Ele respondeu, "Eu fiquei muito triste com isso, porque aqueles caras, é, aqueles caras são meus heróis, então é bem difícil."

Pelley continuou cutucando essa ferida emocional. Ele perguntou, "Eles foram a sua inspiração para isso, não é?"

"Sim."

"E vê-los atirando pedras em você..."

"É difícil."

Neste ponto, Musk está deixando clara sua decepção.

"Você pensava que eles torceriam por você?"

"Certamente esperava que sim."

"O que você quer provar para eles?"

"Eu quero fazer a diferença no voo espacial e fazer isso acessível para quase todo mundo."

Ainda fico arrepiado assistindo a essa entrevista. Imagine se alguém estivesse te entrevistando, perguntando sobre os seus heróis, suas mágoas e seus sonhos. Você se emocionaria? Se sim, o que *faria* com essa emoção? Mesmo que ficasse mexido emocionalmente, você teria um plano para canalizar essa emoção?

Na década seguinte a essa entrevista, a Tesla foi de uma empresa de US$3,6 bilhões para a segunda mais rápida a superar uma avaliação de US$1 trilhão (ela demorou doze anos; o Facebook, nove). Enquanto isso, em 2018, o Falcon Heavy da SpaceX colocou um Tesla Roadster em órbita ao redor do Sol. Ela foi a primeira empresa a orbitar um foguete de combustível líquido com financiamento privado e a ter três foguetes retornando com segurança à Terra. Depois, em 2019, a SpaceX se tornou a primeira empresa privada a enviar astronautas para a Estação Espacial Internacional. Dependendo do que está acontecendo na bolsa de valores, Musk é normalmente a pessoa mais rica do mundo.

Estamos falando sobre Musk porque ele realizou sua visão e seus objetivos audaciosos. Seria inteligente perguntar, quais foram as chaves para o seu sucesso?

Foi porque ele conseguiu identificar sua concorrência ou porque ele tinha inimigos (internos e externos) dos quais não estávamos cientes?

Foi por causa da sua busca incessante por novas habilidades ou por sua vontade de alcançar o sucesso?

Foi porque ele tinha um plano estratégico brilhante ou uma missão atraente?

Foi porque ele criou sistemas para escalar empresas ou porque seus sonhos eram muito cativantes?

Foi porque ele montou o time certo ou porque ele criou a cultura certa?

Foi porque ele arrecadou tanto capital ou porque ele sabia como fazer os outros acreditarem na sua visão?

É tentador escolher um lado. É natural pensar em termos de e/ou, emoção *ou* lógica. Mas nós sabemos que não devemos escolher um lado. Espero que você tenha notado os 12 Componentes nas perguntas anteriores e rapidamente entendido que Musk precisou de todos os 12 para ter sucesso.

Uma pergunta que vale a pena fazer é: O que aconteceu primeiro com Musk? Ele já tinha um plano lógico para chegar ao espaço e depois usou emoção para motivá-lo? Ou seu desejo surgiu na infância, enquanto ele lia *O Guia do Mochileiro das Galáxias* e tentava lidar com as feridas emocionais de ter um pai abusivo?

Quando Musk ganhou US$180 milhões com a venda do PayPal, ele teve que fazer algumas escolhas. Antes de decidir onde colocar esse dinheiro, ele precisava saber qual era a sua visão e o seu plano. Ele poderia ter escolhido descansar e celebrar o seu sucesso, talvez navegando pelo mundo ou relaxando em uma ilha. Relaxar claramente não resolveria sua maior questão, o que explica por que ele investiu *todo* o dinheiro em três empresas: US$100 milhões na SpaceX, US$70 milhões na Tesla e US$10 milhões na Solar City. O coração seguiu o dinheiro ou o dinheiro seguiu o coração?

E o que eu diria se tivesse que escolher só um motivo pelo qual Musk teve tanto sucesso?

Que ele escolheu seus inimigos com sabedoria… e ele continua encontrando novos inimigos.

Você constrói um ótimo carro: oitocentos cavalos, um chassi incrível, que vai de 0 a 97 quilômetros por hora em 2,8 segundos. Mas só isso não fará o carro andar. Você precisa de algo mais para movê-lo.

Você precisa de gasolina. Combustível.

Recrute o seu inimigo e você encontrará esse combustível. Não há nada que produza esse tipo de emoção. É por isso que você deve escolher seus inimigos com sabedoria.

Repeti várias vezes que um plano de negócios precisa *te motivar*. Sem motivação, sem emoção, você não seguirá adiante. A correnteza emocional dentro de você é uma lembrança constante do *porquê* está trabalhando tão duro. Sabendo como fazer perguntas que exploram os seus maiores desejos (assim como Pelley fez por Musk), seu plano ganha um novo significado.

Eu também acredito que só a emoção não é suficiente. Musk, como todos nós, precisava de um plano lógico com detalhes precisos de como canalizar a emoção. A emoção é o *porquê*. A lógica é o *como*. Elas dão origem a ações específicas necessárias para abrir uma empresa, escalar uma empresa e construir a sua vida dos sonhos. Se você escreve o plano e se compromete a executá-lo, pode alterar o rumo do seu legado.

Completando os 12 Componentes, você passou no teste. Você está preparado para ter o melhor ano até agora. O seu melhor ano é um passo na direção da sua melhor vida.

O empreendedorismo pode ser a resposta para aqueles que buscam uma vida melhor. Mas é difícil. Há desafios em cada esquina, e os maiores estão no começo do caminho. Sonhadores precisam de orientação. Empreendedores precisam de ferramentas. Líderes de negócios precisam de um plano acessível e prático.

Quando fui atrás da orientação e dos conselhos para escrever um plano de negócios, eles não existiam. É por isso que você tem este livro em suas mãos. De uma vez por todas, você tem um guia completo para te mostrar como fazer um plano de negócios de sucesso.

Meu porquê é impacto.

Meu porquê é esperança.

Meu porquê é usar os negócios para resolver os maiores problemas do mundo.

Tudo começou 21 anos atrás, quando escolhi o inimigo certo. Se você está pronto para construir um negócio multigeracional, só há uma coisa a fazer: Escolha seus inimigos com sabedoria.

Agradecimentos

Quanto maior a visão e maior o desafio, mais forte o seu time deve ser. Este livro, desde o começo, foi um desafio. Editoras diziam que seria difícil fazer um livro empolgante sobre planejamento de negócios Elas também diziam que seria quase impossível fazer exatamente o que eu queria, escrever um livro para pessoas em todos os níveis — fundadores, intraempreendedores, empreendedores solo, líderes de vendas e CEOs de empresas da Fortune 500. Eu também queria que o livro fosse útil para várias indústrias — negócios, esportes, exército, vendas, clero e política. E mais ainda, queria oferecer algo que mudasse o jogo para as pessoas que eu mais respeito: empreendedores e qualquer um disposto a entrar na arena e competir.

O que muitos viam como um problema, eu via como uma oportunidade. Se eu te perguntasse qual é o melhor livro sobre vendas na sua opinião, você pensaria em um título imediatamente. O mesmo vale para outros sobre liderança, administração e estratégia. Mas se eu te pedisse um livro sobre planejamento de negócios, você não conseguiria pensar em nada. É porque nunca houve um livro referência sobre escrever planos de negócios. Nosso time decidiu ver isso como um desafio.

Escrever este livro exigiu um grupo especial de pessoas. Eu conhecia a reputação de Adrian Zackheim como o melhor editor de livros de negócios. Pude perceber que ele comprou a ideia logo na primeira vez que a apresentei para ele. Por mais animado que eu estivesse, ele demonstrava ainda mais entusiamo, já pensando em maneiras de como melhorar o livro. Isso não teria acontecido sem os meus agentes, Jan e Austin Miller, que me acompanharam o tempo todo.

Quando falei com Adrian e o seu time, fiquei encantado com o quanto eles eram meticulosos com todos os detalhes. Precisamos de seis chamadas no

Zoom só para escolher o título certo. Niki Papadopoulos e Megan McCormack mostraram o mesmo nível de comprometimento com o manuscrito.

Uma das muitas razões de eu valorizar tanto a lealdade é que ela me permite economizar tempo. Já que Greg Dinkin foi o colaborador em *Suas próximas 5 jogadas*, e Mario Aguilar e Kai Lode foram editores e contribuidores valiosos, eles foram chamados primeiro. Três anos depois de estrear como o best-seller do *Wall Street Journal* em agosto de 2020, *Suas próximas 5 jogadas* está vendendo mais cópias do que quando foi publicado pela primeira vez. Já que eu queria criar outro livro continuamente relevante, montamos o mesmo time.

O meu time pessoal já estava montado. Tudo começou com os meus pais, Gabreal Bet-David e Diana Boghosian. Eu não seria quem sou sem eles. Ter meu pai vivendo conosco tem sido uma bênção incrível, e eu sou grato por cada momento que posso passar com ele. Nossa casa tem sido um santuário. Sou extremamente grato à minha esposa, Jennifer, por me apoiar desde o começo. E ela conta com Melva, que esteve conosco por quinze anos e faz parte da nossa família.

O que faz tudo valer a pena são meus filhos, que me mantém energizado. Patrick (onze), Dylan (dez), Senna (sete) e Brooklyn (dois) iluminam a minha vida. Também tem sido ótimo ter seus primos por perto. Grace (quinze) e Sean (catorze) são ótimos exemplos graças à minha irmã, Polet, e seu marido, Siamak Sabetimani.

Falando de exemplos, meu círculo interno é composto por poucas e seletas pessoas. Tom Ellsworth, o Biz Doc, e sua esposa, Kim, tornaram-se parte da nossa família. Enquanto estávamos escrevendo este livro, minha empresa estava no meio de uma saída. Tom e eu viramos a noite quando estávamos em Mônaco para tomar decisões importantíssimas, envolvendo centenas de milhões de dólares. Quando mais importava, Tom mostrava serviço.

Nunca elogiarei o suficiente Mario Aguilar, que esteve ao meu lado por dezoito anos e é um exemplo de lealdade. Sua esposa, Barbie, fez de Mario um homem melhor ainda, e o nascimento do filho deles, Gabriel, foi celebrado por todos nós.

Sou imensamente grato ao time de liderança da PHP Agency, que aceitou a minha visão quando tudo estava contra nós. Tudo começa com Maral Keshishian, a atual presidente, e Tigran Bekian, um homem de "mil e uma utilidades" com quem sempre posso contar.

Seria impossível construir uma agência com mais de quarenta e quatro mil agentes de seguros sem o coração, foco e talento dos nossos executivos de vendas: Matt e Sheena Sapaula, Rodolfo e Cecilia Vargas, Jose e Marlene Gaytan, Jorge Pelayo, Jonathan Mason, Andrew e Jennifer Gaines, Ricky e Erika Aguilar, Chris e Vicena Hart e Hector e Erika Del Toro.

Sou grato a outros do meu círculo interno, incluindo Sam Carvajal, Leo e Clarissa Martinez e Robert O'Rourke.

Eu não estaria escrevendo este livro ou criando conteúdo novo sem os milhões de Valuetainers e empreendedores que nos seguem. Sou grato a todos vocês. Vocês me dão energia de maneiras indescritíveis. Agradecimentos especiais àqueles que deram dicas para este livro, incluindo Andy Beery, Tim Ardam e Bob Kerzner.

Quero agradecer a todos os meus inimigos. Aqueles que duvidaram de mim têm um lugar especial no meu coração. Fiquei tentado a listar os seus nomes, já que apenas alguns deles se reconhecerão no livro. Apenas saibam que eu amo vocês e sou grato a vocês. Eu os escolhi com sabedoria, e agora vou em busca de novos inimigos.

Por último, mas nem por isso menos importante, eu quero agradecer a Deus. É muito fácil rezar quando as coisas não estão dando certo. Quando elas começam a dar certo, é fácil se dar todo o crédito e esquecer das incontáveis noites que você passou rezando de joelhos. Terei sempre uma dívida com Deus por suas incríveis bênçãos. Quanto mais velho fico, mais entendo por que ele me fez como eu sou. Uma coisa é certa: eu nunca poderia ter construído sozinho uma vida tão incrível.

GREG DINKIN

Quando as pessoas descobrem que eu trabalho com o Pat, elas sempre me perguntam a mesma coisa: "Como ele é de verdade?"

Eu sempre respondo da mesma forma: "Ele é exatamente quem diz ser." Ele nunca para. Ele pensa maior do que qualquer um que eu já conheci.

Ele tem padrões altíssimos e eleva as pessoas para que os alcancem. Tive a sorte de acompanhá-lo por quatro anos e meio, e o que ainda me deixa mais fascinado é como ele provoca as pessoas. Resumindo, eu digo que ele é como Phil Jackson, o Mestre Zen. Ele ouve os medos e esperanças das pessoas com tanta atenção que sabe como provocá-las. Assistindo de longe, é quase uma arte como ele conduz as pessoas a irem além dos seus limites.

Eu também quero agradecer a Mario Aguilar e Kai Lode por serem meus parceiros durante todo o processo. Todos eles riram quando eu disse, "Eu não sou um ótimo escritor, mas sou um ótimo ouvinte e reescrevo com tenacidade." Porque eles me deram feedback detalhado, pude realizar a visão de Pat e alcançar seus altos padrões. O mesmo vale para o time na Portfolio, especialmente Megan McCormack, que é tão gentil e paciente quanto talentosa e inteligente.

Quero agradecer ao nosso revisor, Brian Kuhl, e à nossa editora de produção, Randee Marullo, pela sua incrível minúcia. Quero cumprimentar os designers, Jen Heuer, Daniel Lagin, Brian Lemus e Henry Nuhn. Obrigado também ao incrível departamento de marketing e publicidade, especificamente Heather Faulls, Esin Coskun, Mary Kate Rogers, Amanda Lang e Kirstin Berndt.

Agradeço o apoio de minha família e amigos, Mãe, Pai, Andy, Jayme, Drew, Logan, Thea, Levi, Phoebe, Michelle, Cully, Meul, Dreesch, Alec, Wilbert, Lucky, Cole, Wes, Hajjar, Nadia, Woody, Nicole, Rafe, Noelle, Rose, Monique, Jeremiah, Adam, Brooke, Andrew, Charlie, MK, Marc, Pastor Bob, Noah, Lori, Greg e George, todos contribuíram de sua maneira.

Recursos e Maneiras de Se Manter Conectado

Para mais informações e ferramentas úteis, visite:

chooseyourenemieswisely.com

(conteúdo em inglês)

MAIS RECURSOS:

1. Já que meus Top 100 livros mudam com o passar do tempo, você sempre pode ver o que estou lendo: patrickbetdavid.com/top-100-books/
2. Para saber mais sobre consultoria e eventos ao vivo, visite betdavidconsulting.com
3. Responda a um breve questionário para descobrir o que te motiva: pbdquiz.com
4. Para notícias, vídeos e aulas sobre negócios: valuetainment.com
5. Para se conectar com especialistas: minnect.com

APÊNDICE A

Análise do Ano Passado

- O que te afastou dos seus objetivos no ano passado?
- O que pode te afastar dos seus objetivos no próximo ano?
- O que você implementará para prevenir (ou ao menos mitigar) distrações e cortar excessos?
- Quais atividades importantes parecem não ser feitas? Como você resolverá isso?
- Quais atividades você agendará?

1. Estudar padrões.
2. Bom/mau/feio.
3. Mês a mês.
4. Trimestre a trimestre.
5. Oportunidades perdidas.
6. O que você não antecipou (mas deveria).
7. Defeitos de software.
8. Desafios em contratações.
9. Pessoas se demitindo (Por que você não notou os sinais?).
10. Problemas na cadeia de suprimentos.
11. O que você não antecipou (mas não teria conseguido).
12. Evento incomum.

Quais Eventos Ocuparam a Sua Mente no Último Ano?

- Realocar.
- Crescimento da empresa.
- Novo escritório ou políticas de retorno ao presencial, mudando como voltar ao escritório.
- Ficar saudável — baixa energia por causa de maus hábitos.
- Relacionamento — com o parceiro atual ou procurando alguém.
- Filhos.
- Funcionários exigentes.
- Processos.
- Irmão alcoólatra que vive pedindo dinheiro emprestado.
- Medo de problemas de abastecimento (sem um plano para lidar com isso).

Corte os Excessos

- O que pode te atrasar?
- Do que você pode se livrar?
- Como você se livrará disso?
- O que você fará hoje?
    - Ir para a terapia de casais HOJE.
    - Começar a procurar um assistente pessoal HOJE.
    - Contratar um *personal trainer* HOJE.
    - Limpar o seu nome HOJE.
- Como seria a sua vida se você se livrasse de distrações?
- Se você quer fazer algo grande, não pode focar as distrações:
    - Uma avaliação ruim no Yelp.
    - Um ex-funcionário escreveu uma avaliação ruim no Glassdoor.
    - Demorar três semanas em vez de três dias para resolver um evento.

- Relacionamentos tóxicos.
- Fornecedores não confiáveis.

- Faça uma lista de cinco a dez eventos que ocuparam a sua mente.

Se Avalie nos Seguintes (1 a 10):

_____ Saúde/energia/resistência.

_____ Relacionamentos familiares.

_____ Relações românticas/com o parceiro.

_____ Finanças pessoais.

_____ Aprendizado/desenvolvimento pessoal.

_____ Espiritualidade/fé.

Se avalie nos Seguintes (1 a 10):

_____ Realizar objetivos gerais de negócios.

_____ Desenvolver líderes.

_____ Impulsionar crescimento e faturamento.

_____ Análises e sistemas.

_____ Operações, tecnologia e logística.

_____ Financiar e administrar fluxo de caixa.

_____ O que você fez bem?

_____ O que você fez mal?

_____ Por que você atingiu ou não os seus objetivos?

_____ Você superestimou algo? (fantasioso, iludido, preguiçoso)

_____ Você subestimou algo? (não se arriscou, não detalhado o suficiente para ser preciso)

APÊNDICE B

PLANO DE NEGÓCIOS DE UMA PÁGINA

20__ O ANO DE__________

FINANCEIRO

HÁBITOS
1.
2.
3.

OBJETIVOS
1.
2.
3.

NEGÓCIOS

HÁBITOS
1.
2.
3.

OBJETIVOS
1.
2.
3.

DESENVOLVIMENTO PESSOAL

HÁBITOS
1.
2.
3.

OBJETIVOS
1.
2.
3.

FAMÍLIA

HÁBITOS
1.
2.
3.

OBJETIVOS
1.
2.
3.

SAÚDE

HÁBITOS
1.
2.
3.

OBJETIVOS
1.
2.
3.

ESPIRITUAL

HÁBITOS
1.
2.
3.

OBJETIVOS
1.
2.
3.

Notas

CAPÍTULO 1: OS 12 COMPONENTES

7 **Também existe a ideia:** Mike Puma, "There Is Crying in Football", ESPN, 15 dez. 2005, espn.com/espn/classic/bio/news/story?page=Vermeil_Dick.

9 **Um grande motivo é:** Electronic Arts Inc., "EX-99.1 2 dex991.htm Press Release Issued Jointly by Electronic Arts Inc. and JAMDAT Mobile Inc.", U.S. Securities and Exchange Commission, 8 dez. 2005, sec.gov/Archives/edgar/data/712515/000119312505239198/dex991.htm#:~:text=(NASDAQ%3AJM-DT)%20today%20announced,total%20of%20approximately%20%24680%20million.

CAPÍTULO 2: OLHE PARA TRÁS PARA CRIAR CONSTÂNCIA, PROFUNDIDADE E MAGIA

17 **Até gravei um vídeo:** Valuetainment, "The 9 Love Languages of Entrepreneurs", vídeo no YouTube, 21 jun. 2016, youtube.com/watch?v=Vh-AN8m3LSs.

20 **De acordo com Teschner:** Robert "Cujo" Teschner, *Debrief to Win: How America's Top Guns Practice Accountable Leadership... and How You Can, Too!* (Chesterfield, MO: RTI Press, 2018).

26 **De acordo com os Centros:** Centers for Disease Control and Prevention, "Marriages and Divorces", National Center for Health Statistics, última atualização 26 jan. 2023, cdc.gov/nchs/nvss/marriage-divorce.htm.

26 **Secretaria de Estatísticas Trabalhistas:** U.S. Bureau of Labor Statistics, "Business Employment Dynamics", 2022, bls.gov/bdm.

28 **"Não beba muito":** Joe Pinsker, "Japan's Oldest Businesses Have Survived for More Than 1,000 Years", *Atlantic*, 12 fev. 2015, theatlantic.com/business/archive/2015/02/japans-oldest-businesses-have-lasted-more-than-a-thousand-years/385396.

CAPÍTULO 3: O CAMINHO DOS POUCOS AUDACIOSOS

32 **"A maldição geracional":** Clarence L. Haynes Jr., "What Is a Generational Curse and Are They Real Today?" Bible Study Tools, 13 mar. 2023, biblestudytools.com/

bible-study/topical-studies/what-is-a-generational-curse-and-are-they-real-today.html.

32 **"Sean não consegue parar":** G. G. Allin, "Generational Curse", Urban Dictionary, 11 jun. 2021, urbandictionary.com/define.php?term=Generational%20Curse.

33 **De acordo com a Forbes:** Ashira Prossack, "This Year, Don't Set New Year's Resolutions", *Forbes*, 31 dez. 2018, forbes.com/sites/ashiraprossack1/2018/12/31/goals-not-resolutions/?sh=712d5a003879.

34 **Tom Brady disse:** Jeff the Content Profit Coach, "21 Inspirational Tom Brady Quotes: Good Ones from the GOAT", *Medium*, 1 fev. 2002, medium.com/illumination/21-inspirational-tom-brady-quotes-a5db55cd9fd2.

34 **No episódio 237:** *The Diary of a CEO*, "Chris Williamson: The Shocking New Research on Why Men and Women Are No Longer Compatible! | E237", vídeo no YouTube, 10 abr. 2023, youtube.com/watch?v=K2tGt2XWd9Q&t=1237s.

35 **Estudantes de psicologia junguiana:** Louise Jackson, "Carl Jung and the Shadow: Everything You Need to Know", Hack Spirit, 30 mar. 2022, hackspirit.com/carl-jung-and-the-shadow.

39 **Em 1984, a Converse tinha:** Eli Glasner, "Ben Affleck's Air Ties a Bow on How Nike Cashed In on Michael Jordan", CBC, 5 abr. 2023, cbc.ca/news/entertainment/air-ben-affleck-michael-jordan-nike-1.6801736#:~:text=The%20year%20was%201984%2C%20and,market%20share%2C%20followed%20by%20Adidas.

39 **Quando a Nike assinou com Jordan:** Abigail Stevenson, "Nike Co-founder Phil Knight: Finding the Next Michael Jordan", CNBC, 4 ago. 2016, cnbc.com/2016/08/03/nike-co-founder-phil-knight-finding-the-next-michael-jordan.html.

41 **A Nike derrotou seu Golias (Converse):** Trefis Team, "Was Nike's Acquisition of Converse a Bargain or a Disaster?" *Forbes*, 15 nov. 2019, forbes.com/sites/greatspeculations/2019/11/15/was-nikes-acquisition-of-converse-a-bargain-or-a-disaster/?sh=24a60b8942f3.

41 **A Nike se tornou tão dominante:** Gia Nguyen, "Most Popular Basketball Shoe Brands Worn by NBA Players in 2023", Basketball Insiders, 17 abr. 2023, basketballinsiders.com/news/most-popular-basketball-shoe-brands-worn-by-nba-players-in-2023/#:~:text=During%20the% 202023%20season%2C%20Nike%20was%20far%20and,covered%20nearly%2075%20percent%20of%20the%20NBA%20market.

CAPÍTULO 4: INIMIGO E CONCORRÊNCIA

49 **Max Kellerman da ESPN:** G. Dunn, "Max Kellerman Says Tom Brady Is Done on First Take", vídeo no YouTube, 8 ago. 2016, youtube.com/watch?v=rcm1gnxpsMs.

49 **Eu amei ver:** Sports Paradise, "Julian Edelman SCREAMS AT Tom Brady and Tells Him He's Too Old", vídeo no YouTube, 8 fev. 2021, youtube.com/watch?v=-DLf P_kJ37E0&t=2s.

50 **Durante as *playoffs* da NBA de 2023:** Taylor Wirth, "Fifth Steph Title Could Push LeBron Off Stephen A's Mt. Rushmore", NBC Sports, 3 mai. 2023, nbcsports.com/bayarea/warriors/steph-curry-could-replace-lebron-nba-mt-rushmore-stephen-smith-says.

50 **Não estou dizendo:** Valuetainment, "Stephen A. Smith Opens Up on Career Path to ESPN", vídeo no YouTube, 11 out. 2019, youtube.com/watch?v=p7hPgRT5vXE.

52 **Seu próprio técnico:** Pete Blackburn, "Bill Belichick Has Reportedly Banned Brady's Trainer from the Patriots' Plane, Sideline", CBS Sports, 19 dez. 2017, cbssports.com/nfl/news/bill-belichick-has-reportedly-banned-bradys-trainer-from--the-patriots-plane-sideline.

54 **"10 dicas simples de contação de histórias":** Alex Banks (@thealexbanks), "Elon Musk is the master of pitching..." Twitter, 11 mar. 2023, twitter.com/thealexbanks/status/1634547220950429696.

59 **"O ChatGPT Pode":** Aaron Mok and Jacob Zinkula, "ChatGPT May Be Coming for Our Jobs. Here Are the 10 Roles That AI Is Most Likely to Replace", *Insider*, 9 abr. 2023, businessinsider.com/chatgpt-jobs-at-risk-replacement-artificial-intelligence-ai-labor-trends-2023-02.

60 **"Digamos que você escolha":** Kings Inspired, "Become a Monster | Jordan Peterson — Joe Rogan — Jocko Willink", vídeo no YouTube, 6 fev. 2023, youtube.com/watch?v=ygEFX3ar2Q g.

CAPÍTULO 5: VONTADE E HABILIDADE

82 **A vontade é definida como:** *American Heritage Dictionary of the English Language*, 5th ed., s.v. "will", última modificação 2016, thefreedictionary.com/will.

83 **"Para dar uma de matemático":** *PBD Podcast*, "Neil deGrasse Tyson | *PBD Podcast* | Ep. 223", YouTube video, January 9, 2023, youtube.com/watch?v=8hWbO9NdXbs.

89 **De acordo com a Harvard Business Review:** "Reengineering the Recruitment Process", *Harvard Business Review*, março – abril 2021, hbr.org/2021/03/reengineering-the-recruitment-process.

90 **"Quando eu tiver cinquenta anos":** Christian Zibreg, "Previously Unseen 1994 Video Has Steve Jobs Talking Legacy", *iDownloadBlog*, 19 nov. 2018, idownloadblog.com/2013/06/19/steve-jobs-1994-video-legacy.

90 **"Existirão dois tipos de":** Diamandis, Peter H. "Embrace AI or Face Extinction", Peter Diamandis blog, 6 jul. 2023, https://www.diamandis.com/blog/embrace-ai-face-extinction-exo.

90 **Ashton Kutcher lançou:** Sam Silverman, "Ashton Kutcher Warns Companies to Embrace AI or 'You're Probably Going to Be Out of Business,'" *Entrepreneur*, 4 mai. 2023, entrepreneur.com/business-news/ashton-kutcher-embrace-ai-or-youll-be-out-of-business/451014.

90 **Essas frases não parecem:** "The Importance of Business Visibility and Online Reputation", Tomorrow City, 29 mar. 2021, tomorrow.city/a/the-importance-of-business-visibility-and-online-reputation.

96 **Estude como Jeff Bezos:** Justin Bariso, "Jeff Bezos Knows How to Run a Meeting. Here's How HeDoesIt",*Inc.*, 30 abr. 2018,inc.com/justin-bariso/jeff-bezos-knows-how-to-run-a-meeting-here-are-his-three-simple-rules.html.

100 **"Não é que":** brainyquote.com/quotes/albert_einstein_10619.

101 **Os SEALs da Marinha e como eles dão valor:** Gabe Villamizer, "Simon Sinek—Trust vs. Performance (Must Watch!)", vídeo no YouTube, 17 nov. 2022, youtube.com/watch?v=PTo9e3ILmms.

103 **Henry Ford disse:** Noah Marks, "Two Undeniable Truths in Quotes", LinkedIn, 14 mai. 2020, linkedin.com/pulse/two-undeniable-truths-quotes-noah-marks

103 **Richard Branson disse:** Richard Branson (@RichardBranson), "Train people well enough so they can leave, treat them well enough so they don't want to", Twitter, 27 mar. 2014, twitter.com/richardbranson/status/449220072176107520?lang=en.

CAPÍTULO 6: MISSÃO E PLANO

107 **"Um pequeno grupo de espíritos":** "Mahatma Gandhi Quotes", Allauthor.com, acesso em: 22 jun. 2023, allauthor.com/quote/40507/.

111 **De acordo com a revista *Inc.*:** Dan Whateley, "People Laughed When She Wanted to Take On a Common (but Totally Embarrassing) Problem. Now She Has a $400 Million Business", *Inc.*, 20 jun. 2019, inc.com/dan-whateley/poo-pourri-suzy-batiz-bathroom-odor-oversharing.html.

113 **"talvez o jornalista mais poderoso":** Wikipedia, s.v. "George Will", última modificação 23 mai. 2023, en.wikipedia.org/wiki/George_Will.

118 **Ellen Langer, uma psicóloga de Harvard:** Susan Weinschenk, "The Power of the Word 'Because' to Get People to Do Stuff", *Psychology Today*, 15 out. 2013, psychologytoday.com/us/blog/brain-wise/201310/the-power-of-the-word-because-to-get-people-to-do-stuff.

125 **Quando o entrevistei:** Valuetainment, "Kobe Bryant's Last Great Interview", vídeo no YouTube, 23 ago. 2019, youtube.com/watch?v=T9GvDekiJ9c&t=1s.

126 **Seth Godin, autor de muitos:** Seth Godin, "Project Management", *Seth's Blog*, 21 jun. 2023, https://seths.blog/.

126 **Dwight D. Eisenhower disse:** Richard Nixon, "Khrushchev", *Six Crises* (New York: Simon & Schuster, 1962).

126 **Ike não foi tão:** Greg Young, "Proper Planning and Preparation Prevent Piss Poor Performance (the 7Ps)", LinkedIn, 8 abr. 2020, linkedin.com/pulse/proper-planning-preparation-prevent-piss-poor-7ps-greg-young.

CAPÍTULO 7: SONHOS E SISTEMAS

146 **Os olheiros de basebol:** Colin McCormick and Gabriel Ponniah, "Moneyball: What Happened to Paul DePodesta (The Real Peter Brand)", 24 mai. 2023, screenrant.com/moneyball-peter-brand-paul-depodesta-what-happened.

CAPÍTULO 8: CULTURA E TIME

163 **Isso explica por que as pessoas:** P. Smith, "Value of the Sportswear Market in the United States from 2019 to 2025", Statista, 27 abr. 2022, statista.com/statistics/1087137/value-of-the-sports-apparel-market-by-product-category-us.

164 **Ele disse, "O Twitter representa":** Matt Weinberger, "Jack Dorsey: 'Twitter Stands for Freedom of Expression,'" Yahoo, 21 out. 2015, yahoo.com/lifestyle/s/jack-dorsey-twitter-stands-freedom-175932575.html.

164 **Havia um artigo:** Jack Kelly, "Twitter CEO Jack Dorsey Tells Employees They Can Work from Home 'Forever'—Before You Celebrate, There's a Catch", *Forbes*, 13 mai. 2020, forbes.com/sites/jackkelly/2020/05/13/twitter-ceo-jack-dorsey-tells-employees-they-can-work-from-home-forever-before-you-celebrate-theres-a-catch/?sh=28eca17f2e91.

165 **A lista da Insider das vinte e cinco:** Madison Hoff, "The 25 Large Companies with the Best Culture in 2020", *Insider*, 14 dez. 2020, businessinsider.com/large-companies-best-culture-comparably-2020-12.

172 **Então, em março de 2022:** Nathan Solis, "Facebook Company Ends Its Free Laundry Perk, and at Least One Worker Is Steamed", *Los Angeles Times*, 16 mar. 2022, latimes.com/california/story/2022-03-16/facebook-company-meta-ends-its-free-laundry-perk#:~:text=Facebook%20company%20ends%20its%20free,%2C%20Calif.%2C%20last%20year.

179 **A manchete no site da Fortune:** Lila Maclellan, "Investor Chamath Palihapitiya Once Advised Sam Bankman-Fried to Form a Board. FTX's Response? 'Go F—k Yourself,'" *Fortune*, 18 nov. 2022, fortune.com/2022/11/18/ftx-board-investor-chamath-palihapitiya-sam-bankman-fried-board-directors-crypto.

179 **"Nos primeiros anos":** Reeds Hastings, "Netflix CEO on Paying Sky-High Salaries: 'The Best are Easily 10 Times Better Than Average,'" CNBC, 8 set. 2020, cnbc.com/2020/09/08/netflix-ceo-reed-hastings-on-high-salaries-the-best-are-easily-10x-better-than-average.html.

CAPÍTULO 9: VISÃO E CAPITAL

186 **Para a IKEA, a visão:** Daniel Pereira, "IKEA Mission and Vision Statement", The Business Model Analyst, 24 abr. 2023, businessmodelanalyst.com/ikea-mission-and-vision-statement/.

186 **A da Amazon é similar:** Patrick Hull, "Be Visionary. Think Big", *Forbes*, 19 dez. 2021, forbes.com/sites/patrickhull/2012/12/19/be-visionary-think-big/?sh=17920fd33c17.

187 **"Empresas realmente incríveis entendem":** James C. Collins and Jerry I. Porras, "Building Your Company's Vision", *Harvard Business Review*, setembro–outubro 1996, cin.ufpe.br/~genesis/docpublicacoes/visao.pdf.

188 **Jeff Bezos resumiu:** Adrien Beaulieu, "Inspiring Product Manager and Entrepreneurs Quotes—Series (1)", Product House, https://product.house/inspiring-product-manager-and-entrepreneurs-quotes-series-1-2/.

188 **Porque eu tive a chance:** *PBD Podcast*, "Papa John | *PBD Podcast* | Ep. 184", YouTube video, 14 set. 2022, youtube.com/watch?v=L-ItF79OHaU.

189 **Não é surpresa que a Papa John's:** "Papa John's Dominates the Pizza Category in Customer Satisfaction and Product Quality", Business Wire, 20 jun. 2017, businesswire.com/news/home/20170620006170/en/Papa-John%E2%80%99s-Dominates-the-Pizza-Category-in-Customer-Satisfaction-and-Product-Quality.

197 **Entre os membros do clube estavam:** Jordan Palmer, "At the Turn of the Century This Was Wealthy America's Most Coveted Vacation Destination", Travel Awaits, 2 fev. 2001, travelawaits.com/2561245/jekyll-island-coveted-vacation-history/.

198 **Quase metade consideraria se demitir:** Paul Polman, "2023 Net Positive Employee Barometer: From Quiet Quitting to Conscious Quitting: How Companies' Values and Impact on the World Are Transforming Their Employee Appeal", paulpolman.com/wp-content/uploads/2023/02/MC_Paul-Polman_Net-Positive-Employee-Barometer_Final_web.pdf.

200 **O autor Simon Sinek disse:** Pat Heffernan, "People Don't Buy What You Do—They Buy WHY You Do It", Marketing Partners, 7 out. 2010, https://www.marketing-partners.com/conversations2/people-dont-buy-what-you-do-they-buy-why-you-do-it.

210 **No post do Twittter de Alex Banks:** Alex Banks (@thealexbanks), "Show your long-term vision..." Twitter, 11 mar. 2023, twitter.com/thealexbanks/status/1634547381122502659.

CAPÍTULO 11: IMPLEMENTANDO O PLANO

239 **A Harvard Business School publicou:** Paul A. Gompers, William Gornall, Steven N. Kaplan, and Ilya A. Strebulaev, "How Do Venture Capitalists Make Decisions?" Harvard Business School, setembro 2016, https://www.hbs.edu/faculty/Pages/item.aspx?num=51659.

Este livro foi impresso nas oficinas gráficas da Editora Vozes Ltda.,
Rua Frei Luís, 100 – Petrópolis, RJ.